갯더미에서 희망의 불씨를

STEFAN ZWEIG,
JEREMIAS: EINE DRAMATISCHE DICHTUNG IN NEUN BILDERN
INSEL-VERLAG ZU LEIPZIG, 1918

JEREMIAH: A Drama in Nine Scenes
By STEFAN ZWEIG
Translated from the Author's revised German Text
by Eden and Cedar Paul
(New York: THOMAS SELTZER INC., 1922)

잿더미에서 희망의 불씨를
츠바이크의 예레미야
JEREMIAH: A Drama in Nine Scenes

2025년 6월 11일 처음 펴냄

지은이	슈테판 츠바이크
옮긴이	김윤식·김영호
펴낸곳	도서출판 동연
등 록	제1-1383호(1992년 6월 12일)
주 소	(우 03962) 서울시 마포구 월드컵로 163-3
전 화	02-335-2630
팩 스	02-335-2640
이메일	yh4321@gmail.com
인스타그램	@dongyeon_press

Copyright ⓒ 도서출판 동연, 2025

이 책은 저작권법에 따라 보호받는 저작물이므로, 무단 전재와 복제를 금합니다.
잘못된 책은 바꾸어 드립니다. 책값은 뒤표지에 있습니다.

ISBN 978-89-6447-097-8 (03850)

잿더미에서
희망의 불씨를

츠바이크의 예레미야

JEREMIAH
: A Drama in Nine Scenes

슈테판 츠바이크 지음
김윤식·김영호 옮김

동연

프리데리케 마리아 폰 빈터니츠에게
(*TO FRIEDERIKE MARIA VON WINTERNITZ*)

1915년 부활절~1917년 부활절

추천의 글 ╲

제1차 세계대전이라는 전대미문의 공포가 유럽을 뒤흔들고 있을 때 30대 중반의 예민한 작가인 슈테판 츠바이크는 깊은 무력감을 느꼈다. 전쟁의 참상이 전면화하기 전에 사람들은 전쟁을 낭만화했다. 전체주의를 향한 징검돌이 하나하나 놓이던 그 시기에 작가는 유다의 멸망을 전후한 시기에 활동했던 예레미야를 통해 경고의 메시지를 내놓고 있다. 다른 견해나 입장을 허용하지 않는 상황에서 하나님의 정념에 사로잡혀 말을 전해야 하는 예언자의 고독이 절절하게 표현되어 있다. <예레미야>는 섣부른 낙관론에 기댄 채 수행하는 전쟁이 얼마나 참혹한 결과를 낳는지를 보여준다. 그렇기에 이 책은 역설적으로 평화에 대한 강력한 갈망을 담고 있다.
슈테판 츠바이크가 굳이 이런 주제를 희곡으로 다룬 까닭은 무엇일까? 대사에서 대사로 이어지는 긴박한 긴장을 드러내는 데 이보다 더 나은 방법이 없기 때문일 것이다. 전쟁으로 인해 모든 것이 파괴된 현실을 보며 예레미야가 더 이상 하나님을 섬기지 않겠다면서 "당신과 저 사이의 결속을 끊어버리겠습니다!"라고 외치는 대목은 예언자들이 겪는 내적 고통이 얼마나 극심한지를 증언한다. 이것으로 끝인가? 그렇지 않다. 슈테판 츠바이크의 『예레미야』는 피치 못하게 닥쳐온 고난에 압도되지 말고 그 고난의 용광로 속에 들어가 새로운 역사를 빚어내자고 말한다.

세계가 파시즘을 향해 질주하고 있는 것 같은 오늘의 현실 속에서 『예레미야』는 거울이 되어 우리 현실을 돌아보게 한다. '평화에 이르는 길은 없다. 평화가 곧 길이다.' 나온 지 이미 100년이 넘은 책이지만 이 책의 메시지는 여전히 현실 적합성을 지닌다. 이 책은 무뎌진 우리의 정신적·영적 감성을 깨우는 강력한 북소리다.

김기석 (청파교회 원로목사)

추천의 글 ─

선지자답지 않게 매일같이 계속하여서 울기만 하는 예레미야. 그가 왜 그럴 수밖에 없었는지, 그 눈물과 번민과 애통의 아홉 구비를 슈테판 츠바이크의 안내를 따라 함께 건너다보면 절로 고개가 끄덕여지실 것이다. 이 책은 아랫사람들과 함께 호흡하고 함께 길을 걷는 것이 예레미야 눈물의 정수였음을 알게 한다.

유광수 (소설가, 연세대 학부대학 교수)

역자의 글
＼

어느 날 연구 교수이신 김윤식 박사께서 번역 중이던 책이 목회 일정으로 인해 지연되고 있다고 하기에, 내가 이 책의 후반부 번역을 맡아 함께 마무리하게 되었다. 20세기 유럽 문학계에 큰 영향을 끼친 평전 문학의 거장 슈테판 츠바이크(Stefan Zweig, 1881-1942)의 *Jeremiah: A Drama in Nine Scenes*(1922, 영문판)를 우리말로 옮기면서, 원서인 *Jeremias: eine dramatische Dichtung in neun Bildern*(1918)을 참고하였다. 츠바이크의 『예레미야』는 구약성경의 예레미야서를 모티프로 삼고 있다. 성경 속 예레미야는 기원전 587년경, 예루살렘이 바빌론 제국에 의해 멸망하고 왕과 백성이 바빌론으로 끌려가던 시기에 활동한 예언자다. 예레미야서는 유다의 죄악으로 인한 바빌론 침략을 하나님의 심판으로 경고하며, 바빌론에 항복할 것을 주장하는 예언자의 메시지를 담고 있다. 이러한 주장은 유대인들의 분노를 샀고, 예레미야는 민족의 배신자로 낙인찍히기도 했다.

츠바이크는 이러한 예언자의 삶에 생기를 불어넣어, '오늘'을 사는 우리 앞에 그를 생생히 재현한다. '제1차 세계대전'이라는 광기의 시대에 전쟁에 반대하며 비폭력과 평화를 외친 선구적인 지식인이었던 그는 『예레미야』를 통해 인간의 본성과 양심을 깊이 탐구하여, 우리에게 생명과 평화의 소중함을 다시금 깨닫게 한다. 작품 속에서 예레미야가 겪는 갈등은 우리에게 인간의 심원(心源)을 직시하게 하고, 그의 고된 투쟁은 소명에 순명(順命)하려는 모든 이에게 위로와 감동을 전한다. 이 작품은 희곡이라는 형식을 빌린 츠바이크의 철학적 고백이다.

두 예레미야는 모두 고독한 진리의 증언자다. 한쪽은 신학적이고 종말론적 맥락에서, 다른 한쪽은 이를 바탕으로 자신의 관점에서 윤리적·인문주의적 맥락으로 재탄생한 것이다. 특히, 번역자이자 신학자로서 주목하고 싶은 것은 '고난 가운데 하나님께서 함께하신다'는 진리를 이 작품을 통해 다시금 깊이 느낄 수 있다는 것이다. 이는 부활과 영광 이전, 곧 예수께서 고문을 당하시고 무거운 십자가를 지고 언덕을 오르시던 그 고통의 시간에도 신이 함께하셨다는 고백이다. 예수께서 그 고통의 시간을 지나 "다 이루었다"(요 19:30)고 선언하신 뒤, "아버지, 내 영을 아버지 손에 부탁하나이다"(눅 23:46)라고 말씀하신 이유도 바로 여기에 있다.

츠바이크의 『예레미야』는 오늘날을 살아가는 우리 모두에게, 비록 삶이 척박하더라도 하나님께서 결코 부재하지 않으시며, 오히려 고난 속에서 함께하시어 희망을 주신다는 사실을 일깨워 준다. 그의 '고통 속에서 피어난 희망의 문학'을 통해, 지금 우리가 겪는 수많은 고통 속에도 하나님의 숨결이 닿기를 기도한다.

성공회대학교 승연관에서 김영호

드라마 속 인물들 ╲

나훔: 청지기
바룩: 청년
바스훌: 대제사장
스불론: 바룩의 아버지
시드기야: 왕
아비멜렉: 장군
아합: 하인
예레미야
예레미야 어머니
요게벳: 친척
임레: 가장 나이 많은 시민
하나냐: 백성의 예언자

─

갈대아와 이집트의 전사들
느부갓네살의 사신들
병사들
예루살렘 사람들

*이 연극은 예루살렘이 파괴된 기원전 6세기경을 배경으로 한다.

차례

추천의 글 —— 7
역자의 글 —— 10

막 SCENE

I 예언자의 각성 THE AWAKENING OF THE PROPHET —— 15

II 경고 THE WARNING —— 37

III 소문들 RUMORS —— 81

IV 성벽 위의 감시 THE WATCH ON THE RAMPARTS —— 107

V 예언자의 시련 THE PROPHET'S ORDEAL —— 139

VI 그 밤의 목소리들 VOICES IN THE NIGHT —— 165

VII 가장 큰 고통 THE SUPREME AFFLICTION —— 213

VIII 회심 THE CONVERSION —— 241

IX 영원한 길 THE EVERLASTING ROAD —— 285

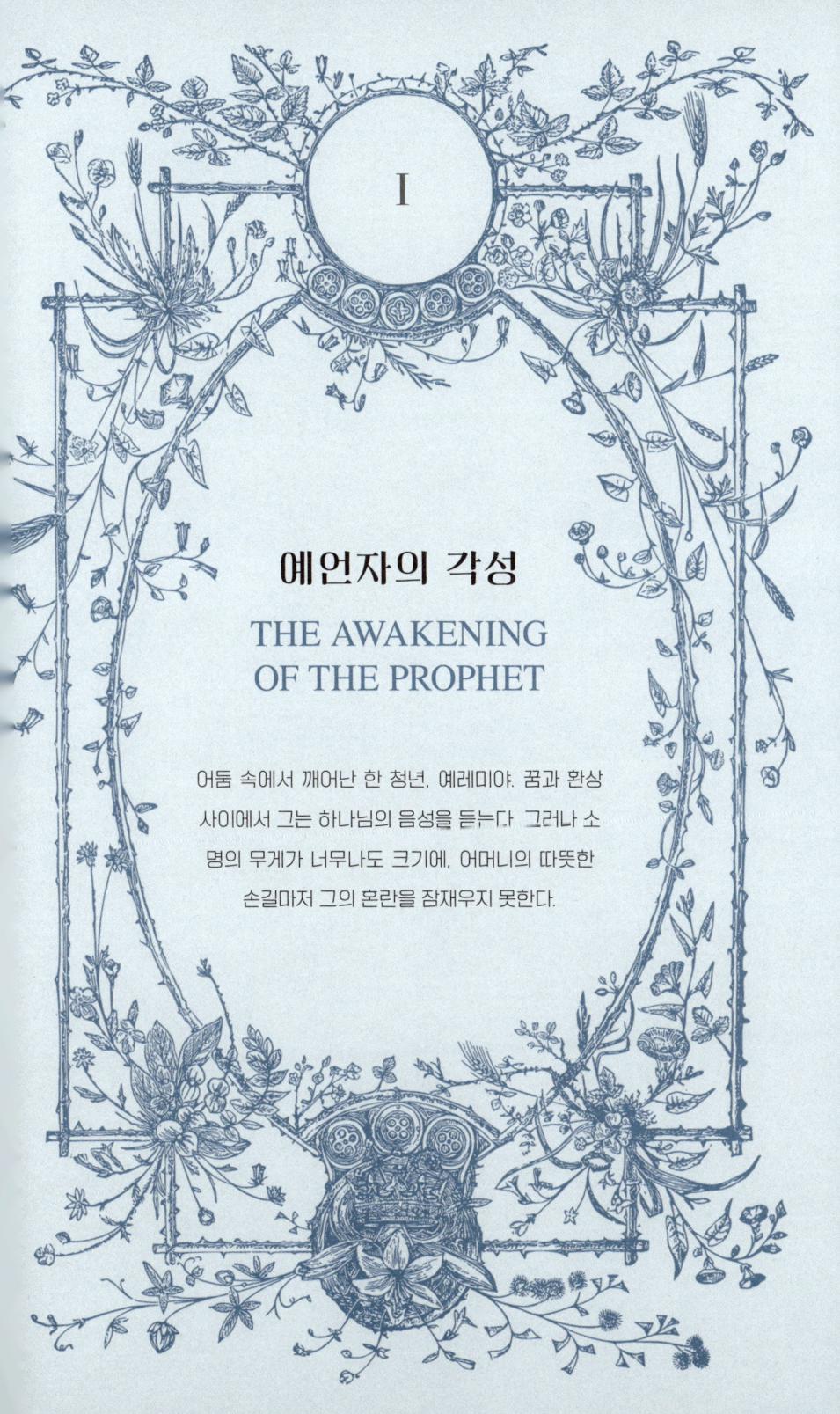

I

예언자의 각성

THE AWAKENING OF THE PROPHET

어둠 속에서 깨어난 한 청년, 예레미야. 꿈과 환상 사이에서 그는 하나님의 음성을 듣는다. 그러나 소명의 무게가 너무나도 크기에, 어머니의 따뜻한 손길마저 그의 혼란을 잠재우지 못한다.

SCENE ONE

Call unto me, and I will answer thee, and show thee great and mighty things, which thou knowest not(Jeremiah XXXIII, 3).

"내게 부르짖으라, 그러면 내가 네게 응답하겠고, 네가 알지 못하는 크고 비밀한 일을 네게 보이리라"(예레미야 33장 3절).

1막

예레미야 집의 평평한 지붕 위에 하얀 판석이 달빛에 비쳐 반짝인다. 그 아래에는 잠자는 예루살렘의 탑과 성벽이 보인다. 때때로 새벽을 알리는 산들바람의 미세한 소리만 들릴 뿐, 아무것도 움직이지 않는다.
갑작스럽게 급한 발걸음 소리가 계단에 울린다. 그리고 예레미야가 비틀거리며 들어온다. 그의 옷은 목 주변이 찢어져 있다. 그는 목이 졸린 사람처럼 숨을 헐떡이며 숨을 몰아쉰다.

예레미야　　저들이 성문과… 성벽들을… 성벽들을 공격하고 있습니다! 성전이 불타고 있습니다! 도와주십시오. 도와주십시오! 성벽이 무너졌습니다….

그는 지붕 가장자리로 달려가다가 갑자기 멈춘다. 그의 외침은 반짝이는 침묵을 찢는다. 깜짝 놀라 정신을 차리며 깨어난 그는 술 취한 사람처럼 도시를 내려다본다. 공포에 사로잡혀 들어올렸던 팔을 옆구리 아래로 툭 떨어트리더니, 그는 피곤한 듯이 열린 눈 위로 천천히 손을 가져가 문지른다.

　　아, 환상이구나! 또다시 끔찍한 꿈을 꾸었다! 정말로, 이곳은 꿈으로 가득한 집이다!

그는 난간에 몸을 기대고 아래를 내려다본다.

평화가 이 도시를 가득 품고 있다. 이 나라는 너무도 평화롭다. 나 혼자, 단지 내 가슴에서만 불이 타오른다. 고요히 하나님의 팔에 안겨 잠든 이 마을은 정말로 평화롭다. 달빛이 집마다 가득 내려앉고, 집마다 곤히 잠들어 있으니, 그저 평화롭구나.

하지만 난, 나는 혼자 밤마다 불길에 휩싸인다. 밤이면 밤마다 불타오른다. 나는 무너지는 탑과 함께 지상으로 추락하고, 탈출하기 위해 내달리고, 화염 속에서 죽음을 맞이한다. 나, 그 누가 아니라 내가, 나의 창자가 뒤틀린다. 나는 그렇게 애타는 마음으로 뜨거운 침대에서 벌떡 일어나, 신선한 공기와 달빛 아래 비틀거리며 뛰쳐나간다! 나에게만 잠을 흩어버리는 악몽이 찾아온다. 오직 나만이, 불같은 공포가 내 눈꺼풀을 어둠으로 짓누르고 사로잡는다. 이 꿈의 수난, 피투성이가 된 군중 속에서 우글거리는 얼굴들의 광기가 투명한 달빛 아래서 사라진다!

항상 같은 꿈, 같은 환상이구나. 밤마다 같은 공포가 나를 사로잡는다. 같은 꿈, 같은 고통에 나는 한계에 이르렀습니다. 누가 이 독이 든 꿈을 나의 정맥에 주입했습니까? 누가 이 공포로 나를 사냥하는 것입니까? 누가 내 잠을 탐내어서 빼앗아 가는 것입니까? 누가 나를 괴롭히는 것이지요? 내가 누구를 경계해야 합니까? 대답해 보십

시오! 보이지 않는 이시여, 어둠 속에서 날개 달린 화살
로 나를 노리는 당신은 누구입니까? 공포의 화신인 당신
은 누구입니까? 당신이 누구이기에, 밤이면 내가 누울 때
함께 누우며, 내 몸이 고통으로 뒤틀릴 때까지 당신의 영
으로 나를 일으키십니까? 도대체 왜, 이 잠자는 도시에서
오직 나에게만 이런 저주가 내려져야 합니까!
(그는 고요하게, 오롯이 침묵에 더 귀를 기울이면서, 점점
더 격분한다.) 침묵, 단지 침묵뿐이지만, 내면은 끊임없는
혼란과 폭풍에 휩싸인 밤입니다. 작렬하는 발톱이 내 생
명의 중심을 찢고 있지만, 그것을 움켜잡을 수가 없습니
다. 나는 환상으로 채찍질을 당했지만, 채찍질하는 이가
누구인지 알지 못합니다. 나의 외침은 공허 속으로 나아
갑니다. 보이지 않는 사냥꾼이여, 차라리 사냥감을 잡으
십시오. 차라리 잠잘 때가 아니라 깨어있을 때 나를 부르
십시오. 꿈이 아니라 음성으로 나에게 말해 주십시오. 부
디 나에게 숨기고 있는 것을 드러내십시오. 나에게 이 고
통의 의미를 말해 주십시오.

어떤 음성　(어둠 속에서 부드럽게 부르는 소리. 이 음성은 멀고도 높
은 곳에서 오는 것 같고, 깊은 곳에서부터 오는 것 같이 신
비하다.) 예레미야!

예레미야　(돌에 맞은 듯 비틀비틀) 누가 나를 부르나? 확실히, 내
이름이었나? 별들의 목소리였나? 아니면 내 꿈의 목소리
였나?
(그는 듣는다. 모든 것이 다시 조용해진다.) 보이지 않는

이시여, 당신은 왜 나를 쫓고 괴롭히십니까? 아니면 내 안에서 나는 소리인가? 그저 내 핏속에 흐르는 격렬한 물살인가? 목소리여, 다시 한번 말해 보십시오. 다시 한 번 나를 불러 보십시오.

음성　(점점 더 가까이) 예레미야!

예레미야　(겁을 먹은 채, 무릎을 꿇는다.) 주님, 제가 여기 있나이다! 당신의 종이 듣고 있나이다.
(그는 숨을 헐떡이며 귀를 기울인다. 아무것도 움직이지 않는다. 그는 감정에 휘둘려 떨고 있다.) 주님, 당신의 종에게 말씀하십시오. 당신께서 저의 이름을 부르셨습니다. 제가 이해할 수 있도록 말씀을 주십시오. 이제 저는 당신의 말씀을 받아들일 준비가 되어 있고, 당신의 명령을 기다리고 있나이다.
(그는 긴장한 모습으로 주의를 기울여 다시 듣는다. 깊은 침묵) 제가 당신을 갈망하는 게 자만입니까? 저는 무지한 사람이며, 하찮은 사람이며, 주께서 지으신 세상 가운데 티끌에 불과합니다. 그러니 당신께서 모든 선택의 권능을 가지고 계십니다. 당신께서는 목자 중에서 왕들을 택하시고, 때로는 당신께서 어린아이의 입술을 열어서 당신의 말씀으로 그들이 빛나게 하셨습니다. 당신의 선택은 다른 징표로 이루어지나이다.
주님, 당신께서 지명한 사람은 택하신 자로 세움을 받은 사람입니다. 주여, 만약 이것이 주님의 부르심이라면, 제가 그 부름을 듣겠습니다. 주님, 당신께서 저를 사냥하신다면, 제가 피하지 않겠습니다. 주님, 당신의 사냥감을 붙잡으소서. 주님, 당신의 먹이를 잡으소서. 아니면, 저를 목표로 삼으셔서, 제가 더 먼 곳에 이르더라도 나를 사냥하십시오. 그러나 제가 당신을 떠나지 않도록 당신을 저에게 알려 주십시오. 하늘의 말씀을 나타내셔서, 당신의 종이 당신을 볼 수 있도록 하소서!

음성   (더 가까이, 더 긴박하게) 예레미야!
예레미야   (황홀하게) 주님, 제가 듣고 있습니다. 저의 영혼을 다해 당신의 말씀에 귀를 기울입니다. 보잘것없는 그릇인 제가 당신의 말씀으로 채워지기를 기다립니다. 내 영혼이 주님을 섬기기에 목말라합니다. 이제 저는 주님만을 섬기기로 다짐합니다. 다만 당신의 말씀과 당신의 표징을 기다립니다.

예레미야의 어머니 (가까이에서 쉽게 알아볼 수 있는 음성으로) 예레미야!
예레미야   (황홀경 가운데) 주님, 당신을 제게 보여 주십시오. 제 마음이 당신의 갑작스러운 임재로 괴로워합니다. 거룩한 폭풍이시여! 당신의 물을 부어 주십시오. 제가 당신의 씨를 열매 맺을 수 있도록, 저의 땅을 경작하여 주십시오. 저의 입술에 생기를 불어넣어 주십시오. 섬김의 표식으로 저를 새기소서! 당신의 멍에를 저에게 메십시오. 보소서! 저는 목을 숙여 준비하고 있습니다. 저는 영원히 당신의 것입니다. 주님, 제가 당신을 아는 것처럼, 당신께서 저를 알려 주십시오.

어둠 속에 있는 저의 무가치함을 당신께서는 아시지만,

부디 저에게 당신의 영광을 보게 하소서. 저에게 당신의 뜻이 있는 길을 보여주시고, 영원한 당신의 종인 저에게 그 길을 가리켜 주소서!

어머니 (그녀는 아들을 찾아 계단을 올라왔으며, 얼굴은 불안해 보이지만, 목소리에 다정함이 깃들어 있다.) 드디어, 여기서 너를 찾았구나, 내 아들.

예레미야 (두려움과 분노로 벌떡 일어나며) 가세요! 아아, 음성이 조용해졌어. 이제 길을 잃었으니, 다시는 찾지 못할 것이야.

어머니 오 이런, 왜 이렇게 차가운 밤공기 속에 얇은 옷을 입고 서 있니? 내려오너라, 아들아. 아침 안개는, 감기에 걸린단다.

예레미야 (거칠게) 왜 자꾸 저를 따라오시고, 저를 귀찮게 하세요? 정말로 쉬지 않고, 자나 깨나 저를 쫓아오시는군요.

어머니 예레미야, 그게 무슨 말이니? 나는 아래에서 자고 있었는데, 지붕 위에서 사람들이 말하는 듯한 소리를 들었어.

예레미야 어머니도 들었나요? 하나님의 거룩한 진리! 그분이 말하는 것을 들으셨나요? 그의 부르심을 이해하셨나요?

어머니 누구를 말하는 거니? 너는 지금 혼자 있잖니.

예레미야 (어머니의 팔을 붙잡으며) 어머니, 간절히 부탁드릴게요. 부디 말해 주세요. 어머니의 말에 제 죽음과 기쁨이 달려 있어요. 어떤 소리를 들으셨나요? 분명히, 깨어난 후에 그 소리를 들으신 거죠?

어머니 나는 지붕 위에서 나는 어떤 소리를 듣고 너를 부르러 왔

	지. 그런데 네 침대는 차갑게 비어 있었어. 그때 두려움이 밀려와서 너의 이름을 불렀단다.
예레미야	(떨면서) 제 이름을 부르셨다고요?
어머니	세 번이나 너를 불렀지. 그런데 왜….
예레미야	세 번이요? 어머니, 정말인가요?
어머니	세 번이나 너를 불렀단다.
예레미야	(그의 목소리가 찢어진다.) 재앙과 조롱이구나! 안팎으로 모든 것이 속임수뿐이네요. 어디선가 간절한 부름이 들렸고, 저는 두려움 속에서 그것이 하나님의 부르심이라 생각했어요.
어머니	너, 정말 이상하구나. 나는 너에게 해를 끼치려는 건 아니었단다. 대답이 없길래 지붕에 올라와 누가 있나 본 거야. 하지만 다른 누굴 보진 못했어.
예레미야	아뇨, 어머니는 어떤 미친 사람을 찾으셨어요. 이 환상들이 주는 고문! 이성적인 것과 비이성적인 것이 뒤섞여 저를 속이고 있어요. 제 자신의 환상에 속고 말았어요.
어머니	무슨 말을 하는 거니? 무슨 일이 너를 괴롭히는 거야?
예레미야	어머니, 아무것도 아니에요. 제 말에 신경 쓰지 마세요.
어머니	예레미야, 나는 그것들을 신경 써야 해. 무언가 내게는 어둡게 느껴진단다. 악한 기운이 널 사로잡아 나에게서 멀어지게 하는구나. 도대체, 너에게 무슨 일이 일어나고 있는 거야? 너를 괴롭히는 게 뭐니?
예레미야	저를 괴롭히는 건 아무것도 없어요, 어머니. 자다가 침대에서 너무 더워, 시원한 바람을 쐬려고 지붕으로 올라온

거예요.

어머니   너는 내게 마음을 닫고 있지만, 나는 네 마음을 읽을 수 있어. 지난 몇 달 동안 매일 밤 네가 방황하고 있다는 것도 안다. 나는 자면서 네가 신음하는 소리를 자주 들었다. 네가 침대에서 일어나 어둠 속을 불안하게 걸을 때마다, 내 마음도 너의 모든 발걸음을 따라다녔단다. 너의 고통을 말해 보렴. 내게서 너를 멀리하지 말아라.

예레미야   걱정하지 마세요, 어머니.

어머니   내가 어떻게 걱정하지 않을 수 있겠니? 너는 내 낮의 빛이자 밤의 기도 제목 아니니? 너는 이제 품에 안았던 내 팔보다 훨씬 커졌지만, 여전히 내 마음 깊은 곳에서 너를 붙들고 있단다. 나는 그렇게 너의 삶을 지켜보고 있지. 나는 네가 깨닫기 전에 이미 알았단다. 나는 네가 보기 전에, 그것도 몇 달 전에 이미 보았어. 나는 너의 이마에 드리워진 그림자와 영혼의 고통을 보았지. 이제 너는 친구들에게도 낯선 사람이 되었단다. 너는 시장에 가는 것도, 사람들을 만나는 것도, 즐거운 것들은 모두 피하고 있잖니. 고뇌에 파묻혀 삶을 포기한 것처럼 보인단다. 예레미야, 잘 생각해 보렴. 너는 제사장 훈련을 받았잖니. 네 아버지의 겉옷이 너를 기다리고 있는 건, 네가 수금과 노래로 하나님을 찬송하게 하려는 것이 아니겠니? 어둠 속에서 벗어나 밝은 빛을 향해 나아가렴. 네 인생의 일을 시작할 시간이 오고 있단다.

예레미야   지금은 시작할 때가 아닙니다. 종말이 다가오고 있어요.

어머니	지금이 그때다! 지금이야! 네가 성인이 된 지 얼마나 오랜 시간이 지났니. 이제 집에는 너의 아내도 필요하고, 네 아버지의 대를 이을 자녀도 있었으면 좋겠구나.
예레미야	(쓰라린 고통 속에서) 아내를 황폐한 집으로 데려오나요? 학살하기 위해서 아이들을 낳습니까? 진실로, 다가오는 것은 결혼의 때가 아닙니다!
어머니	무슨 말인지 이해를 못 하겠구나.
예레미야	제가 심연에 집을 지을까요? 죽음 속에서 삶을 쌓아갈까요? 부패를 심고 재앙을 노래할까요? 어머니, 제 말을 들어 보세요. 이제, 살아 있는 것에 대한 얽매임에서 그 마음이 얽매이지 않는 자가 복이 있습니다. 오늘 누구든지 숨 쉬는 자는 이미 사망의 물을 마시고 있기 때문입니다.
어머니	무슨 미친 상상이 너를 사로잡은 거니? 언제가 더 좋았니? 어느 때, 이 땅이 정말로 평화로운 적이 있었니?
예레미야	아니요, 어머니. 바보들은 "평화, 평화!"를 외칩니다. 그러나 그늘의 말이 평화를 가져오진 않습니다. 그들은 주의를 기울이지 않고, 자려고 누웠지요. 그들이 잠든 사이에 죽음이 다가오고 있습니다. 그들은 죽음으로 가는 길 위에 서 있습니다. 이스라엘이 아직 경험한 적 없는 때가 오고, 세상이 아직 본 적 없는 전쟁이 오고 있어요. 산 자들이 무덤 속에 있는 죽은 자들의 평안을 부러워하고, 볼 수 있는 자들은 보지 못하는 자들의 어둠을 부러워할 겁니다. 어리석은 자들은 아직 보지 못하고, 꿈꾸는 자들에게는 아직 나타나지 않았

	지만, 저는 밤마다 그것을 보고 있어요. 불길이 높이 치솟으면서, 적군이 가까이 다가오며, 격동과 파괴의 날이 다가옵니다. 전쟁의 붉은 별이 밤하늘에 떠오르고 있어요.
어머니	(놀라며) 네가 어떻게 이런 것들을 알 수 있다는 거니?
예레미야	말씀이 은밀히 제게 찾아왔습니다. 제가 밤에 얼굴을 보았지요. 저는 꿈속에서 방황했습니다. 그때 두려움과 공포가 저를 덮쳤고, 팔다리가 떨렸습니다. 마치 무너지는 벽처럼 제 마음은 제 안에서 경악했습니다. 어머니, 제가 그런 광경을 보았어요. 그런데 만약 그런 것들이 글로 쓰여 있다면, 사람의 머리카락이 곤두서고, 잠자는 일은 그 사람에게서 영원히 떠날 것입니다.
어머니	예레미야, 도대체 그게 무슨 말이니?
예레미야	끝이 가까워지고 있어요. 끝! 악(惡)이 북쪽에서 나타나고, 불이 그것의 전차이고, 톱니바퀴로 우리를 학살할 거예요! 이미 하늘에는 공포가 울려 퍼졌고, 발굽 소리로 땅이 흔들리고 있어요.
어머니	(겁에 질린 모습으로) 예레미야!
예레미야	(그녀의 팔을 붙잡고, 듣는다.) 소리가 들리시나요? 들리지 않으세요? 질주하는 전차 소리가 들리세요?
어머니	나는 아무것도 들리지 않는구나! 날이 밝아오고 있어. 양치기들이 저 멀리 계곡에서 피리를 불고, 부드러운 바람이 지붕을 가로지를 뿐이야.

예레미야	부드러운 바람?
	아, 참담하구나!
	강한 바람이 일고 있습니다,
	하나님의 회오리바람이 휘몰아칩니다.
	그 바람이 북쪽의 동굴에서부터
	돌진해 옵니다.
	끔찍한 공포가
	도시를 포위합니다.
	어머니! 어머니! 안 들리시나요?
	바람 속에서 칼들이 부딪치고,
	전차 바퀴 소리가 포효합니다.
	깊은 밤은 창과 갑옷으로 번쩍이고요.
	전사들의 싸움은 끝이 없고,
	회오리바람이 땅을 휩씁니다.
어머니	모든 것은 환상이고, 미친 꿈일 뿐이야!
예레미야	그들이 옵니다. 그들이 온다고요!
	동쪽에서 오는 이방인,
	고대의 사람들,
	강한 민족의 사람들,
	그들이 동쪽에서 서둘러 오고 있어요.
	끝없는 행렬,
	그들의 화살은 번개처럼 빠르고,
	그들의 군마는 신속하게 달립니다.
	그들의 전차는 바위처럼 단단합니다.

	그들 중에는 말을 탄 이가 있지요.
	피로 물든 왕관을 쓰고,
	불과 칼로 도시를 파괴하는 자가.
	국가의 폭군,
	그 사람은 바로 북쪽에서 오는 왕 중의 왕입니다.
어머니	북쪽에서 오는 왕? 꿈을 꾸고 있구나. 북쪽에서 오는 왕!
예레미야	주님이 깨운 사람,
	그가 모든 백성의 죄악을 징벌하고,
	그가 성벽을 허물고 탑을 무너뜨리고 망대를 허물 것이며,
	그가 가정의 웃음과 빛을 잠재우며,
	그가 도시와 성전을 가루가 되도록 파괴하며,
	그가 예루살렘의 거리를 갈아엎을 것입니다.
어머니	정말 불경스럽고, 어리석구나!
	이 도시는 영원히 지속될 거야!
예레미야	무너지고 있습니다!
	하나님 진노의 공격은
	아무도 버티지 못합니다!
	땅속에서
	그 뿌리는 시들고,
	땅 위에서는
	그 열매는 썩을 것입니다!
	도끼와 불로,
	기병들이
	이스라엘의 숲과 시온의 아름다운 평원을

	황폐화할 것입니다.
어머니	(끼어들며) 거짓말이야!
	적군은 우리의 성벽을 둘러쌀 일은 결코 없으며,
	다윗의 도시는 함락되지 않으며,
	예루살렘은 결코 무너지지 않아.
	땅끝의 원수들이 사나워도,
	우뚝 솟은 성벽은 영원히 설 것이다.
	이스라엘의 마음을 강하게 하소서!
	이스라엘의 손을 붙드소서!
	영원한 예루살렘의 날들이여!
예레미야	무너지고 있어요! 지팡이는 부러졌고, 예언된 시간이 다 가오고 있어요.
	끝이 가까이 왔습니다. 바로, 이스라엘의 끝이요.
어머니	거짓 예언자! 우리는 주님의 선택을 받은 백성이고, 우리의 힘은 세월을 넘어 견딜 것이야! 예루살렘은 결코 멸망하지 않아!
예레미야	하지만 저는 꿈에서 그것을 보았어요. 내 눈에 너무도 분명했습니다.
어머니	그런 꿈을 꾸는 사람은 악인이며, 그 꿈을 믿는 자는 일곱 배나 악한 사람이야. 아, 내가 이런 날을 살아서 볼 줄이야! 내 핏줄이 시온을 향해 두려워하고 주님에 대한 믿음을 잃어버리다니! 예레미야, 내가 너를 낳은 태를 저주하기를 바라느냐?
예레미야	그 끔찍한 일이 저의 의지와 상관없이 제게 들이닥쳤습

	니다. 제가 그 얼굴들을 막기 위해 할 수 있는 건 아무것도 없었습니다.
어머니	그들에 대해 지켜보고 기도하며, 그들의 거짓을 주님의 이름으로 산산조각 내거라. 예레미야, 너는 기름 부음을 받고 거룩하게 된 아들이라는 것을 잊지 말아라. 네 목소리는 주님을 찬양하고, 슬픔에 빠진 사람들의 마음을 위로하며, 절망에 빠진 이들에게 희망으로 가득 채워야 한다!
예레미야	제가 어떻게 해야 할까요? 제 자신의 절망이 가장 큽니다. 저를 내버려 두세요, 어머니. 내버려 두세요!
어머니	나는 너를 내버려 두지 않을 거야. 너의 영혼이 절망 속에 있도록 내버려 두지 않을 거란다. 나의 하나뿐인 아들 예레미야, 이번 한 번만 너에게 용기를 북돋아 줄지도 모를 내 이야기를 들어 보렴. 내 고통이 가득하여 말할 수밖에 없는 이 말들을 들어 보렴. 나 역시 한때 절망으로 가득 찼었단다. 십 년 동안 주께서 내 자궁을 닫으셨었지. 그래서 나는 친구들의 놀림감이었고, 첩들의 조롱거리였단다. 그렇지만 나는 십 년 동안 인내심을 가지고 나의 운명을 짊어졌어. 거의 희망을 포기하고 있었지만, 열한 번째 해에 마음의 불꽃이 다시 피어올라 성전(하나님의 집)에 갔었어. 내 태가 열매를 맺도록 간절히 기도했지. 나는 땅에 몸을 엎드렸고, 눈물로 바닥을 적시며 간구했단다. 만일 아들을 나에게 허락해 주신다면, 그를 주님의 일에 헌신시키겠다고 맹세했어. 시험의 시간 동안

	나는 한마디도 하지 않고 침묵하겠다고 다짐했고, 내 아들이 앞으로 훗날 하나님을 풍성히 말하며 찬양하도록 서약했단다.
예레미야	어머니, 어머니께서도 저를 봉헌(奉獻)하셨다고요?
어머니	네 아버지가 나를 알게 된 바로 그날, 나는 너를 잉태하는 축복을 받았다. 잘 들어 보렴, 예레미야. 나는 아홉 달 동안 말을 삼갔단다. 모든 것은 네가 풍성하게 말하여 영원하신 하나님께 영광을 돌리게 하려고 그런 것이었단다. 그렇게 나는 서원을 행했지. 우리는 너를 양육하며 성경을 읽도록 했고, 너는 비파에 맞추어 감미롭게 노래를 불렀단다. 그러니 너는 처음부터 거룩하게 봉헌된 제사장이자, 주님을 섬기는 일에 헌신된 사람이라는 것을 잊지 말아라. 그러니 네 꿈의 장막을 찢고, 밝은 낮으로 나오렴.
예레미야	두 차례의 봉헌(奉獻)이군요! 어머니, 어머니께서는 이 밤의 두 빈째 승거입니다. 어머니께서 두 번째로 저를 삶으로 부르셨어요. 어머니의 말씀을 통해 제게 빛으로 찾아왔습니다. 제가 하나님께 질문하였더니, 놀랍게도 하나님께서는 어머니를 보내셔서 제게 말씀하시는군요! 이제 깨달았어요. 제가 인생의 잠에서 깨어날 때까지 잠의 벽을 두드리신 분이 누구인지, 누가 저를 부르셨는지.
어머니	너에게 도대체 무슨 일이 있었던 거니? 네 말은 꼭 술 취한 사람의 말 같구나.
예레미야	예, 저는 하나님의 확실하신 뜻에 취했습니다. 제 안에

말씀으로 가득 차서, 말을 많이 할 수밖에 없어요. 입의 봉인은 해제되고, 입술은 계시를 말하고 싶어 불타고 있습니다.

어머니 네가 그 미친 꿈을 말한다면, 나에게 재앙이로구나! 그런 망상을 그렇게 큰 소리로 외칠 거라면, 너는 내 아들이 아니다!

예레미야 제가 당신의 아들이 아니라고요, 어머니? 정말로, 확실히, 저는 어머니와 같은 운명을 지닌 어머니의 아들이에요! 어머니께서 저를 가지지 못했던 때를 기억해 보세요! 저 또한 메마른 존재(Barren)였으나, 주님께서 말씀과 신비로 나를 소생시켰습니다. 저는 어머니의 서약을 새롭게 하고 저 자신을 주님께 바쳤습니다.

어머니 그렇다면 성전으로 가거라. 너를 부르신 주님께 네 몸을 바치고 주님의 거룩한 이름을 찬양하여라.

예레미야 아니요, 어머니. 저는 희생 제사를 드리는 제사장의 직분을 위한 것이 아닙니다. 제 자신이 희생 제물이 되어야 합니다. 하나님을 위해 내 핏줄은 피를 흘리고, 그분을 위하여 저의 살은 다 소모되고, 그분을 위하여 저의 영혼은 타오를 것입니다. 누구도 그분 앞에서 하지 않았던 모습으로 저는 그분을 섬기겠습니다. 이제, 그분의 길이 저의 길이 될 것입니다. 새벽에 동트는 골짜기를 생각해 보세요. 제 안에도 빛이 어둠을 몰아내고 있어요! 하나님의 하늘이 불타고 있고, 내 마음도 불타고 있습니다. 엘리야의 불 말과 불타는 전차여, 내가 전하는 말들이 천둥처럼

	사람들의 마음에 떨어지게 하소서! 제 입술이 타오르고 있습니다. 저는 가야 해요. 가야 합니다.
어머니	날이 밝기 시작했을 뿐인데 어디로 가려고 하느냐?
예레미야	저는 모르지만 하나님께서 알고 계세요.
어머니	네가 무엇을 하려는지 내게 말해다오.
예레미야	저는 몰라요. 저는 몰라요! 저의 마음은 그분의 것이고, 저의 행동도 그분의 것입니다.
어머니	예레미야. 부디 그 허무맹랑한 꿈만은 말하지 않겠다고 맹세해 주렴. 네가 맹세하지 않으면 너를 보내줄 수 없다.
예레미야	저는 맹세하지 않겠어요! 다만, 저는 그분에게만 서약합니다.
어머니	… 사람들에게 공포를 불어넣는 것만은 삼가야 해.
예레미야	계시는 그분의 것이고, 제 것은 그냥 입술뿐입니다.
어머니	아, 슬프다! 아, 네가 내 말을 듣지 않는 것만 같구나. 이것만은 알아두렴. 이스라엘에 재앙의 씨를 뿌리고 다니는 사람은 내 집에 다시는 들어오지 못한다.
예레미야	그분의 말씀이 제 말이고, 저의 거처는 그분의 보살핌 속에 있습니다.
어머니	시온을 믿지 않는 자는 더 이상 내 아들이 아니야.
예레미야	저는 다만 그분의 것입니다. 저를 어머니의 태에 두신 그분의 것입니다.
어머니	그렇다면 가겠다는 거니? 예레미야, 가기 전에 먼저 내 말을 듣거라. 백성들에게 입을 열기 전에 내 말을 들어라. 이스라엘에 공포를 퍼뜨리는 자를 내가 온 힘을 다하

	여 저주한다.
	내가 저주한다….
예레미야	(몸을 떨며) 저주하지 마세요! 어머니, 저주하지 마세요!
어머니	나는 성벽이 무너지고, 거리가 황폐해질 거라고 말하는 사람을 저주한다. 난 이스라엘에 죽음을 외치는 사람을 저주한다. 그의 몸이 불에 타 사라지고, 그의 영혼은 살아 계신 하나님의 손에 떨어지기를 바란다.
예레미야	저주하지 마세요, 어머니….
어머니	하나님의 자비보다 자신의 꿈을 더 믿는 이 불신자를 저주한다. 하나님을 부정하는 자가 바로 내 아들이라 할지라도, 마땅히 저주를 받을 것이다. 마지막으로 묻는다. 예레미야, 선택해라!
예레미야	저는 제 길을 가겠습니다.

무거운 발걸음으로 계단을 내려갈 준비를 한다.

| 어머니 | 예레미야, 나의 하나뿐인 아들, 내 노년을 의지하는 아들아. 내 저주가 너에게 내려지지 않게 해다오. 하나님께서 내 서원을 들으셨듯이 이 저주도 들을 것이야. |
| 예레미야 | 저 또한 그분에게 서원한 사람입니다. 어머니, 그분은 저의 기도도 들으셨습니다. 안녕히 계세요! |

무거운 발걸음으로 계단을 내려갈 준비를 한다.

어머니	(큰 소리로 외친다.) 예레미야! 네가 나를 짓밟는구나! 네 발소리가 내 마음을 짓누른다.
예레미야	저는 제가 가는 길을 모릅니다. 다만, 제가 아는 것은 한 분이 저를 부르시고, 저는 그 부름을 따른다는 것입니다.

그는 절제된 감정과 얼굴로 하늘을 우러르고, 천천히 계단을 내려간다.

어머니	(절망에 빠진 채 계단 꼭대기로 달려간다.) 예레미야! 예레미야! 예레미야!

대답이 없다. 그녀의 울음소리는 통곡으로 바뀌고, 잠시 후 그녀는 침묵한다. 슬픔으로 부서진 그녀의 모습은 불과 피로 드러나는 새벽하늘의 배경 아래 실루엣으로 나타난다.

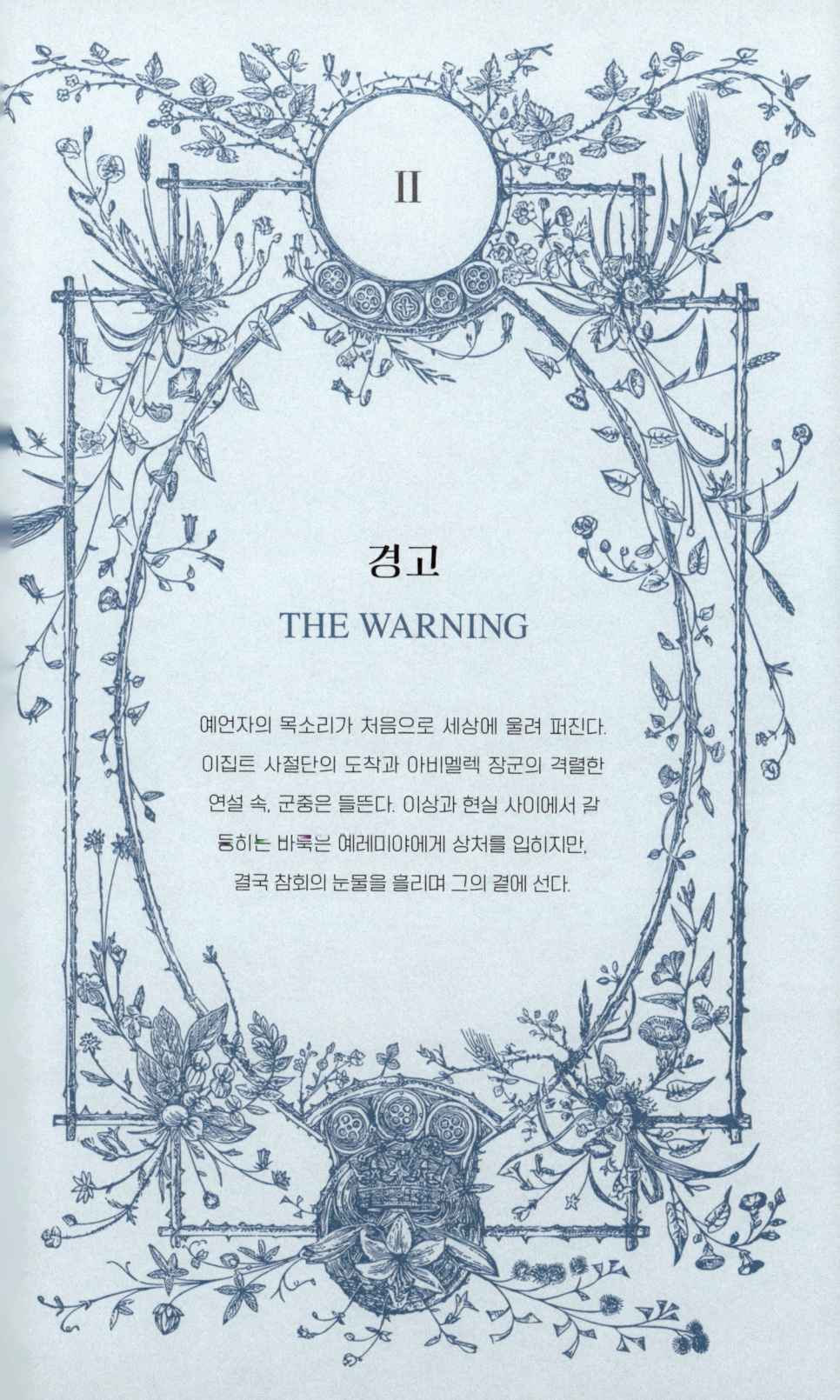

II

경고
THE WARNING

예언자의 목소리가 처음으로 세상에 울려 퍼진다. 이집트 사절단의 도착과 아비멜렉 장군의 격렬한 연설 속, 군중은 들뜬다. 이상과 현실 사이에서 갈등하는 바룩은 예레미야에게 상처를 입히지만, 결국 참회의 눈물을 흘리며 그의 곁에 선다.

SCENE TWO

The prophets that have been before me and before thee of old prophesied both against many countries, and against great kingdoms, of war, and of evil, and of pestilence. The prophet which prophesieth of peace, when the word of the prophet shall come to pass, then shall the prophet be known, that the Lord hath truly sent him(Jeremiah, XXVIII, 8-9).

"옛날부터 우리의 선배 예언자들은 많은 나라와 큰 왕국에 전쟁과 기근과 염병이 닥칠 것을 예언하였소. 평화를 예언하는 예언자는, 그가 예언한 말이 성취된 뒤에야, 비로소 사람들이 그를 주님께서 보내신 참 예언자로 인정하게 될 것이오"(예레미야 28장 8-9절).

2막

예루살렘의 대광장. 그곳에서부터 시작되는 긴 계단이 시온성의 기둥 현관으로 이어진다. 오른쪽에는 왕궁이 있고, 중앙에는 인접한 성전이 있다. 대광장의 다른 쪽에는 우뚝 솟은 구조물과 대조되는 낮고 허름한 집들과 거리가 마주하고 있다. 왕궁 입구의 벽은 줄지어 있는 백향목, 천사들과 종려나무와 활짝 핀 꽃들의 형상을 새기고, 모두 금으로 입혀 놓았다. 앞마당에는 제사장들을 위한 물이 흐르는 물두멍들이 있고, 뒤에는 성전의 청동문도 보인다.

왕궁 앞과 거리와 계단에서 예루살렘 사람들이 혼란스럽게 이리저리 움직인다. 고조된 흥분과 간절한 기대에 흔들리는 가지각색의 남자, 여자, 아이들, 군중으로부터 나오는 여러 목소리가 점차 커져 간다. 대부분 활발하게 서로 논쟁을 벌이는 것 같지만, 때때로 여러 소리가 단 하나의 외침으로 합쳐진다. 장면이 시작될 때, 모든 사람이 거리 쪽으로 몰려들며 안절부절못하는 모습을 보인다.

목소리들 ㄴ 보초병이 이미 망루대에서 신호를 보냈어.

ㄴ 아니야. 아직이야.

ㄴ 내가 나팔 소리를 들었어.

ㄴ 나도 들었어.

ㄴ 그들이 가까이 왔다구.

다른 목소리들	ㄴ 어느 쪽에서 오고 있나?
	ㄴ 우리가 그들을 볼 수 있을까?
	ㄴ 그들은 모리아 문으로 오고 있어.
	ㄴ 그들이 왕궁으로 가려면 반드시 이 길을 지나야 해.
	ㄴ 거리 전체를 막지 마세요.
	ㄴ 우리도 그들을 한번 보고 싶어.
	ㄴ 뒤로 물러서라.
	ㄴ 이집트 사람들을 위해 공간을 열어라, 공간을, 공간을.
한 목소리	그런데 그들이 정말 오는 것이 확실해?
또 다른 목소리	내가 그 소식을 가져온 전령과 직접 이야기를 나눴어.
목소리들	ㄴ 그가 전령과 이야기를 했어.
	ㄴ 우리에게 말해주시오.
	ㄴ 몇 명이나 되는 거요?
	ㄴ 그들이 선물을 가지고 오고 있습니까?
	ㄴ 누가 그들의 대장인가요?
	ㄴ 말해 보세요, 잇사갈!
잇사갈	제가 말할 수 있는 것은 단지 전령인 제 장인이 말해준 것뿐입니다. 파라오가 이집트 최고의 정예 전사들을 보내고 있답니다. 선물을 든 노예들도 그들과 함께 오고 있다고 합니다. 솔로몬 시대 이후로 시온에 이만한 선물은 없었다고 합니다.
목소리들	ㄴ 파라오 만세!
	ㄴ 그의 통치에 영광을!
	ㄴ 이집트 만세!

한 노인	이집트와 동맹을 맺어선 안 된다! 그들의 전쟁은 우리 것이 아니오!
잇사갈	그렇지만 우리의 필요가 그들과 같습니다. 그들 또한 갈대아인들의 노예가 되길 원하지 않아요.
목소리들	ㄴ 우리도, 우리도 원치 않소.
	ㄴ 아수르(Ashur)를 타도(打倒)하자.
	ㄴ 멍에를 부수자.
	ㄴ 우리는 경계해야 합니다.
바룩	(상당히 흥분하며) 우리는 쇠사슬에 묶여 하루하루를 보냅니다. 매달 초승달이 뜰 때마다, 우리의 전령들은 금세겔을 바벨론으로 가지고 갑니다. 우리는 언제까지 이것을 견뎌야 한단 말인가요?
스불론	조용히 해라! 네가 말할 자리가 아니야. 갈대아의 멍에는 가벼운 멍에일 뿐이오.
목소리들	ㄴ 하지만 우리는 멍에 자체를 전혀 원하지 않소.
	ㄴ 자유의 날이 밝았다.
	ㄴ 아수르(Ashur)를 타도하자!
	ㄴ 이집트 사람들과 동맹을 맺자.
스불론	미츠라임[1]에서 나온 것이 결코 좋은 적은 없소. 우리는 신중하며, 인내하며, 언제나 경계해야 합니다.
목소리들	ㄴ 성전의 기구들을 교체합시다.
	ㄴ 더 이상 바알이 우리의 거룩한 것들을 향유하게 해서는 안 됩니다.
	ㄴ 성전의 도둑들을 타도하자! 지금이 정해진 그때입니다.

다른 목소리	(저 먼 거리에서) 그들이 오고 있다! 그들이 오고 있다!
목소리들	(사방에서)

        └ 그들이 옵니다.

        └ 자리 좀 비켜 주세요.

        └ 좀 더 높이 올라가자.

        └ 이쪽으로 와 보세요.

        └ 저는 이미 그들이 보입니다. 여기서 그들을 볼 수 있어요.

사람들이 떼 지어 계단에 오르고, 이집트 사절단이 궁전으로 지나갈 수 있도록 길을 만든다. 처음에는 군중 사이로 창끝만 보일 뿐이다.

목소리들   └ 그들이 얼마나 멋지게 행진하고 있나.

        └ 지도자는 누구입니까?

        └ 아락세스가 그들의 지도자입니다.

        └ 선물을 보세요!

        └ 저 가마들을 보세요.

        └ 그중 하나는 커튼이 쳐져 있군요.

        └ 저것은 파라오의 딸이 분명해요.

        └ 아락세스 만세!

        └ 이집트 만세!

        └ 저건 무거운 상자 같군요. 저 안에 금이 가득 있는 게 분명합니다!

        └ 우리는 저 모든 걸 우리의 피로 값을 치를 것입니다!

└ 저들의 칼을 보세요.

└ 우리의 칼이 더 나은 듯합니다.

└ 저들의 거만한 걸음걸이를 보세요!

└ 강력한 전사가 분명합니다.

└ 파라오 느고 만세.

└ 이집트 만세!

└ 하나님이 아수르를 멸하시리.

└ 아락세스 만세!

└ 파라오에게 축복을!

└ 이 동맹에 축복을!

열광적인 환호와 함께 이집트 사절단의 행렬에 몰려든다. 사절단은 화려한 옷을 입고 당당하게 행진하며, 칼을 흔들고, 우아하게 인사를 건넨다.

바룩   (계단에서 말한다.) 왕이 당신의 소원을 이루어 주시기를! 부디, 그가 동맹을 굳혀 주기를!

이집트 사람들은 궁전으로 가는 계단을 올라 기둥의 현관으로 들어간다. 사람들이 뒤를 따라 몰려간다. 다른 무리의 군중은 거리로 사라진다. 계단에 나이 든 남자들만이 남아 있다. 군인들과 여자들도 이집트인을 따라 왕궁 입구로 사라지며, 보고 듣고 싶다는 열망에 휩싸인다.

바룩   (황홀한 표정으로 지켜보다가) 저도 저 사람들과 같이 들어가겠습니다.

스불론	네 자리를 지키고 있어라.
바룩	저는 이스라엘이 우리의 압제자들에게 맞서는 모습을 직접 보고 싶습니다. 저의 영혼은 위대한 일을 목도하고자 하는 열망으로 불타고 있습니다. 이제, 드디어 그때가 왔어요.
스불론	네 자리를 지키고 있어라. 그때는 우리의 선택이 아니라 하나님의 선택에 달려 있단다. 왕이 결정을 내릴 것이니.
바룩	기쁨의 함성을 들어 보세요! 아버지, 저도 저들과 함께 가게 해 주세요.
스불론	네게 앞으로도 많은 기회가 있을 거란다. 사람들은 언제나 큰 소리로 말하는 사람들의 소리를 듣기 위해 몰려들고, 언제나 특이한 광경을 보기 위해 몰려들기 마련이지.
다른 사람	왜 그에게 기쁨을 누리지 못하게 합니까? 우리가 고대하던 그날이 다가온 것이 아닙니까? 이스라엘을 위해서 친구들이 일어섰습니다.
스불론	미츠라임은 언제나 이스라엘의 친구가 아니었다.
바룩	우리의 수치는 곧 그들의 수치입니다. 이스라엘의 필요가 이집트의 필요입니다.
스불론	우리는 이 땅 위의 어떤 민족과도 공동의 이익은 없어. 우리의 힘은 독립에 있지.
다른 사람들	∟ 그렇지만 저들이 우리를 위해 싸울 겁니다.
	∟ 그들은 자기 자신을 위해 싸울 것입니다. 각자의 나라는 오직 자기들을 위해서만 싸웁니다.
바룩	그렇다면 우리는 여전히 노예로 남아야 합니까? 시드기야

	는 노예들의 왕이 되고, 시온은 갈대아의 노예 노릇을 해야 합니까? 시드기야가 진정한 왕이라면 얼마나 좋을까!
스불론	조용히 하라고 하지 않았나! 한낱 어린 소년이 왕에게 왕의 통치를 말하는 것은 적절하지 않아.
바룩	제가 어리다는 것은 맞는 말씀입니다. 그러나 젊은이들이 아니라면, 누가 예루살렘을 세웠습니까? 생각해 보세요. 예루살렘을 건설한 것은 신중한 장로들이 아닙니다. 다윗, 바로 어린 다윗이 예루살렘의 망대를 세우고, 예루살렘을 열방 가운데 크게 만들었습니다.
스불론	조용히 하거라. 너는 이 장터에서 말할 권리가 없다.
바룩	신중한 장로들만이 말할 수 있습니까? 그렇다면 오직 어른들만 충고를 한다는 것인가요? 그렇게 되면, 이스라엘도 시간이 흘러 늙어버리고, 하나님의 말씀도 시간이 흘러 우리의 마음 안에서 사라져야 합니까? 이 순간은 우리의 것이고, 복수도 우리의 몫입니다. 장로들은 스스로 자존심을 상하게 했지만, 우리는 스스로 높이겠습니다. 장로들은 흔들렸지만, 우리는 결실을 맺을 것입니다. 장로들은 평화를 누렸지요. 하지만 우리는 전쟁을 원합니다.
스불론	네가 전쟁에 대해 도대체 무엇을 아느냐? 우리, 아버지들은 전쟁을 아주 잘 알고 있다. 책에서나 전쟁은 위대하다고 하지만, 실제로 전쟁은 파괴자요 생명의 약탈자야.
바룩	저는 전쟁이 두렵지 않습니다. 노예 상태를 끝내야 합니다!

어떤 목소리	시드기야는 평화의 맹세를 했어요.
목소리들	ㄴ 그 맹세 따위는 중요하지 않아요.
	ㄴ 그가 맹세를 깨뜨리게 합시다.
	ㄴ 이방인과 한 맹세는 지킬 필요가 없어요.
다른 목소리들	(기뻐하며 거리에서 뛰어나오며)
	ㄴ 아비멜렉!
	ㄴ 아비멜렉 만세!
	ㄴ 아비멜렉, 우리의 지도자시여!

무리가 장군 아비멜렉 주위에 모여 그를 환호한다.

목소리들	ㄴ 아비멜렉!
	ㄴ 이집트가 동맹을 제안한 것이 사실입니까? 당신의 칼을 뽑으십시오!
	ㄴ 일어나서 아수르로 진군합시다!
	ㄴ 이스라엘의 군대를 모으십시오.
	ㄴ 우리는 준비가 되어 있습니다.
	ㄴ 우리는 준비되어 있습니다.
아비멜렉	(계단 꼭대기에서 군중에게 말한다.) 예루살렘 백성들이여! 준비하라! 자유의 때가 가까이 왔다!

군중이 환호성을 지른다.

파라오 느고가 우리에게 그의 군대를 돕기를 제안했소.

	그는 우리가 그와 함께 아수르의 강력함을 무너뜨리기를 원해. 그리고 우리는 할 것이다, 예루살렘의 백성들이여.
군중	ㄴ 아수르와 전쟁이다!
	ㄴ 갈대아와 전쟁이다!
	ㄴ 아비멜렉 만세!
전사	우리가 저들을 양처럼 우리 앞에서 몰아낼 겁니다. 저들은 여자들이 있는 집에서 나태해졌고, 저들의 왕은 갑옷을 착용하지도 않았습니다.
어떤 목소리	그 말은 거짓말입니다.
전사	누가 거짓이라고 말했습니까?
그 목소리	제가 말했습니다. 저는 바빌론에 있었고, 느부갓네살을 보았습니다. 그는 강력한 용사입니다. 그의 군사들은 누구와도 비교할 수 없습니다.
목소리들	ㄴ 이 비열한 놈! 네가 우리의 대적을 찬양하다니.
	ㄴ 저 사람은 적에게 매수된 사람입니다.
	ㅣ 저 사람의 아내는 갈대아 사람입니다.
	ㄴ 그 여자는 바빌론의 모든 남자와 놀아난 사람입니다.
	ㄴ 배신자!
	ㄴ (말하는 사람에게 다가간다.) 너는 우리가 그들을 이길 수 없다고 말하는 건가?
그 목소리	제가 갈대아인들은 강력한 용사라고 말했습니다.
전사	(더 가까이 다가가며) 내 주먹을 보고, 그들이 이스라엘 사람보다 낫다고 다시 한번 말해 봐라.
목소리들	ㄴ 다시 말해봐!

	∟ 그를 찢어 버려라.
	∟ 배신자.
	∟ 배신자!
발언자	(위협적인 무리에게 둘러싸이고, 용기를 잃는다.) 그런 말은 안 했습니다. 제가 말하려는 것은 다만 그들이 숫자가 많다는 것입니다.
아비멜렉	우리의 적들은 언제나 많지만, 우리는 항상 그들을 무찔렀다.
목소리들	∟ 누가 우리를 대적할 수 있겠습니까?
	∟ 우리는 우리의 모든 적을 물리쳤습니다.
	∟ 아무도 우리를 대적할 수는 없습니다.
	∟ 우리의 능력을 멸시하는 자는 죽음을 맞이할 것이다.

궁궐에서 급히 전령들이 나온다. 군중이 그들을 둘러선다.

군중	∟ 어디로 그렇게 급히 가는 거요?
	∟ 무슨 소식을 가져왔나요?
	∟ 누구를 찾아갑니까?
	∟ 지금 무슨 일이 일어나고 있나요?
전령	왕이 의회를 소집했소.
목소리들	∟ 전쟁이구나.
	∟ 그가 전쟁을 결정했다.
	∟ 전쟁!
아비멜렉	그가 누구를 소집했는가?

전령	이 도시에서 가장 나이 많은 시민 임레와 청지기 나훔입니다. 그리고 당신에게도 소집이 내려졌습니다.
아비멜렉	망설이는 사람들과 지혜로운 사람들이 나의 동료 평의원이 된다니. 그들은 말을 지나치게 저울질하고, 행동을 두려워합니다. 그러나 나는 칼을 가지고 있소. 내가 아수르를 치기 위해 이 칼을 빼지 못한다면, 이 칼을 차라리 버리겠소. 예루살렘 백성들이여, 여러분을 위한 때가 다가왔습니다. 제가 여러분을 대신하여 싸우겠습니다.
군중	ㄴ 아비멜렉 만세!
	ㄴ 아비멜렉 만세, 하나님의 군대 만세!
	ㄴ 만세!

아비멜렉이 왕궁으로 급히 들어간다.

바룩	그를 따르라! 그를 따르라! 왕이 우리의 목소리를 들을 것입니다. 그의 궁전 창문 아래, 우리의 의지를 울려 퍼지게 합시다!
스불론	네가 잠잠하지 않는다면, 나는 너를 부인할 것이다. 왕께서 이미 회의를 소집했으니, 회의를 방해하는 소란은 없어야 한다.
바룩	왕께서는 고민하지 않고 바로 결정해야 할 것입니다. 그가 결정하게 하십시오! 그가 전쟁을 결단해야 합니다! 우리는 전쟁을 지지합니다.
목소리들	ㄴ 예, 우리 모두도 같은 생각입니다.

	∟ 우리, 모두.
	∟ 왕에게 소리쳐 우리의 목소리를 듣게 하자!
어떤 목소리	아니오. 나는 전쟁을 지지하지 않소. 나는 전쟁을 지지하지 않소.
목소리들	∟ 조용히 해.
	∟ 배신자.
	∟ 다른 스파이.
	∟ 너는 누구냐?
	∟ 그를 끌어내려라.
	∟ 너는 누구냐?
그 말한 이	저는 농사짓는 농부입니다. 다만 저는 제 땅에서 열매가 평화롭게 열리기를 바랄 뿐입니다. 하지만 전쟁이 들판을 짓밟고 있습니다. 저는 전쟁을 원하지 않습니다. 저는 전쟁에 반대합니다.
바룩	(거칠게) 부끄러운 줄 알아! 너는 네 밭 가운데서 썩고, 너의 열매로 숨이 막혀 버리길 바란다! 그저 자기의 이익을 위해서 용기를 재는 너는 저주받을 것이요. 자기 나라의 안녕보다 자기의 삶을 더 소중히 여기는 너는 저주를 받을 것이다! 바로 이스라엘이 우리의 경작지이다. 우리는 우리의 피를 그 땅에 거름으로 삼을 것이다. 형제들이여, 한 분이신 하나님을 위해 죽는 것이 행복하지 않은가?
농부	그렇다면 당신들은 죽으십시오. 그렇지만 저는 살려 주십시오. 저는 땅을 사랑합니다. 땅 역시 하나님의 것이며, 하나님께서 저를 위해 저에게 주신 것입니다.

바룩	우리 자신에게 주어진 것은 아무것도 없소. 우리는 살아 계신 하나님으로부터 신뢰 속에 모든 것을 위탁받은 것이며, 하나님이 찾으시면 모든 것을 반환해야 하오. 이제 그 부르심이 울렸소. 우리는 기꺼이 그것에 응답해야 하오. 그분의 말씀을 계시할 자들은 어디에 있는가? 그분의 영(Spirit)을 드러낼 자들은 어디에 있는가? 게으른 자를 자극하고, 귀머거리를 들을 수 있게 하는 자들은 어디에 있는가? 제사장들은 어디에 있는가? 그리고 예언자들은 어디에 있는가? 바로 이 시간, 예루살렘에 그들의 목소리는 왜 이렇게 조용한 것이오?
목소리들	ㄴ 맞습니다.
	ㄴ 예언자들.
	ㄴ 제사장들은 어디에 있습니까?
바룩	성전으로 갑시다! 하나님의 말씀 없이 우리는 아무것도 할 수 없습니다! 하나님의 사람들이 결정하게 합시다.
목소리들	ㄴ 그래요. 우리의 복자들은 어디에 있습니까? 그들에게 진리가 있습니다.
	ㄴ 하나냐.
	ㄴ 바스훌.
	ㄴ 그들이 어디에 있습니까? 성전을 열어 주십시오.
	ㄴ 성문을 열어 주십시오.
	ㄴ 하나냐.
	ㄴ 바스훌.

군중 가운데 일부 사람들이 계단을 올라가 청동 문을 두드린다. 성문이 열리고, 하나냐가 나타난다. 그는 격렬하게 환호를 받는다.

바룩	하나님의 전령, 하나냐! 백성은 당신의 말씀에 목말라합니다. 당신의 말씀이 쏟아져, 우리의 마음에 불을 붙이고, 우리의 분노를 결실 있게 만들고, 우리를 목표로 인도해 주십시오. 예루살렘의 운명이 당신의 손에 달려 있습니다.
군중	∟ 우리 위에 하나님의 말씀을 부어 주십시오. ∟ 약속을 보여 주십시오. ∟ 우리가 싸워야 합니까? ∟ 하나님의 뜻을 알게 해 주십시오. ∟ 야훼의 전령이시여! 백성을 가르쳐 주시고, 왕을 가르쳐 주십시오. ∟ 약속을 선포하십시오. ∟ 우리의 연약함을 보십시오! ∟ 우리에게 용기를 깨워 주소서.
하나냐	(성전 문 앞에 서서, 격한 감정을 담아 말한다.) 여러분의 간구가 복되며, 여러분의 목소리가 복되며, 이 함성에 귀를 기울이는 예루살렘의 백성과 마침내 그 부르짖음을 듣는 여러분에게 복이 있을 것이오. 예루살렘의 당신들은 잠에 취해서 노예의 사슬에 그저 수동적이었소. 온갖 민족들이 술에 취한 우리를 밟고 행진했으며, 여러분의 옷에 침을 뱉고, 여러분의 벌거벗은 모습을 조롱하였소.

	그러나 이 부르심이 잠자던 사람들을 깨우고 있습니다. 전령이 여러분을 깨웠소. 내가 이제 여러분에게 증언하오. 바로 지금, 하나님께서 여러분을 깨우셨습니다.
군중	(광기 어린 외침으로) └ 그의 말씀을 들읍시다! └ 깨어납시다! └ 우리가 자고 있었던 것은 사실입니다. └ 말씀해 주십시오, 우리의 주인이시여. 지금이 바로 그 때입니까? └ 말씀해 주세요. 그 시간이 왔습니까?
하나냐	하나님께서 여러분을 깨우셨는데, 도대체 언제까지 행동하지 않고 몸을 사릴 겁니까? 주님께서 여러분을 부르셨는데, 언제까지 수동적으로 서 있을 겁니까? 하나님의 물 항아리들이 비어 있어 그분이 목마르십니다. 그분의 제단이 무너져 배고프시고, 성전의 휘장은 도난 당해 그분은 추위에 떨며, 바알의 제사장들과 아스다롯의 종들이 그분을 비웃었기 때문에 그분은 고통을 받고 있소. 멍에를 벗어던지고, 쇠사슬을 끊고, 호산나를 외치십시오! 칼을 꺼내 드십시오. 하나님이 여러분을 깨웠습니다. 주님을 위해 싸웁시다!
바룩	호산나를 외쳐라! 이스라엘아, 일어나라! 예루살렘아, 그 멍에를 깨뜨리자!
군중	└ 멍에를 부수자. └ 아수르를 무너뜨리자.

	ㄴ 느부갓네살을 상대로 무기를 들어라.
	ㄴ 깃발을 펼치자.
	ㄴ 말씀해 주십시오. 이제 시작할 때가 되었습니까?
	ㄴ 아수르와 전쟁.
	ㄴ 승리는 우리 것인가요?
하나냐	주님의 음성이 제 안에서 타오르고 있습니다. 말씀이 바다의 포효처럼 내 입에 찾아옵니다. 그래서 우리는 그 소리를 듣습니다. "일어나라, 이스라엘아. 내가 아수르를 너의 손에 넘겼다. 주먹을 움켜잡고, 이스라엘아, 네 원수의 뼈를 부러뜨려라. 너희 발뒤꿈치로 압제자를 짓누르며, 내 훔친 물건을 되찾아라. 내가 너를 구원한 것처럼 나를 구원하라. 너희에게 다른 말로 충고하는 자들을 배척하여라. 너희를 억압하는 자들을 멸하여라. 나약한 자들에게는 주의를 기울이지 말고, 오직 내 전령의 말에만 귀를 기울여라. 오, 이스라엘아, 내 전령의 말을 들으라!"
예레미야	(군중 속에서 미친 듯이 부르짖는다.) 이 사람에게 귀를 기울이지 마십시오! 이 사람에게 귀를 기울이지 마십시오! 이 사람에게 귀를 기울이지 마십시오!

소동이 일어나고, 예레미야가 그 가운데에서 나타난다. 그가 하나냐가 말하는 곳을 향해 계단을 오른다.

목소리들	ㄴ 이렇게 말하는 이는 누구지?
	ㄴ 그가 말하는 게 무엇이오?

	ㄴ 그는 뭐 하는 사람이요?
예레미야	이 사람의 말에 귀를 기울이지 마십시오. 오직 입만 움직이는 자의 말을 듣지 마시오. 이 사람의 말의 유혹을 뿌리치시오. 여러분을 미끄러지는 곳으로 인도하려는 위선자들의 말을 듣지 마십시오. 새들의 올가미에 걸리지 마십시오. 전쟁을 부르는 유혹에 귀를 기울이지 마십시오.
바스훌	(성전 문지방에 대제사장의 복장을 한 바스훌이 나타난다.) 군중 속에서 말하는 사람은 누구인가?
하나냐	누가 주님을 거스르는 말을 하는가? 앞으로 나와 자신의 모습을 드러내라.
예레미야	(앞으로 나온다.) 두려움 속에서 말합니다. 예루살렘을 걱정하며 큰 소리로 울부짖습니다. 두려운 입이 열렸습니다. 제가 이스라엘을 위하여 그리고 이스라엘의 생명을 위하여 말하겠습니다.
목소리들	ㄴ 저 사람은 누구인가?
	ㄴ 나는 그를 잘 모르겠다.
	ㄴ 저 사람은 예언자가 아닌 것 같아.
	ㄴ 저 사람이 누구인지 전혀 모르겠소.
	ㄴ 누구인가?
한 목소리	아나돗의 제사장의 자손, 힐기야의 아들, 예레미야야.
목소리들	ㄴ 예레미야가 누구인가?
	ㄴ 뭐 하는 사람인가?
	ㄴ 아나돗 사람들이 예루살렘에서 무엇을 원하는가?
	ㄴ 저 사람은 힐기야의 아들이야.

	ㄴ 뭐 하는 사람인가?
	ㄴ 저 사람이 원하는 것이 무엇인가?
바스훌	(계단을 오르는 예레미야에게) 성전 계단에서 물러나라! 오직 주님의 전령들, 곧 하나님의 사람들과 예언자들만이 거룩한 문턱을 밟을 수 있다. 하나님의 뜻을 밝히는 것은 우리 외에 아무에게도 주어지지 않았다.
예레미야	누가 감히, 주님께서 오직 자기에게만 그분의 지혜와 그 뜻의 비밀을 허락했다고 말할 수 있습니까? 하나님은 꿈속에서 사람들에게 말씀하시고, 저에게도 마찬가지로 꿈을 보내셨습니다. 그분은 저의 밤을 두려움으로 가득 채우시고, 때에 따라 저를 깨우셨습니다. 그분은 제게 말할 수 있는 입과 큰 소리로 부르짖을 수 있는 목소리를 저에게 주셨습니다. 그분이 저의 마음속에 두려움을 불어넣으셔서 그것들을 불타는 천처럼 여러분 위에 펼쳐 놓으라 하셨습니다. 저는 예루살렘을 위한 두려움을 토로하고, 백성 앞에서 울며, 저의 꿈 내용을 밝히겠습니다.
바룩	꿈을 꾸는 자들과 꿈의 해석자들은 물러나시오. 지금은 깨어 있는 사람들이 필요한 때입니다.
하나냐	꿈은 누구에게나 오지. 짐승들도 꿈결에 노닐고, 노예들의 꿈도 환상으로 가득해. 누가 너에게 기름을 부었는가? 누가 너에게 성전 앞에서 말하도록 했는가?
목소리들	ㄴ 아니요.
	ㄴ 저 사람이 말하게 하시오.

	└ 저 사람의 말을 듣고 싶소.
	└ 저 사람은 분명 제정신이 아니오.
	└ 저 사람이 꿈을 드러내도록 하세요.
	└ 시장은 누구에게나 자유롭게 열려 있소.
	└ 하나님의 집은 자유입니다. 말씀하세요! 예레미야.
바스훌	성전의 문턱에서는 안 되오.
하나냐	내가 하나님의 예언자요. 오늘날 나 이외에 이스라엘에 다른 예언자는 없소. 여러분은 내 말을 들어야 하오. 거리에서 수다 떠는 자들의 것이 아니오. 꿈꾸는 사람들은 광장에서 쫓아내야 하오.
바룩	그는 겁쟁이입니다. 그가 말하는 두려움은 마주하지 맙시다!
목소리들	└ 그가 말하게 하라.
	└ 아니, 하나냐가 말하게 하라.
	└ 어쩌면 예레미야는 주님이 보내신 것 같습니다.
	└ 저 사람의 말을 듣지 못할 이유가 있나.
	└ 말하세요, 예레미야.
	└ 그의 꿈이 무엇인가?
	└ 계시는 종종 꿈으로 오기도 해.
	└ 그 사람이 말하게 해 주세요, 하나냐.
	└ 우리는 이 사람과 저 사람의 말을 비교할 수 있소.
	└ 말하라, 예레미야.
예레미야	(계단 꼭대기에서) 이스라엘과 예루살렘의 형제들이여, 저는 꿈에서 폭풍우가 성을 덮치는 소리를 들었고, 전사

들이 우리의 성벽을 공격하는 모습을 보았습니다. 기둥들이 무너지고, 성벽의 방어 구조(Battlement)가 파괴되었습니다. 불길이 붉은 짐승처럼 지붕 위에 앉아 우리의 거처를 삼켰습니다. 돌 하나도 다른 돌 위에 남아 있지 않았고, 거리는 황폐해졌습니다. 저는 죽은 자들이 땅 위에 산더미처럼 누워 있는 것을 보았습니다. 그래서 저의 마음은 뒤집혔고, 잠결에도 입이 열렸습니다.

바스훌 미친 소리가 성전의 계단에서 울리고 있구나.

하나냐 간질병(Falling Sickness, Epilepsy)이 저 사람을 괴롭히고, 다시 저 사람이 우리를 괴롭히는구나.

바룩 저 사람을 끌어냅시다.

목소리들 ㄴ 아니, 우리는 저 사람의 꿈을 듣고 싶소.

ㄴ 그게 무슨 뜻인가?

ㄴ 저 사람은 미친 사람이에요.

ㄴ 저 사람은 바보예요.

ㄴ 저 사람을 쫓아라!

예레미야 그렇지만 형제들이여, 제가 땀에 젖어 깨어났을 때, 지금 여러분이 저를 비웃는 것과 같이 저 스스로 비웃었습니다. 땅 위에 평화가 가득 덮고 있지 않습니까? 성벽은 온전하고, 그 위로 어떤 바람도 스쳐 가지 않았죠? 그래서, 저는 제 두려움에 대한 부끄러움을 가득 안고 집을 나섰습니다. 저는 지금의 평화로움을 즐기고자 시장을 찾았습니다. 그렇지만 제가 여기에 이르렀을 때, 저는 기뻐하는 환호 소리를 들었고, 그 소리에 정말 가슴이 찢어졌습니다. 그 이유는 환호가 전쟁을 위한 외침이었기 때문입니다. 형제들이여, 저의 영혼은 쓸개즙처럼 쓰라렸고, 내 의지와는 상관없이 그 말씀이 저의 입술에서 나옵니다. 말해 보세요. 전쟁이 그렇게 소중합니까? 여러분이 전쟁을 찬양해야 할 정도로 전쟁이 온화(溫和)하겠습니까? 여러분이 그것을 그리워할 만큼? 전쟁이 그렇게 많은 선을 가져옵니까? 여러분이 마음 다해 그것을 환영할 만큼인가요? 예루살렘 여러분, 제가 말합니다. 전쟁은 사나우면서도 악한 짐승입니다. 전쟁은 강한 자들의 살을 집어삼키고, 힘 있는 성읍들의 턱을 부수며 골수를 빨아들이고, 발굽 아래 땅을 짓밟는 짐승입니다. 그 짐승을 깨우는 자는 그 짐승을 다시는 잠들게 하지 못할 것입니다. 이러한 일들은 칼을 뽑는 자가 칼에 맞아 죽는 것과 같습니다. 그러므로 아무 필요도 없는 논쟁을 일으키는 사람들에게 재앙이 있을 것입니다. 말로 평화를 죽이는 사람들에게 화가 있을 것입니다. 예루살렘 여러분, 이 모든 것을 조심하십시오.

바룩 오, 예루살렘 백성이여, 겁쟁이를 조심하십시오. 적군에게 대가를 받는 반역자를 조심하십시오.

하나냐 저 사람이 가져온 약속은 무엇인가? 하나님의 말씀은 어디에 있는가? 그는 바빌론과 바알을 대변하고 있소.

목소리들 └ 아니요, 아니에요.
└ 저분의 말 옳소.
└ 그가 말하는 것에 많은 진실이 있어요.

└ 저 사람이 자신의 말을 전하게 하세요.

└ 꿈에 대해.

└ 약속은 어디에 있습니까?

└ 계속하세요.

└ 우리는 저분의 말을 계속 듣고 싶습니다.

예레미야 어찌하여 여러분은 함성으로 그 거친 짐승을 깨우십니까? 어찌하여 북쪽의 왕을 여러분의 성으로 부르십니까? 예루살렘 사람들이여, 어찌하여 전쟁을 부르십니까? 어찌하여 여러분은 아들들을 죽이고, 딸들을 수치를 위해 낳았는가요? 집이 불타 없어지기 위해, 성벽이 공성탑(투석기, Battering ram)에 맞아 무너지기 위해 만들어졌나요? 이스라엘이여, 생각해 보십시오. 어둠 속으로 무작정 달려 들어가지 않도록 멈추십시오. 예루살렘이여, 여러분의 종살이가 그렇게도 고됩니까? 여러분의 슬픔은 진정할 수 없을 정도입니까?

주위를 둘러보십시오. 하나님의 태양이 이 땅 위를 비추고, 포도나무가 평화롭게 꽃 피고, 연인들은 함께 즐겁게 걷고, 아이들은 마음껏 뛰어놉니다. 밤이 되면 달빛은 잠든 예루살렘 위에서 부드럽게 빛납니다. 불과 물이 그들의 정해진 자리를 지킵니다. 창고는 가득하고, 하나님은 그의 넓은 집을 가지고 계십니다. 이스라엘이여, 여러분은 시온의 성벽 안에서 잘 지내고 있지 않나요? 여러분은 샤론의 골짜기가 기쁘지 않나요? 여러분은 요르단의 푸른 물 아래서 행복하지 않습니까? 다만, 하나님의 고요

	한 시선 아래 평화롭게 사는 것으로 만족하십시오. 예루살렘 사람들이여, 평화를 지키십시오.
스불론	그의 말이 옳다. 저분에게 찬사를 보냅시다! 그야말로 저분의 말은 금과 같은 말이오.
바스훌	갈대아의 금처럼 말인가?
목소리들	└ 그래, 저 사람은 뇌물을 받았어.
	└ 아니요, 저분의 말은 정당합니다.
	└ 우리는 평화를 원합니다.
	└ 저 사람은 반역자이다.
	└ 저 사람은 아수르의 돈을 받았다!
	└ 그가 말하게 하라.
	└ 아냐, 하나냐의 말이 옳다구.
	└ 하나냐의 말을 들어 보자.
하나냐	물러가라. 노예의 땅, 사마리아에 가서 말하라. 모압이나 할례받지 않은 사람에게 가서 전하라. 이스라엘에게는 말하지 말아라. 이스라엘은 민족의 장자(長子)이다.
바룩	(예레미야에게 위협적으로) 사람들 앞에서 대답해 보십시오. 우리가 노예 생활을 견뎌야 합니까? 우리가 갈대아에게 경의를 표해야 합니까? 대답해 보시오, 이 반역자여.
목소리들	└ 맞다, 맞아.
	└ 대답하라.
	└ 말하라.
	└ 우리가 계속 세금을 내야 하나?
	└ 대답하라.

예레미야	그럼 이제 제가 백성 앞에서 큰 소리로 제 마음을 말하겠습니다. 전쟁에 피를 바치는 것보다 적에게 금을 바치는 것이 좋습니다. 힘 있는 것보다 지혜로운 것이 좋습니다. 사람인 통치자의 종이 되는 것보다 하나님의 종이 되는 것이 좋습니다.
하나냐	갈대아의 노예, 노예와 같은 복종자여. 억압자와의 전쟁을 명령하는 하나님의 말씀을 부인하겠는가? 그분의 거룩한 말씀을 부인할 것인가?
예레미야	그러나 다음과 같이 기록되어 있습니다. "돌이키고 쉬는 가운데 구원을 얻고, 조용함과 신뢰 안에서 힘을 얻으리라."²
목소리들	⌐ 맞아요, 그렇게 기록되어 있습니다. ⌐ 저분은 진리를 말하고 있습니다. ⌐ 저분의 말은 지혜의 말씀입니다. ⌐ 아니요, 저 사람은 성경을 자신의 목적에 맞추어 왜곡하고 있소.
하나냐	이것은 불경한 전쟁, 이스라엘 형제들 간의 분쟁에 대한 말씀이오. 그러나 우리의 전쟁은 거룩한 전쟁이요. 예루살렘의 영원한 이름으로 치러지는 하나님의 전쟁, 하나님의 전쟁이요, 하나님의 전쟁.
예레미야	하나님의 이름을 전쟁과 결합하지 마십시오. 전쟁을 일으키는 것은 하나님이 아니라 인간입니다. 어떤 전쟁도 거룩하지 않습니다. 오직 생명만이 거룩합니다.
바룩	당신은 거짓말을 하고 있습니다. 우리에게는 하나님께

	제물로 바치기 위해 생명이 주어져 있습니다. 저는 그분의 제단에 몸을 바칠 것입니다. 저는 그분의 원수들 앞에 마땅히 쓰러지고, 이스라엘을 위해 그리고 이스라엘의 통치를 위해 죽겠습니다. 그분의 모든 아들이 이 생각을 공유하는 한, 결코 이스라엘은 패배하지 않을 것입니다.
하나냐	절대로, 하나님의 별들이 하늘에서 빛을 발하는 동안 이스라엘은 패하지 않을 것이오. 우리가 이집트와 힘을 합친다면 바빌론은 석 달 안에 우리 손에 들어올 것이오.
목소리들	(기뻐하며)
	└ 석 달 안에.
	└ 하나냐 만세!
	└ 하나냐의 말씀을 들으시오!
	└ 석 달 안에!
하나냐	이스라엘은 헤아릴 수 없는 적들을 상대로 승리를 거둘 것이오.
비룩	저 사람은 마치 자기 앞에 그들이 금을 뿌리듯이 공포를 조장하고 있습니다.
목소리들	└ 이스라엘이 열방을 다스릴 것이오.
	└ 아수르를 타도하자.
	└ 전쟁.
	└ 전쟁.
	└ 아니다, 평화.
	└ 이스라엘에 평화를!
	└ 전쟁.

　　　　　　└ 전쟁.

　　　　　　└ 저 사람은 아수르를 위해 말하고 있소.

　　　　　　└ 저 사람은 반역자이다.

　　　　　　└ 전쟁만을 외치는 사람들만 진리를 말한다고 할 수 있습니까?

　　　　　　└ 저 사람은 뇌물을 받았다.

　　　　　　└ 조급하게 결정하진 마세요.

바룩　　저 겁쟁이를 여자들의 집으로 보내버리자!

어떤 여인　(예레미야에게 침을 뱉는다.) 그의 동료들은 우리에게 수치를 가져옵니다. 비굴함으로 치욕을 자초한 사람에게나 어울리는 행동입니다! 아수르에 대항해야 합니다!

예레미야　(분노에 휩싸인 채로) 사납게 피를 갈망하는 당신은 누구입니까? 당신은 그저 무덤을 위해서 아이를 낳고, 젖을 먹였습니까? 피에 목마른 남자들은 저주를 받을 것이오. 그러나 전쟁을 열망하는 여인은 일곱 배의 저주를 받을 것이오. 전쟁이 그녀에게 태의 열매를 먹도록 할 것이며, 아수르 사람들이 그녀와 그녀의 옷을 놓고 제비를 뽑으리라. 나에게 침을 뱉고 비난하는 여인이여, 너희와 같은 자들은 슬퍼하면 뺨을 손톱으로 찢고, 애통의 날카로운 울음을 터뜨리리라.

여인들의 목소리 └ 맙소사! 저주다! 저 저주를 들어라!

　　　　　　└ 우리의 아들들이여.

　　　　　　└ 오호라, 오호라!

　　　　　　└ 저 공포의 사람!

	ㄴ 재앙이야!
바룩	당신이 여성들을 겁줄 수는 있겠지만, 겁쟁이, 남자들은 겁주지 못하리라. 내려라! 저 사람을 끌어내려라!
어떤 전사	그를 끌어내리자. 그를 거리로 쫓아내자.
하나냐	그 입 다물어라!
목소리들	ㄴ 저 사람을 끌어내라!
	ㄴ 저 사람은 여인들을 놀라게 해.
	ㄴ 저 사람을 끌어내라.
	ㄴ 저 사람이 충분히 재앙을 예언했소.
	ㄴ 그가 말하는 동안 내 살이 떨렸어.
	ㄴ 저 사람이 말하는 동안 제 몸이 살살 움직였습니다.
	ㄴ 저 사람 입을 다물게 하라.
예레미야	저는 입을 다물지 않을 것입니다. 예루살렘이 저의 입을 통해서 울부짖고 있기 때문입니다. 예루살렘의 성벽은 내 마음에 우뚝 서 있으며, 여전히 서 있기를 원하기 때문입니다.
	이스라엘 땅은 내 영혼에서 꽃 피고 있으며, 내 희망은 그것을 지키는 데 있습니다.
	당신들의 피가 저를 부릅니다, 예루살렘. 그것이 흘러내리지 않으며, 그 씨앗이 흩어지지 않기를 바라며, 돌들이 무너지지 않고, 당신의 이름이 사라지지 않기를 바랍니다.
	흔들리는 자들아, 확고히 서서 당신의 자녀들을 보살펴야 합니다. 진정으로, 예루살렘아, 제 경고의 소리를 들으

	세요. 진심으로, 시온아, 하나님의 요새여, 평화를 지키십시오, 평화를 지키십시오.
목소리들	(격렬하게 말다툼한다.)
	ㄴ 맞소.
	ㄴ 하나님의 평화가 이스라엘 위에.
	ㄴ 반역자.
	ㄴ 그는 뇌물을 받았다!
	ㄴ 하나님의 평화가 우리 위에 있기를.
	ㄴ 나는 내 아들들을 구하고 싶소.
	ㄴ 전쟁이다.
	ㄴ 아수르와의 전쟁!
	ㄴ 왕에게 이것을 맡겨야 해.
	ㄴ 그는 반역자야.
	ㄴ 우리는 평화롭게 살기를 원합니다.
	ㄴ 저 사람은 겁쟁이야.
	ㄴ 저 사람은 자신을 적에게 팔았습니다.
	ㄴ 전쟁이다.
	ㄴ 아니오, 평화를 원하오.
	ㄴ 하나냐가 진실을 말하고 있소.
	ㄴ 아니다, 예레미야가 진실을 말하고 있소.
	ㄴ 멍에를 부수자!
	ㄴ 전쟁을 원한다!
	ㄴ 평화를 원한다!

궁전 입구에서 소란이 일어난다. 많은 사람들이 앞으로 나온다. 그들 가운데는 칼이 없는 아비멜렉이 서 있다.

목소리들 (새로 온 사람들 중에서)
└ 반역이다.
└ 반역이야.
└ 이스라엘에 반역이 일어났다.

예레미야를 둘러싼 논쟁이 그친다.

목소리들 └ 무슨 일이 있었습니까?
└ 아비멜렉.
└ 무슨 일이 있었습니까?
└ 아비멜렉이 왕에게서 왔습니다.
└ 아비멜렉.
└ 그의 분노 가득한 표정을 봐라.
└ 무슨 일이 있었는지 우리에게 말해 주십시오.

아비멜렉 (계단 꼭대기에서 예레미야 옆에 서서) 이제 이스라엘은 나약한 자들에 의해 팔렸소. 교활한 상술을 부리는 자들에 의해 거래되었소. 임레와 나훔이 회의에서 우위를 차지했습니다. 그 사람들이 이집트를 비난했고, 왕은 그들의 말에 귀 기울였소.

목소리들 └ 나훔을 끌어내라.
└ 반역이다.

   └ 늙은, 임레.

   └ 반역자.

   └ 어떤 결정이 내려졌습니까?

   └ 왕이 뭐라고 말했습니까?

   └ 평화여, 평화를 기원!

   └ 하나님의 심판을!

아비멜렉 왕의 마음은 두려움으로 흔들리고 있소. 그는 전쟁을 두려워하고 있소. 왕은 이 문제를 더 깊이 고민할 것이고, 결정을 내리기까지 더 많은 조언을 받을 것이오.

예레미야 지혜로 띠를 두른 시드기야에게 영광을!

아비멜렉 그는 연약함에 둘러싸여 있소. 그의 늙음과 두려움이 그의 조언자입니다. 내 경우는, 나는 내 칼을 내려놓을 것이오. 시온이 아수르에게 경의를 표하는 동안에는 더 이상 칼을 차지 않을 것이오.

바룩 (황홀 속에서) 하나님의 군인이여, 당신의 칼은 이스라엘을 위해 번쩍이기 때문에 정말로 거룩합니다.

바스훌 교활한 술상을 부리는 사람들과는 아무 관련 없는 당신에게 신의 은총을 기도하오.

하나냐 우리가 아직도 주저해야 하오? 누구를 위한 시간인가? 교활한 나훔과 노쇠한 임레를 위한 때입니까? 아니라면 예루살렘 여러분의 때인가? 하나님의 시간이 도래하고, 우리는 그것을 붙잡아야 하오. 자, 왕궁으로 갑시다. 왕에게 우리를 보게 하고, 우리의 말을 듣게 합시다. 예루살렘 백성들이여, 여러분의 목청을 높이시오. 백성의 분노

	의 숨결을 터뜨리십시오. 왕궁으로 갑시다! 왕궁으로 갑시다!
바스훌	왕에게! 예루살렘 백성들아, 그에게 너희를 보여라. 왕에게! 승리를 향해! 이것이 하나님의 뜻이다.
목소리들	왕에게 가자! 왕궁으로 가자! 승리를 위해!
예레미야	(현관으로 들어가는 입구를 막기 위해 뛰어간다.) 평화를 지키십시오. 평화를 지키십시오. 여러분들은 예루살렘을 죽이고 있습니다.
바룩	(칼을 빼며) 아직도 평화를 말하는 작자에게.
하나냐	베어 버려라!
바스훌	반역자를 끌어내라!
예레미야	하나님의 친구들이여, 저를 도와주십시오. 예루살렘을 구할 수 있도록 도와주세요.
바룩	마지막 기회다! 왕에게로 가자.

예레미야를 밀어내려고 노력한다.

예레미야	(저항하며 큰 소리로 외친다.) 어리석음에게 한 발짝도 양보하지 않겠다! 평화! 하나님의 평화가 이스라엘 위에 있기를!

바룩이 예레미야를 베고, 그가 피를 흘리며 계단 밑으로 쓰러진다.

군중	(겁에 질려 흩어진다.)

  └ 살인이다.

  └ 저들이 그를 죽였다.

  └ 살인이다.

  └ 누구인가?

  └ 예레미야.

  └ 저들이 예레미야를 죽였다.

  └ 오 이런.

  └ 도대체 왜 무력을 사용하나?

  └ 왜 예언자를 죽이나?

  └ 정의가 거짓말쟁이를 응징한 것이다.

  └ 왕에게!

  └ 왕에게로 가자!

하나냐 (의기양양하여) 나약한 겁쟁이들, 모든 갈대아의 노예, 모든 아수르의 고용인은 모두 이런 운명을 맞이할 것이다! 왕궁으로! 왕에게로 가자! 이스라엘을 구하고, 예루살렘을 해방하자!

아비멜렉 반역자에게 죽음을! 아수르에게 복수를!

바스훌 하나님께서 그를 처단했다.

하나냐 하나님의 번개가 저 거짓말쟁이에게 떨어졌습니다.

군중 (경악스러운 순간이 지난 후, 사람들이 현관으로 들어가기 시작한다.)

  └ 왕에게로!

  └ 이스라엘이 열방을 다스리게 하십시오.

  └ 전쟁을 하십시오.

└ 아수르와 전쟁을 하십시오.

└ 왕에게로.

└ 하나님이 우리의 편이십니다.

└ 아수르를 타도하라.

└ 자유.

└ 자유.

왕궁으로 들어가는 군중의 기쁨이 넘친다.
예레미야는 여전히 기절한 채 계단 아래에 누워 있다. 아무도 그를 주목하지 않는다. 군중은 물밀듯 밀려가면서 그를 지나친다. 그는 돌들 사이에 쓰레기처럼 남겨져 있다. 바룩은 폭도들에게 휩쓸리다 당황하여 그들 사이에서 힘겹게 물러난다. 천천히, 내면의 힘에 이끌리듯 그는 기절한 남자에게로 다가간다. 그에게 몸을 굽히고, 그의 이마를 만지고, 그의 숨소리에 귀를 기울인다.

바룩   예레미야! 살아 있다면 말해 보세요, 예레미야….

예레미야를 앉은 자세로 일으켜 세운다.

예레미야   (여전히 눈을 감은 채, 아직 정신을 못 차리고 겨우 말한다.) 불타는 구름이 내렸습니다. 불길이 도시를 덮고 있습니다. 아, 슬프다!
바룩   제가 당신의 눈에서 피를 닦을 수 있도록, 잠시 가만히 있어 보세요.

예레미야	만지지 마세요! 당신의 얼굴은 저를 향한 증오로 가득 차 있었습니다. 당신의 눈은 정말 매섭게 번뜩였지요. 저를 쓰러뜨린 것도 당신이 아닙니까?
바룩	맞습니다. 제가 분노로 당신에게 칼을 뽑은 것은 사실입니다. 하지만 칼 손잡이가 제 손에서 돌았기 때문에, 저는 칼날이 아니라 평평한 면으로 당신에게 상처를 입혔습니다. 정말 다행입니다. 제가 무장도 하지 않은 사람을 피 흘리게 했으니, 당신의 핏값을 지불하겠습니다. 제가 당신의 상처를 치료하게 해 주세요.
예레미야	피가 흐르게 두십시오. 오직 나 혼자만이 예루살렘에 흐르기를 바랍니다. (반쯤 일어나며) 그런데 군중은 어디로 갔습니까? 광장이 텅텅 비었군요. 군중이 왕궁으로 갔습니까? 왕에게 전쟁을 일으키자고 갔습니까? 그 사람들은 모두 어디에 있습니까?
바룩	진정하세요.
예레미야	모두 이미 갔군요. 이제, 너무 늦었습니다. 당신에게는 저를 땅에 쓰러뜨린 것에 대해서 저주가 있을 것이오. 당신은 나보다 훨씬 더 많은 사람을 죽인 것입니다. 당신은 내 피만 흘리도록 한 것이 아니라 온 이스라엘의 피를 흘리게 한 것입니다. 당신 때문에 시온이 부서지고 파괴된 것입니다. 당신은 파수꾼을 죽였습니다. 이제 저들이 주님의 거룩한 곳에서 광란을 일으키고 있습니다. 저를 일으켜 주십시오. 물러가라, 이스라엘의 살인자!

| 바룩 | 무엇을 하길 원하십니까? |
| 예레미야 | (열성적 흥분 가운데) 부축해 주시오. 제가 일어설 수 있도록 부축해 주시오. 당신이 저를 쓰러뜨렸으니, 이제 당신이 저를 도와야 합니다. 아직 시간이 남아 있을지도 모릅니다. |

멀리 궁전에서 외치는 소리가 들려온다.

| 예레미야 | 저들의 환희는 죽음을 의미하고, 저들의 기쁨은 멸망을 의미합니다. 너무 늦었습니다! 너무 늦었습니다! 예루살렘을 위해 제가 경고해야만 합니다. 당신의 도움이 필요합니다. 저는 반드시 그에게 가야 합니다. 시간이 없습니다. |

그는 힘겹게 일어선다.

| 바룩 | (당황하며) 어딜 가려고 하십니까? 아직 너무 약해 아무 것도 할 수 없습니다. |
| 예레미야 | 하나냐와 바스훌에게, 전쟁을 원하는 사람들에게 그리고 백성에게 증언해야 합니다. 저는 평화의 말을 외쳐야 합니다…. |
| 바룩 | 정말로 그 모든 사람을 상대로 다시 한번 시도하겠다고요? 당신을 움직이는 힘은 정말로 위대하군요. 당신은 나의 칼을 당당히 맞섰지요. 저는 당신을 겁쟁이라고 멸시

했고, 백성들 앞에서 나약한 사람이라고 무시했습니다. 그러나 당신은 죽기로 각오하고 힘을 다하면서, 당신 자신이 용감한 사람임을 증명했습니다.

예레미야   만약, 당신이 저를 존경한다면, 저를 좀 도와주세요. 큰 소리로 외칠 수 있도록 도와주세요. 시온을 멸망에서 구할 수 있게 도와주세요.

바룩   (그를 부축하며) 예레미야, 제가 당신을 돕겠습니다. 그동안의 제 의지를 거스르겠습니다. 당신 안에 저를 강제로 이끄는 힘이 있습니다.

저는 정말 당신이 나약한 사람이라고 믿었기 때문에, 행동하지 않고 평화롭고 쉬운 길을 선호하는 자로 간주하여 반대했습니다.

예레미야   평화의 쉬운 길! 당신은 평화가 행동이 아니라고 생각합니까? 평화야말로 모든 행동 중에서도 참된 행동이 아닐까요? 당신은 거짓말하는 사람의 입과 사람의 마음에서 그 평화를 매일 되찾아야 할 것입니다. 이제, 나는 군중에 홀로 맞서야 합니다. 요란한 소리는 항상 다수의 편에 서고, 거짓말쟁이는 항상 처음에 먼저 말하기 때문입니다. 온유한 사람은 강해야만 합니다. 왜냐하면 평화를 갈망하는 사람들은 끊임없는 전쟁을 치르고 있기 때문입니다.

바룩   그렇지만 정말 혼자 가지는 않으실 거지요?

예레미야   저는 가야 합니다. 반드시 가야 합니다. 제가 한 말을 믿을 수 있도록 해야 합니다. 자기의 목숨을 걸지 않고 하

	는 말은 공허합니다. 저는 꿈을 드러내고, 왕 앞에서 내 경고를 선포할 것입니다.
바룩	저도 기꺼이 당신과 함께 가고, 기꺼이 당신이 하는 일에 함께하고 싶습니다. 왜냐하면 당신이 큰일을 시작했다고 느껴지기 때문입니다.
예레미야	저와 함께 가겠다고요? 당신은 당신의 의지와 칼로 저를 대적하지 않았습니까?
바룩	당신은 저보다 정말 강한 분입니다. 당신과 맞섰던 제가 이제 당신을 돕고자 합니다. 당신의 피가 저를 당신의 뜻에 이르게 했습니다. 저는 당신을 믿고, 당신이 하자는 대로 하겠습니다. 예레미야, 당신은 저의 칼을 당당하게 마주한 분이십니다.
예레미야	제사장들과 예언자들에 맞서고, 이 도시와 백성에 맞서는 저를 믿습니까?
바룩	당신을 믿습니다. 왜냐하면 당신은 당신의 말을 위해 피를 흘리셨기 때문입니다.
예레미야	저도 제 자신의 꿈을 어렵게 믿고 있는데, 당신이 정말로 저를 믿겠다는 겁니까? 청년이여, 정말입니까?
바룩	당신을 믿습니다. 당신이 죽음에도 굳건히 서 있는 것을 보았기 때문입니다. 당신의 의지가 저의 의지입니다.
예레미야	(크게 감격하며) 나를 믿다니, 나를 상처 입히고 끝까지 저항하던 당신이. 이름조차 모르는 당신은 나를 믿어준 첫 번째 사람입니다.
바룩	제 이름은 바룩입니다. 길르앗 스불론의 아들 바룩입니다.

예레미야	좋소. 이제부터 당신이 나를 믿는다면, 더 이상 어떤 사람의 아들도 되지 못할 게요. 나를 따라온다면 당신은 경멸당하고 배척당할 것이오. 말씀으로 빛을 내기 원하는 사람은 반드시 그 불꽃에 타야 한다. 바룩, 잘 생각해 보아라. 너는 아직 소년이나 다름없다. 그리고 네가 내 피를 보게 했건만, 나도 너의 피를 보아야 하겠는가?
바룩	예루살렘을 위해, 저도 가게 해 주세요.
예레미야	예루살렘을 위해서! 정말로, 정말로 지금 예루살렘은 지금 당장 도움이 필요해. 그럼 이리 오라, 바룩. 내 믿음의 첫 번째 결실이요 내 고통의 아들, 나를 도와 우리가 함께 증언하도록 하자. 내 고통이 왕에 맞설 것이며, 내 슬픔이 그의 귀에 천둥처럼 들릴 것이다. 나를 도와라. 왕과 백성에 맞설 수 있도록 나를 도와다오.
바룩	제가 당신과 함께 가겠습니다.

환호성이 가까이서 들린다.

예레미야	슬프다, 아 슬프다! 군중은 기뻐할 때, 재앙이 곧 닥칠 것이다.
바룩	사람들이 왕궁에서 나오고 있습니다.
예레미야	앞으로 가서, 우리가 그들을 마주하자. 내가 아직 약하니, 네 팔의 힘을 빌려다오.
바룩	저 중에 왕이 있습니다. 왕이 칼집에서 뺀 칼을 들고 있습니다. 저들은 성전을 향해 가고 있습니다.

예레미야	앞으로 나가게 도와주게. 아직 시간이 있어.
바룩	아우성이 시장에 울려 퍼지고 있습니다. 마치 다윗이 법궤 앞에서 춤추던 것처럼 하나냐가 그들 앞에서 춤추고 있습니다. 전쟁을 도모하는 자들이 승리했습니다. 이미 늦었습니다. 저들에게 양보하시고, 몸을 숨기십시오. 너무 늦었습니다.
예레미야	절대 늦지 않았다. 저들을 만나러 가게 해다오.
바룩	그 몸으로 어떻게 하시려는 겁니까? 제가 대신 가겠습니다. 저는 젊고 힘이 있습니다.
예레미야	내가 그들에게 말씀을 칼처럼 휘두를 것이야. 왕의 마음을 돌릴 것이오. 내가 왕에게 가게 해다오.

군중은 고함을 지르고 노래를 부르며 왕궁에서 나와 계단을 내려간다. 그리고 성전을 향한다. 모든 사람이 광란에 전쟁과 승리를 외친다.

하나냐	(흥에 취해 성선으로 향하는 가운데) 문을 열어라. 문을 활짝 열어라. 왕께서 제단 앞에서 아수르에 대항하는 동맹의 맹세를 할 것이다!
목소리들	ㄴ 동맹이여 만세!
	ㄴ 약속의 날이다!
	ㄴ 노예 생활이 끝이다!
	ㄴ 아수르를 타도하라!
	ㄴ 시드기야 만세!
	ㄴ 승리, 승리!

ㄴ 이스라엘이 열방을 다스릴 것이다.

ㄴ 하나님이 우리의 편이시다.

시드기야왕이 이집트 사신들과 함께 궁전에서 나온다. 왕은 칼집에서 뽑은 칼을 들고 있다. 그의 표정은 심각하다. 기뻐하는 군중 속에서도 고뇌에 잠긴 듯 보인다. 소란과 환호에 귀를 기울이지 않고, 느린 발걸음으로 성전을 향한다. 갑자기 군중의 소란 속에서 예레미야의 목소리가 들린다.

예레미야 시드기야왕이시여, 시드기야왕이시여, 칼을 칼집에 넣으십시오.

군중 속에서 혼란이 일고, 환호가 잠잠해진다. 왕은 성전의 계단에 서서 외친 자를 찾으며 주위를 둘러본다.

예레미야 (더 크게 외친다.) 당신의 칼을 집어넣으십시오! 시드기야왕이시여! 그렇게 하면 예루살렘을 구할 수 있습니다. 이스라엘에게 평화가 주어집니다. 하나님의 평화!

군중 (격렬하게 떠드는 소리)

ㄴ 전쟁! 아수르와 전쟁!

ㄴ 누가 외치는가?

ㄴ 그는 적에게 팔렸다.

ㄴ 모든 배신자를 타도하라.

ㄴ 이스라엘이 열방을 다스릴 것입니다.

ㄴ 전쟁이다, 전쟁!

예레미야의 목소리가 소란 속에 파묻힌다. 예레미야는 옆으로 밀려났고, 바룩은 그를 보호하는 데 어려움을 겪고 있다. 군중은 배가 된 힘으로 왕 주변에서 계속 황홀한 비명을 지른다. 시드기야는 잠시 서서 자신에게 칼을 넣으라고 외친 자를 찾으려고 애쓴다. 잠시 동안 정말 무기를 내리고, 도움을 청하기 위해서 주위를 둘러본다. 그러나 군중의 광적인 외침 속에서 성전 문이 열린다. 잠시 더 머뭇거리다가, 시드기야는 다시 칼을 들고 근엄하게 마지막 계단을 올라간다.

III

소문들
RUMORS

예루살렘 광장은 승전 소식에 환호하지만, 예레미야는 홀로 파멸의 메시지를 외친다. 환희 속에서 더욱 고독한 그의 외침은 누구보다 절박하고, 누구보다 진실하다.

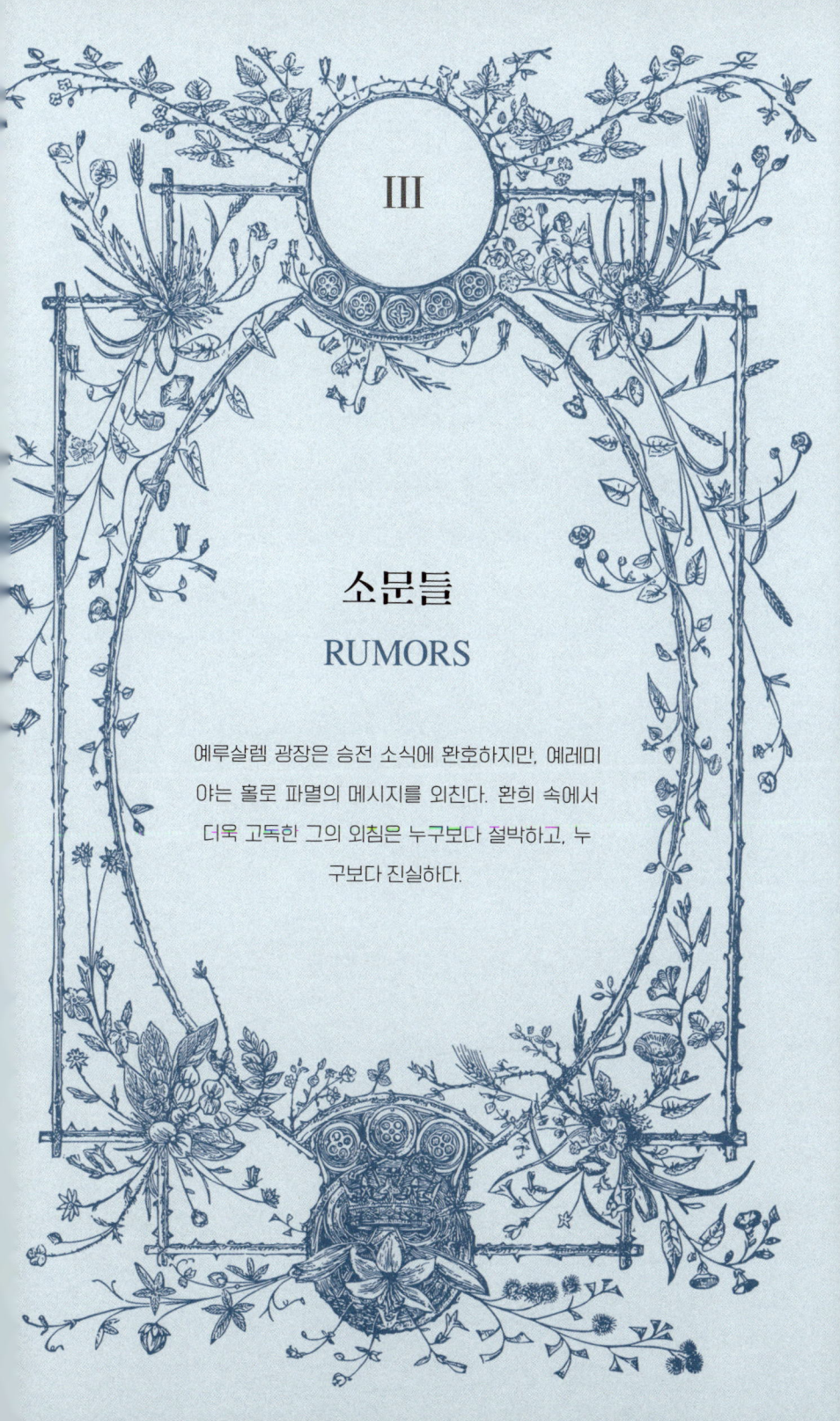

SCENE THREE

Because ye speak this word, behold, I will make my words in thy mouth fire, and this people, wood, and it shall devour them(Jeremiah V, 14).

"그들이 그런 말을 하였으니, 보아라, 내가 너의 입에 있는 나의 말을 불이 되게 하고, 이 백성은 장작이 되게 하겠다. 불이 장작을 모두 태울 것이다." 나 만군의 주 하나님이 말한다(예레미야 5장 14절).

3막

성전과 왕궁 앞. 같은 광장. 게을러 보이는 남자와 여자의 무리가 계단 위를 어슬렁거린다. 어떤 이들은 앉아 있고, 어떤 이들은 서 있다. 거리와 기둥의 복도에는 사람들이 오가며 각자 일을 보고, 평소처럼 이야기를 나누고 있다.

남성 (계단 위에 모인 가장 큰 그룹 가운데 한 사람) 나는 느부갓네살과 파라오 사이에 큰 전투가 있었다는 걸 확실히 들었어.

다른 남성 나도 같은 이야기를 어디선가 들었어. 전령이 도착했다고 하더군.

한 목소리 그건 아무 의미가 없어. 전령은 항상 궁전에 오잖아.

두 번째 남성 하지만 내가 그 사람과 이야기를 나누었지. 확실해.

그 목소리 정말 전령과 이야기를 했다고?

두 번째 남성 아니, 정확하게는 왕의 서기관인 아비토르가 말한 거야. 전투가 시작되었다고, 큰 전투가 시작되었다고 말했어.

첫 번째 남성 엄청난 전투야. 인간의 기억 속에서 그 어느 때와도 비교할 수 없다고 해. 그게 느부갓네살을 상대로 한 이집트와의 전투야.

목소리들 └ 하늘이 저주받은 그를 짓밟아 주기를.
    └ 이집트는 전능한 힘을 가졌어.

	ㄴ 우리의 군대 역시 정말 강력해.
	ㄴ 그들은 자만한 자를 다루는 방법을 알고 있을 거야.
한 목소리	하나님이 그를 깨뜨리실 거야. 왜냐하면 하나님은 우리의 편이기 때문이지.
다른 목소리	이집트 군대는 강력해. 느부갓네살은 그들을 당할 수가 없어.
세 번째 목소리	느부갓네살도 마찬가지로 강력해. 그들은 말하기를….
네 번째 목소리	(말을 끊으면서) 그렇게 말하게 돼, 비겁자들. 그들이 뭐라고 말하던지 누가 신경을 쓰나?
세 번째 목소리	그렇지만 그 사람들이 말하길, 느부갓네살의 전사들은 메뚜기 떼만큼이나 많다고 합니다.
또 다른 목소리	전사들! 그의 부하들은 전사가 아니야. 그들은 키가 작고, 소년처럼 보이고, 칼도 잘 다루지도 못해. 내 누이 남편이 그들을 많이 봤대. 여자의 무리에 속해 있다면 그들을 남자라고 하겠지만, 전쟁터에서 그들은 진정한 남자가 아니야. (웃음)
목소리들	ㄴ 파라오가 그들을 패배시킬 거야. 파라오가 그들을 타작마당에서 나온 쭉정이처럼 쓸어버릴 거야.
	ㄴ 파라오 만세!
다른 사람들	(함성을 듣고 무리에 합류한다.) 파라오에 대해서는 뭐라고 하던가요?
한 목소리	파라오는 지금 느부갓네살과 큰 전쟁을 하고 있소.
다른 목소리들	ㄴ 그가 정복할 것입니다.
	ㄴ 그가 우리를 자유롭게 할 것이오.

　　　　　└ 파라오 만세!
　　　　　└ 파라오여, 영원하라!
　　　　　└ 그를 위해 순금의 기념비를 만들 것이오.
　　　　　└ 파라오 만세, 아수르의 정복자.
새로 온 사람들　(열정적으로 무슨 일이 일어났는지 알고 싶어 한다.) 무슨
　　　　　일인가요? 무슨 일이 일어났나요?
이제 막 도착한 사람들 가운데 한 사람
　　　　　파라오가 느부갓네살을 이겼다고 합니다.
목소리들　　└ 파라오 느고 만세!
　　　　　└ 정말로 사실입니까? 어서 집에 가서 아내에게 말해야
　　　　　　겠이요.
　　　　　└ 파라오 느고 만세!
어떤 목소리　하지만 아직 확실한 소식이 아닙니다.
다른 목소리들　└ 정확한 소식이 아니라는 게 무슨 말입니까?
　　　　　└ 당신은 지금 이 소식을 의심하고 있는 겁니까? 저는
　　　　　　하나님께서 우리의 팔을 강하게 하신다는 것을 언제든
　　　　　　지 변함없이 믿고 있소.
　　　　　└ 승리는 항상 하나님의 편에 있어요.
　　　　　└ 아무도 우리를 대적할 수 없습니다.
무리 중 한 사람　(급하게 떠나며, 가는 길에 소리치며) 승리는 우리의 것이
　　　　　야. 파라오가 느부갓네살을 이겼다!

이 외침을 듣고, 광장을 어슬렁거리던 사람들이 계단으로 몰려든다.

목소리들	ㄴ 저 사람들이 승리에 대해서 이야기하고 있어.
	ㄴ 파라오가 느부갓네살을 정복한 것이 사실인가요?
	ㄴ 정말 사실입니다.
	ㄴ 아닙니다, 아직 아무도 모릅니다.
	ㄴ 분명히 확실합니다.
	ㄴ 누가 그렇게 말합니까?
	ㄴ 모두가 그렇게 말합니다.
	ㄴ 왕의 서기관이 그렇게 말했습니다.
한 남자	(인파에서 빠져나와 달려가며 소리친다.) 승리! 마침내 승리했다! 파라오 만세! 이제 나는 기쁜 소식을 집에 전해야겠다. 아수르를 이겼다!
군중	(군중의 숫자가 늘어나고, 그 무리의 소란에 함께 고무되면서 더욱 열정적으로 바뀐다.)
	ㄴ 우리가 이 전쟁을 시작한 것은 하나님의 뜻이었습니다.
	ㄴ 시드기야 만세!
	ㄴ 이제 우리는 다른 모든 민족을 정복해야 합니다.
	ㄴ 이스라엘이 열방을 다스릴 것입니다.
	ㄴ 제단에 희생물을 바칩시다.
	ㄴ 우리의 대적을 물리치신 하나님께 찬양을 드립시다.
	ㄴ 그들은 이제 우리의 종이 될 것입니다.
	ㄴ 정말로 이 시간만을 기다려왔습니다.
한 목소리	전령이 소식을 가지고 성문에서 오고 있습니다.
군중	(마지막으로 말한 이가 있는 방향으로 몰려든다.)
	ㄴ 전령이다!

        └ 전령.

        └ 누가 그렇게 말했습니까?

        └ 전령이 성벽 너머에서 이쪽으로 오고 있습니다.

        └ 그가 가져온 소식은 무엇인가? 그는 지금 어디에 있습니까?

전령이 땀에 흠뻑 젖은 상태로 숨을 헐떡이며 군중 사이를 헤치며 오고 있다.

목소리들   └ 우리에게 소식을 말해 주십시오.

        └ 파라오가 승리했다!

        └ 느부갓네살에게 무슨 일이 일어났습니까?

        └ 얼마나 많은 사람이 죽었습니까?

전령   비키시오. 자리를 비켜 주시오. 제 소식은 왕을 위한 것입니다.

목소리들   └ 너무 건방지게 굴지 마세요.

        └ 그냥, 우리에게 한마디만 해 주세요.

        └ 그는 도망쳤나요?

        └ 우리에게도 소식을 전해 주세요.

        └ 저 사람을 그냥 내버려 두시오.

        └ 저 사람은 왕을 위해 일하는 사람입니다.

        └ 한마디만요!

전령   (잠시 숨을 돌리며) 저를 좀 놔 주세요. 놔 주세요. 당신들은 잠시 후에 모두 알게 될 겁니다. 저의 소식은 긴급하고 왕을 위한 것입니다.

전령이 퇴장한다.

목소리들	ㄴ 전령이 뭐라고 말했습니까?
	ㄴ 급한 소식이라고 합니다.
	ㄴ 그가 뭐라고 말했다고요?
한 목소리	그는 우리도 곧 알게 될 것이라고 말했습니다. 그리고 급히 왕에게 가야만 한다고 말했어요.
다른 목소리	그것은 좋은 소식이에요.
세 번째 목소리	왜 좋은 거죠?
두 번째 목소리	불길한 소식을 전하는 사람이 저렇게 급히 서두르겠습니까?
목소리들	ㄴ 맞아요. 맞습니다.
	ㄴ 왕께서 그의 소식에 은 세겔을 주실 것입니다.
	ㄴ 왕께서 그에게 넉넉한 포상을 내려 주실 것입니다.
	ㄴ 전령이 승리를 가져왔습니다.
	ㄴ 승리입니다!
	ㄴ 기쁜 소식입니다!
	ㄴ 승리!
새로 온 사람들	무슨 일입니까? 왜 이렇게 소리를 지르고 있나요?
목소리들	ㄴ 승리입니다!
	ㄴ 승리!
	ㄴ 전령이 도착했어요.

       ㄴ 전령이 승리의 소식을 가져왔습니다.

       ㄴ 느부갓네살이 패배했습니다.

       ㄴ 정말 위대하고 영광스러운 승리입니다.

       ㄴ 하나님을 찬양하라!

       ㄴ 할렐루야! 확실한 소식입니다!

       ㄴ 승리! 승리!

한 목소리	대단한 승리가 틀림없습니다.
두 번째 목소리	만약 그렇지 않다면, 저렇게 비밀스럽게 전달하지 않았겠지요.
세 번째 목소리	저 사람들은 그 소식을 우리에게 주기를 꺼리는군.
새로 온 사람	(앞으로 나오며) 사실입니까? 느부갓네살이 죽었나요? 그래서 이 소문이 거리에서 거리로 퍼져 가고 있었군요.
목소리들	ㄴ 그렇습니다. 우리의 압제자가 죽임을 당했습니다.

       ㄴ 아닙니다, 아직 확정된 소식은 아닙니다.

       ㄴ 그렇지만 전령이 우리에게 느부갓네살이 그의 장막에서 죽었다고 말했습니다.

       ㄴ 많은 원수가 그와 함께 쓰러졌습니다.

       ㄴ 아, 하나님 감사합니다.

       ㄴ 압제자가 죽임을 당했습니다.

       ㄴ 할렐루야!

한 노인	그렇지만 전령이 말한 모든 것은….
목소리들	ㄴ 그가 우리에게 승리를 말했습니다.

       ㄴ 왜 아직도 의심하고 있습니까?

       ㄴ 이런 연약한 마음은 우리가 싹 쓸어버리면 좋겠습니다.

　　　　　└ 제가 직접 들었습니다.

　　　　　└ 저도 들었습니다.

　　　　　└ 저도요!

　　　　　└ 그 전령은 느부갓네살이 장막에서 죽었다고 말했습니다.

　　　　　└ 아닙니다. 그는 결코 그렇게 말하지 않았습니다.

　　　　　└ 말했습니다!

　　　　　└ 아닙니다!

　　　　　└ 의심할 것 없습니다. 전령이 승리의 소식을 가지고 왔습니다.

　　　　　└ 이제 이스라엘은 자유입니다.

　　　　　└ 자유!

그 노인　　내가 그 전령과 꽤 가까이에 있었어. 그가 말하는 모든 말을 잘 들을 수 있었어.

목소리들　└ 어르신의 귀와 심장은 이미 막혔소.

　　　　　└ 이렇게 흥을 깨는 사람은 스스로 죽게 해야만 합니다.

　　　　　└ 우리는 축제 복장을 입읍시다.

　　　　　└ 말 많은 자(Chatterbox)는 비키세요!

한 목소리　하나냐는 진정한 예언자입니다. 우리는 그의 말씀을 따르기를 잘했으며, 성전이 무너질 거라고 말하는 자들의 말을 듣지 않았던 건 정말 현명했습니다.

다른 목소리　누가 아수르가 시온을 낮출 것이라고 말했는가….

세 번째 목소리　누가 우리의 처녀들이 갈대아인에게 사로잡혀 갈 거라고 말했는가….

첫 번째 목소리　성전으로 갑시다, 성전으로요. 성전으로 가서 하나님과 그분의 예언자 하나냐에게 감사를 드립시다.

목소리들　└ 아닙니다. 여기서 기다립시다. 왕께서 곧 오실 겁니다.
　　　　　└ 누가 그렇게 말합니까? (왕이 온다는 말)
　　　　　└ 보통 승리 후에는 왕이 공개적으로 나타나지 않나요?
　　　　　└ 왕께서 성전으로 가실 겁니다.
　　　　　└ 왕께서 먼저 희생 제사를 드려야 합니다.
　　　　　└ 좋습니다. 여기에 기다립시다.
　　　　　└ 승리를 기뻐합시다. 북을 치고, 꽹과리도 치도록 합시다.
　　　　　└ 언약궤 앞의 다윗처럼 춤을 춥시다!
　　　　　└ 하나님께서 다시 예루살렘에 대한 사랑을 보여 주셨어요.
　　　　　└ 춤을 추는 사람들을 데리고 오십시오. 여인들도 오라고 하십시오.
　　　　　└ 나팔 부는 사람과 피리 부는 사람도 부릅시다.
　　　　　└ 만왕의 왕을 찬양하고, 즐겁게 노래합시다.

군중은 요동치는 바다와 같은 움직임으로 이리저리 흔들린다. 무리는 모였다가 흩어지기를 반복한다. 전반적인 분위기는 기대감과 초조함으로 가득하다. 예레미야와 바룩이 샛길로 들어와 무리를 뚫고 지나가려고 애쓴다.

군중 가운데 어떤 이　(웃으며) 저기 좀 보세요! 예레미야다!
다른 이들　　　　　　(의기를 드높이며)

┗ 계시자에게 만세!

┗ 보십시오, 예언자가 가까이 다가옵니다.

┗ 예루살렘의 파괴자를 환영합시다.

┗ 보라, 폭도의 선동자.

┗ 와서 우리와 함께하자.

군중 가운데 일부는 예레미야와 바룩 주위를 둘러싸며 원을 그리고, 조롱하듯 그들 앞에 가짜 경배의 절을 한다.

군중 가운데 한 사람 (깊은 경외심을 담아서)

주님께서 기름 부으신 분께, 만세!

다른 사람들 ┗ 엘리야 만세!

┗ 계시자 만세!

┗ 용맹한 용사여, 만세!

┗ 예언자 예레미야 만세!

예레미야 (침울하게 자신의 자리를 지키며) 여러분은 도대체 저에게 무엇을 원하십니까?

바룩 저들과 대화를 나누지 마십시오. 저들의 입술에 조소가 있고, 저들의 시선에는 조롱이 있습니다.

군중 중 한 사람 우리에게 지혜와 계시를 베풀어 주시길 간청합니다.

다른 어떤 사람 우리 딸들이 과연 정조를 지킬 수 있을지 여쭙고 싶습니다.

세 번째 사람 부디 인내심을 가지시고, 예루살렘의 성벽이 남아 있을 수 있도록 허락해 주십시오.

예레미야 (확신에 차서) 여러분 저에게 무엇을 하시는 겁니까? 피가 흐르고 전쟁이 이스라엘 위에 닥친 이때, 농담을 할 때가 아닙니다.

첫 번째 말한 사람   전쟁은 끝났습니다. 그러니까 우리는 이제 즐거워할 수 있습니다.

두 번째 말한 사람   북쪽에서 온 당신의 왕은 어떻게 되었습니까? 계시자여, 우리에게 그 왕은 어디에 있는지 말해 주세요?

예레미야   무엇이 여러분들의 정신을 나가게 했습니까? 정말로 미쳤습니까? 어떻게 전쟁이 시작되기도 전에 이미 끝날 수 있겠습니까?

바룩   저들에게 말을 걸지 마세요. 조롱하는 사람들과 이야기 하시면 조롱거리가 될 겁니다.

첫 번째 말한 사람   예레미야는 아직 아무것도 몰라요! 저 예언자는 아는 게 아무것도 없소.

두 번째 말한 사람   저 사람은 어제 무슨 일이 일어났는지도 모르면서, 내일 무슨 일이 일어날지 우리에게 말하려는 사람입니다.

예레미야   제가 아직 모르는 것이 무엇입니까? 무엇이 여러분을 그렇게 즐겁게 만들고 있나요? 불길한 징조가 있는 것은 틀림없습니다.

첫 번째 말한 사람   저 사람은 불길한 징조를 말합니다. 그런데 그것은 당신의 소망으로써 사실일 뿐이야.

두 번째 말한 사람   당신의 왕은 피를 흘리며 쓰러졌고, 죽임을 당했습니다.

예레미야   느부갓네살이 죽었습니까? 아수르가 패배를 당했다고요?

첫 번째 말한 사람   그렇다. 모든 것을 아는 자여, 하나냐의 말이 이루어졌다.

두 번째 말한 사람   당신의 옷을 찢고, 수염을 깎아라. 이스라엘이 승리했소.

세 번째 말한 사람   예언자여, 당신 자신을 땅에 묻으시오. 당신의 혀를 자르시오. 느부갓네살은 죽었지만, 시온은 영원할 것이오.

예레미야   (크게 감동하며) 느부갓네살이 죽었다고요? 사실입니까? 확실합니까? 네게 이 순간에 그런 중대한 일을 농담하지 마십시오.

첫 번째 말한 사람   저 사람은 아직도 의심하고 있구나. 울어라, 예언자여, 울어라!

두 번째 말한 사람   내가 당신의 귀에 큰 소리로 외쳐 보겠소. 느부갓네살은 죽었다! 그의 전차는 전복되고, 그의 군대는 흩어졌다. 이스라엘은 구원되었소.

예레미야   (잠시 동안 움직이지 않는다. 그런 다음 그는 팔을 넓게 벌리며 기쁨에 찬 안도의 한숨을 내쉰다. 그는 팔을 떨어뜨리고, 온전히 기뻐하며 급하게 말한다.) 하나님을 찬양합니다! 오, 선하고 전능하신 주께서 저의 꿈을 부끄럽게 하시고, 예루살렘을 구원하신 것을 감사드립니다. 적군에게 도시가 황폐해지는 것보다 저의 환상에 속는 것이 확실히 더 낫습니다. 하나님의 이름을 찬미합니다!

첫 번째 말한 사람   맞습니다. 모든 것을 아는 사람이여, 하나님은 당신보다 더 자비로우십니다. 그분은 우리를 사랑하시고, 우리의 마음을 기쁘게 하십니다.

두 번째 말한 사람   이제 당신의 다음 계시는 무엇인가? 두더지 같은 사람이여, 이제 어느 곳을 파고들어 갈 것인가? 또 어떤 사람들을 속이려 하는가?

세 번째 말한 사람   이제 누구를 속일 거냐? 사기꾼!

네 번째 말한 사람 (다른 사람들에게, 거짓으로 분노한 척하면서) 여러분은 어찌 주님의 전령에게 정말로 무례하게 말할 수 있단 말이오! 그러지 말고 저분의 옷자락에 입을 맞추고, 저분의 환상에 경의를 표합시다!

목소리들 (웃음소리가 섞이며)
∟ 엘리야여, 우리에게 예언해 주세요.
∟ 모든 것을 아시는 이여, 우리를 더 가르쳐 주세요.
∟ 예레미야를 신뢰하는 사람은 행복할 겁니다.
∟ 당신의 발꿈치에서 지저귀는 저 어린아이는 어디서 주워 왔습니까?
∟ 예레미야여, 예언해 보시오.
∟ 재앙을 예언하시오!
∟ 재앙의 산을 예언하세요.

예레미야 (갑자기 말문이 터져 나온다.) 예루살렘 백성 여러분, 정말로 기적이 일어났습니다. 죽음에서 여러분을 건져낸 기적이 일어났습니다. 이제 여러분은 두려움에 떨지 않고 즐거워합니다. 불과 한 시간 전만 해도 여러분은 불안에 휩싸여 있었지요. 여전히 여러분의 심장이 떨리고 있는데도, 여러분은 혀를 놀리기 시작했습니다. 이제, 목에서 줄이 풀린 바로 지금 터져 나온 여러분의 첫 울부짖음이 추측이거나 어리석음 중 하나라는 사실입니다. 화 있을지어다!

바룩 저들과 말하지 마십시오. 어리석은 자들과 대화하는 것은 오직 어리석음뿐입니다.

두 번째 말한 사람   당신이 아무리 귀를 막아도, 나는 기뻐서 크게 외칠 거요. "승리는 우리의 것, 승리는 우리의 것이다."

예레미야   (그들 가운데 한 사람을 향해 말한다.) 당신들이 어디를 정복했습니까? 누구를 물리쳤기에 시장에서 이토록 자랑하는 겁니까? 당신의 칼에 피가 묻지 않았습니다.

(다른 사람을 향해) 전장(戰場)에서 입은 상처와 흉터를 보여 주십시오! 여러분은 모두 도시에서 일하고 있고, 밤에는 모두 아내와 함께 안전하게 누워 있었습니다. 여러분과 여러분 같은 사람들이 이집트인의 승리와 외국 군대의 군사적인 행동과 무슨 관련이 있습니까? 승리는 당신들의 공로가 아닙니다. 여러분은 다만 겸손히 무릎을 꿇으십시오.

목소리들   └ 이집트의 승리가 이스라엘의 승리요.

└ 우리가 이스라엘이다!

└ 이집트의 분노가 승리가 우리의 것이라는 걸 보여 주는 것이오.

예레미야   하지만 승리는 여러분의 것이 아닙니다. 절대 여러분의 것이 아닙니다. 그저 여러분은 교만으로 부풀어 올라, 다른 이들의 업적을 먹잇감 삼고 있습니다. 군인들이 승리한 것이지 여러분이 승리한 것이 아닙니다! 그들은 겸손하게 죽음을 맞이하고, 죽음을 감내하기 위해 나갔어요. 군인들의 허리는 무기의 무게에 굽어졌고, 죽음의 그림자가 그들의 길에 가득했고, 그 길에서 정말로 강한 자조차 죽었습니다.

|목소리들|군인들이 벌거벗은 팔다리로 밭을 갈았던 곳에서 당신들이 기꺼이 교만을 수확하려 하고 있습니다. 파렴치한 철면피들이여, 당신들은 그들의 피로 당신들의 갈증을 채우려 하고 있습니다. 군인들이 여러분의 혐오스러운 오만을 위해서 승리한 것이 정말 한탄스럽습니다! 아, 그들이 정복했다는 소식을 들었나? 우리가 그들을 정복했으니, 우리의 옷을 찢겠소. 느부갓네살이 죽었으니 우리 머리에 재를 뿌립시다.|

예레미야 (타오르는 분노와 함께) 진실로, 오 백성들이여. 당신들과 함께 있는 것은 전갈 가운데 거하는 것과 같습니다. 제가 여러분에게 말합니다. 여러분의 웃음은 포도나무 꽃보다 더 빨리 시들 것입니다. 하나님께서 여러분에게 은총을 베푸셨습니다. 그분이 여러분의 웃음 때문이 아니라 영혼이 겸손한 사람들을 위해서 예루살렘을 다시 구해 주셨습니다. 악한 사람들이여, 여러분은 그분의 온유하심을 인정하지 않고 있소. 그렇지만 머지않아 그분의 진노하심으로 인해 그분을 인정할 것입니다. 그분께서 커튼을 찢듯이 여러분의 웃음을 찢어 버릴 것이며, 여러분의 기쁨은 공포 속에서 돌처럼 굳어질 것입니다. 예루살렘이여, 보복의 시간이 가까이 왔고, 여러분을 기다리는 파멸은 정말 끔찍합니다. 그러므로 여러분의 기쁨을 잠시 뒤로 두십시오.

목소리들 ㄴ 성벽이 허물어질 것이오.
ㄴ 젊은 여인들은 눈물을 흘릴 것입니다.

	└ 우리가 이 모든 것을 이전에 들었소.
	└ 시온이 멸망할 것이야.
	└ 예레미야, 예레미야! 오직 당신만이 어리석은 사람들 가운데에서도 지혜롭군요.
	└ 저 사람에게 우리의 기쁨은 담즙처럼 쓰릴 뿐이야.
	└ 성벽이 무너지는 소리가 들리는가?
예레미야	여러분은 파멸의 전령을 멸시하고 있습니까? 이제 여러분의 저주받은 교만을 정화할, 복수하는 자가 가까이에 있습니다. 여러분의 오만을 잘라버릴 칼이 뽑혔습니다. 불행한 소식을 전할 자가 오고 있습니다. 그가 달려오고 있습니다. 그의 빠른 발걸음이 예루살렘을 향하고 있습니다. 그는 두려움과 공포의 전령입니다. 이제 그의 말이 망치가 때리듯 여러분을 내리칠 것입니다. 지금 그가 성문으로 들어오고 있습니다.
목소리들	└ 집으로 가라, 예레미야.
	└ 너의 독으로 스스로를 만족시키고, 우리의 기쁨에 그것을 토해내지 말라.
한 목소리	(뒤편에서) 전령이 온다! 모리아 성문에서 오고 있다!
군중	(다시 목소리가 있는 쪽으로 몰려간다.) 전령자? 그는 어디에 있지? 그가 승리에 대한 추가 소식을 전하러 왔다.
예레미야	(두려움에 떨면서) 전령이다! 전령!
한 목소리	그가 성문에서 이곳으로 달려오다가, 피곤함에 지쳤는지 마치 술에 취한 사람처럼 비틀거리며 달려오고 있소.
목소리들	└ 그가 어디 있나?

　　　　　└ 그가 여기로 온다.

전령이 들어온다. 그가 왕궁으로 서둘러 가려고 애쓰다가 기진맥진하여 쓰러지자 군중이 그를 에워싼다.

전령　　　(너무 숨이 차서 거의 말을 못 하고 일어나 앞으로 가려고 한다.) 길을 비키시오. 길을 비키시오. 왕께 가야 하오.
목소리들　단 한마디만 해 주세요. 느부갓네살이 어떻게 죽었습니까?
전령　　　여러분 모두 미쳤습니까? 도대체 왜 예루살렘이 기쁨으로 가득한 것입니까? 무기를 들어야 합니다! 무기를 드시오! 제가 왕께 갈 수 있도록 지나가게 해 주시오.
목소리들　└ 무슨 일이 일어났습니까?
　　　　　└ 느부갓네살이 아직 살아 있나요?
　　　　　└ 파라오가 그를 물리쳤습니다.
　　　　　└ 왜 무기를 든다는 말인가요?
전령　　　그가 그의 모든 군대를 끌고 가까이 오고 있소. 느부갓네살이 눈앞에 다가왔습니다. 저는 겨우 그의 기병들을 겨우 따돌리고 왔소. 무장하시오. 무장합시다! 병사들은 성벽으로 가시오.
목소리들　└ 저 사람이 뭐라고 말합니까?
　　　　　└ 누가 패배를 당했다는 겁니까?
　　　　　└ 파라오는 어디에 있습니까?
　　　　　└ 도대체 당신이 무슨 말을 하는 건지 모르겠습니다.
　　　　　└ 저 사람에게 물을 좀 주세요.

전령	ㄴ 느부갓네살이 살아 있습니까?
	ㄴ 그건 불가능합니다.
	ㄴ 이집트군은 어떻게 되었습니까?
	물 좀 주시겠소? 저는 지쳤소. 이집트 군은 패배했습니다. 느고는 평화 협정을 맺었고, 아수르에게 조공을 바쳐야만 할 것입니다. 느부갓네살이 오고 있습니다. 그의 기병들이 내 뒤를 쫓고 있습니다. 이제 저는 왕에게 가야만 합니다.

군중 가운데 일부가 그를 궁전으로 안내한다.

목소리들	(뒤에서)
	ㄴ 저 사람이 뭐라고 했습니까?
	ㄴ 갈대아 사람들이 패배했다고 하나요?
	ㄴ 왜 저 사람은 우리에게 무슨 일이 일어났는지 말해 주지 않는 겁니까?

군중 속에 점차 불안이 퍼지고, 기쁨의 소란이 가라앉는다. 멍해진 상태 속에 모든 사람은 잠시 침묵하다가, 겁에 질린 목소리들이 침묵을 깨뜨린다.

군중	ㄴ 이건 불가능해!
	ㄴ 사실이 아니야.
	ㄴ 전령은 거짓말을 하고 있소.

     └ 술에 취한 게 틀림없습니다.

     └ 아니에요, 그는 피곤해서 비틀거린 겁니다.

     └ 전령은 기병들이 뒤를 쫓아오고 있다고 말했습니다.

     └ 그 이야기는 모두 거짓이오.

     └ 그가 말할 때 거짓말쟁이의 표정이 아니었습니다.

     └ 사실일 수 없습니다.

     └ 하나님께서는 결코 그런 일이 일어나도록 허락하지 않으실 겁니다.

한 목소리 (큰 소리로) 파라오가 우리를 배신했다!

다른 목소리들 (빠르고 화난 목소리로 외치며)

     └ 파라오가 우리를 배신했다!

     └ 파라오에게 저주가 있기를!

     └ 이집트는 평화를 맹세했소.

     └ 미츠라임에 저주가 있기를!

     └ 이집트인들은 배신자야.

한 목소리 저는 항상 이집트와 동맹을 맺어서는 안 된다고 누누이 말해 왔습니다.

목소리들 └ 저도 그랬습니다.

     └ 저도요.

     └ 우리 모두 그렇게 말했지.

     └ 이제 우리에게 무슨 일이 일어날까요?

     └ 아, 이스라엘에게 무슨 일이 일어날까요?

     └ 제 아내에게요.

     └ 우리 아이들이요.

	∟ 나는 무슨 일이 일어날지 경고했었소.
	∟ 저도 마찬가지였어요.
한 남성	(급히 들어오며) 무기를 들라! 무기를 들라! 성문을 닫아라. 느부갓네살과 그의 무리가 가까이에 왔다. 선봉대가 이미 헤브론에 도착했다.
목소리들	∟ 헤브론이라고?
	∟ 무기를 듭시다!
	∟ 아닙니다. 평화를 유지합시다, 평화! 우리가 나가 그를 향해 가자.
	∟ 이제 모든 것을 잃었소.
	∟ 처음부터 내가 이렇게 될 거라고 말하지 않았는가.
군중 중 한 사람	(얼굴을 가린 채 기둥에 몸을 기댄 예레미야를 가리키며) 저기 보십시오. 저기에 저 사람이 있습니다.
목소리들	∟ 뭐라고요?
	∟ 누구요?
	∟ 누굴 말하는 겁니까?
같은 남자	이 모든 게 저 사람이 한 짓입니다. 저 사람이 그들을 부른 겁니다. 저 사람이 전령이 올 것을 말했지요. 저 사람의 저주가 우리에게 떨어진 겁니다.
목소리들	∟ 누구?
	∟ 예레미야!
	∟ 누구인가?
	∟ 그가 우리를 저주한 사람입니다.
	∟ 정말로 저 사람이 한 일입니다.

| | └ 저 사람이 느부갓네살의 승리를 위해서 기도했습니다.
| └ 적에게 매수 당한 사람입니다.
| └ 저자를 찢어 버립시다.
| └ 저분이 무슨 일이 일어날지 예언했습니다. 저분은 진정한 예언자입니다.
| └ 저 사람은 뇌물을 받았을 겁니다.
| └ 저 사람이 저기에서 어떤 모습으로 생각하고 있는지 보십시오.

같은 사람　저 사람은 우리가 자기의 웃음을 볼까 봐 얼굴을 숨기는 겁니다. 정말 너무 일찍 즐거워하는군요. 시온은 여전히 서 있습니다. 예루살렘은 영원히 견딜 것입니다.

왕궁에서 급히 전령이 내려온다.

목소리들　└ 통보관입니다.
　　　　　└ 왕께서 보내신 전령입니다.
　　　　　└ 조용히 하세요.

군중이 통보관의 선포를 듣기 위해 계단 주위로 모인다.

통보관　왕의 말씀입니다. 적이 예루살렘을 공격하려고 합니다. 갈대아 사람들이 성문 앞에 있습니다. 무기를 들 수 있는 모든 사람은 싸울 준비를 하고, 여성들은 화살을 만들어야 합니다. 병들고 약한 모든 사람은

	이 도시를 떠나야 합니다. 굶주림 때문에 패배하지 않도록 모두 집에 음식을 저장하도록 하십시오. 우리의 성벽은 공격을 견딜 수 있고, 바알은 야훼를 대적할 수 없으며, 아수르는 시온을 이길 수 없습니다.
군중	ㄴ 알겠습니다.
	ㄴ 준비하겠습니다.
	ㄴ 하나님은 우리 편입니다.
	ㄴ 무장을 하자!
통보관	누구도 주저하지 마시고, 낙심하지 마십시오. 두려움을 말하는 사람은 우리의 칼에 맞을 것이고, 도망을 말하는 사람은 우리가 성벽 너머로 쫓을 것입니다. 여러분은 거리에 모이지 말고, 각자 자기 집을 지키면서 싸울 준비를 하십시오. 이스라엘이여, 일어나라! 예루살렘은 영원히 견딜 것이니, 두려워하지 말고 병력을 모아라!
군중	(다시 소란스러워지며)
	ㄴ 예루살렘은 영원하다.
	ㄴ 무장을 하자!
	ㄴ 저도 칼을 가져오겠습니다.
	ㄴ 아수르와 싸우자.
	ㄴ 용기를 냅시다.
	ㄴ 우리가 그들을 깨뜨릴 것입니다.
	ㄴ 예루살렘은 영원히 견딜 것입니다.

군중이 혼란스럽게 흩어진다. 광장은 빠르게 비었고, 소란스러움 뒤에 바

로 침묵이 뒤따른다. 예레미야는 천천히 몸을 일으켜 세운다. 그는 여전히 얼굴을 감추고 성전 계단을 올라간다. 바룩이 그를 따라간다.

바룩	선생님, 어디로 가십니까? 선생님의 충실한 제자를 두고 떠나지 말아 주십시오.
예레미야	나는 주님으로부터 오는 빛을 구하기 위해 혼자 가야만 해. 그분께서 나에게 한 표적을 사람들 앞에서 전달하게 하셨네. 그럼에도 불구하고 바룩아, 나는 내가 마주한 섬뜩한 환상이 하나님으로부터 온 것인지 믿을 수가 없구나. 하나님의 영이 전하는 메시지가 아니라고 확신할 수 있다면 얼마나 좋겠는가. 아, 내가 계시자로 선택되고, 내 꿈이 진실이라면, 정말로 나에게 정말 재앙이로구나!
바룩	선생님께서는 선택을 받으셨습니다. 선생님, 이 시간, 제게 분명하게 드러났습니다. 그 표적은 하나님에게서 온 것입니다. 예언자들의 영과 능력이 선생님에게 임했습니다.
예레미야	(계단을 오르며, 바룩에게서 멀어지고자 바룩을 손으로 밀어내며) 내가 선택되었다고 말하지 마라. 나를 유혹하지 마라! 이스라엘을 위해서, 예루살렘을 위해서 내 말이 진실이 되어선 안 돼. 나에게는 이 공포의 메시지가 성취되는 것보다 사람들의 비웃음과 경멸을 견디는 것이 훨씬 낫다. 그런 진리의 예언자가 되느니 차라니 내가 거짓말쟁이와 어리석은 자로 판명되는 것이 좋겠구나. 이 도시가 희생양이 되는 것보다 내가 주님의 희생양이 되길

바랄 뿐이야. 예루살렘이여, 예루살렘의 성탑이 변함없이 빛날 수 있다면, 나 하나쯤은 어둠의 망각 속으로 사라지게 하소서. 예루살렘이여, 이 영원한 도시가 서 있을 수 있다면, 저의 말 한마디쯤은 안개 속으로 사라지게 하소서. 하나님, 부디 저는 잊으시고, 예루살렘을 기억하여 주소서. 나는 그분의 제단 앞에 무릎을 꿇고, 그분께 내가 거짓말쟁이가 되게 해달라고 기도할 것이야. 나의 메시지가 거짓말로 드러나게 해달라고 간청할 것이야. 바룩아, 나와 함께 기도해다오. 내가 예루살렘에서 거짓말쟁이로 알려지도록 해다오.

예레미야는 겸손하게 고개를 숙이고 마지막 계단을 올라가 성전 현관으로 들어간다. 바룩, 그가 사라질 때까지 그를 바라본다.

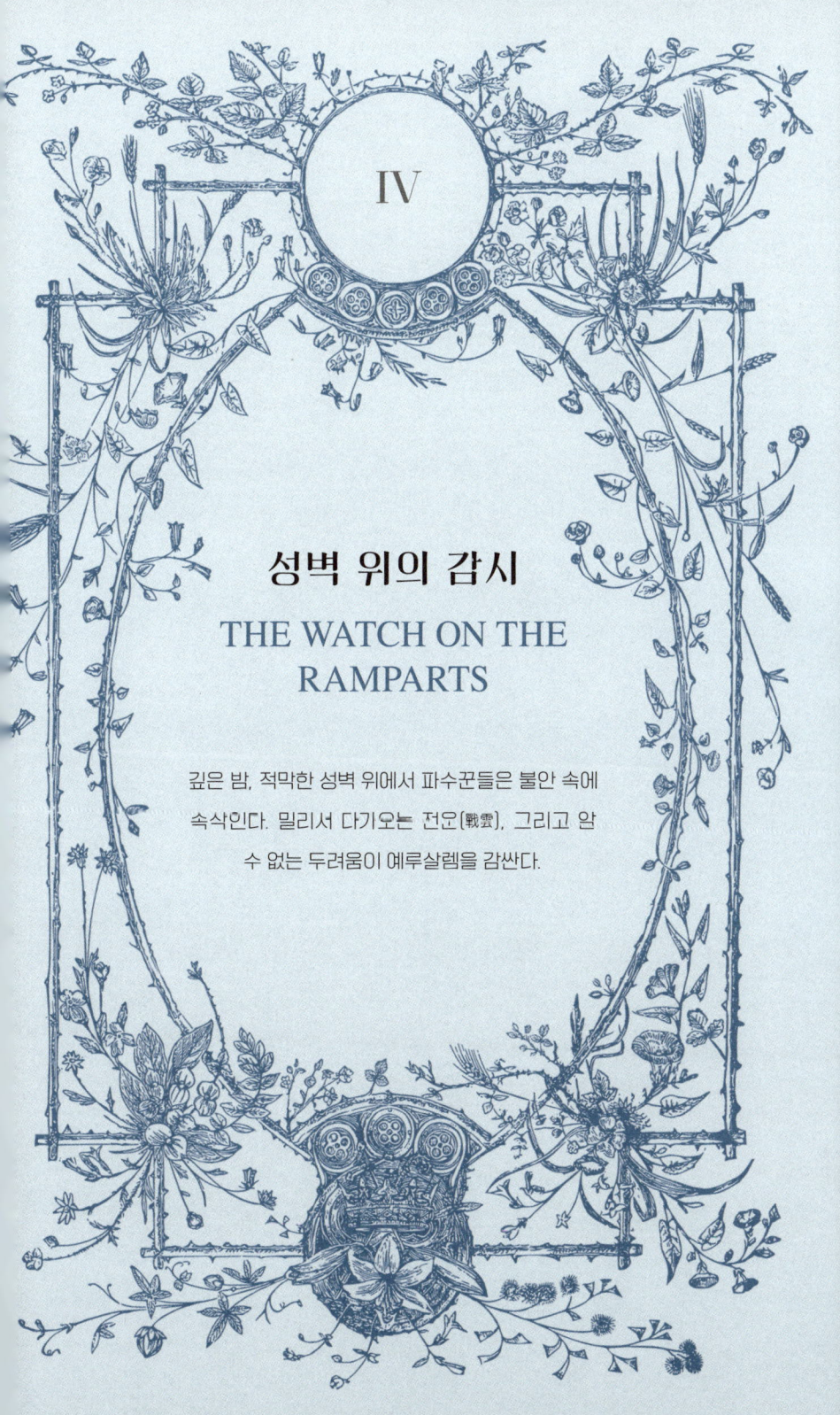

IV

성벽 위의 감시

THE WATCH ON THE RAMPARTS

깊은 밤, 적막한 성벽 위에서 파수꾼들은 불안 속에 속삭인다. 밀려서 다가오는 전운(戰雲), 그리고 알 수 없는 두려움이 예루살렘을 감싼다.

SCENE FOUR

Again the word of the Lord came unto me, saying: … When I bring the sword upon a land, if the people of the land take a man from among them, and set him for their watchman, … if the watchman see the sword come, and blow not the trumpet, and the people be not warned, and the sword come, and take any person from among them, … his blood will I require at the watchman's hand(Ezekiel XXXIII, 1-6).

여호와의 말씀이 내게 임하여 이르시되, 인자야 너는 네 민족에게 말하여 이르라. 가령 내가 칼을 한 땅에 임하게 한다 하자 그 땅 백성이 자기들 가운데의 하나를 택하여 파수꾼을 삼은 그 사람이 그 땅에 칼이 임함을 보고 나팔을 불어 백성에게 경고하되 그들이 나팔 소리를 듣고도 정신차리지 아니하므로 그 임하는 칼에 제거함을 당하면 그 피가 자기의 머리로 돌아갈 것이라. 그가 경고를 받았던들 자기 생명을 보전하였을 것이나 나팔 소리를 듣고도 경고를 받지 아니하였으니 그 피가 자기에게로 돌아가리라. 그러나 칼이 임함을 파수꾼이 보고도 나팔을 불지 아니하여 백성에게 경고하지 아니하므로 그 중의 한 사람이 그 임하는 칼에 제거당하면 그는 자기 죄악으로 말미암아 제거되려니와 그 죄는 내가 파수꾼의 손에서 찾으리라 (에스겔 33장 1-6절).

4막

예루살렘 성벽 위. 다듬은 돌로 만든 성벽이 마을을 둘러싸고 있다. 밤하늘에는 별이 빛나고 있고, 저 멀리 희미한 윤곽으로 보이는 계곡과 여기저기에도 반짝이는 빛이 있다. 달빛을 받아 벽돌도 빛난다. 벽 위에는 두 명의 보초가 위아래로 행진한다. 그들의 얼굴에는 투구로 인해 그림자가 드리워져 있고, 그들의 창은 움직일 때마다 빛난다. 시간이 늦어 자정이 가까워졌음에도 불구하고 몇몇 민간인이 담장 위로 올라가서 먼 곳을 내다보고 있다.

어떤 여성   이제 우리가 잠에 들 시간입니다. 그렇지만 곧 아침이 되면 여러분은 비참한 사람들을 보게 될 것입니다. 집으로 돌아오세요. 오늘 밤이 고요한 마지막 밤일지도 모릅니다.

어떤 남성   적들이 우리를 대적해 오고 있는데 어떻게 우리가 잠을 잘 수 있겠습니까? 여기 서 있었던 이후로 제 마음이 납보다 무겁습니다. 그러니 저는 이곳을 떠날 수 없습니다. 마치 저는 우리를 덮치려고 불어나는 홍수 속에 남겨진 것만 같습니다. 어젯밤과 오늘 기병들이 평원을 가로질러 내달리고 있다고 합니다. 우리는 계속해서 모든 것이 분명히 다가왔다고, 정말 틀림없다고 거듭 생각했지만, 여전히 온 나라는 텅 빈 곡식 자루처럼 보일 뿐입니다.

	하지만 저들의 창은 셀 수 없이 많은 옥수수 줄기처럼 보입니다.
세 번째 사람	아아, 슬프게도 이미 그들이 공격을 위해 우리를 포위하고 있습니다.
네 번째 사람	저들이 바람의 속도로 따라온 것 같습니다. 저들은 분명히 어제만 해도 베델에 있었는데, 오늘 이미 시온을 포위했습니다.
첫 번째 사람	정말 끔찍한 건 아수르의 힘입니다. 하나님 우리를 도와주십시오!
그 여성	북쪽을 보세요. 빛이 꼭 하늘로 솟아오른 기둥같이 보여요.
두 번째 남성	저기가 바로 사마리아가 있는 곳입니다.
세 번째 남성	하늘을 향해 솟아오르는 불기둥입니다. 사마리아가 함락되었습니다.
목소리들	∟ 아아!
	∟ 그건 불가능합니다.
	∟ 사마리아는 삼중 벽 안에 있는 튼튼한 요새입니다.
	∟ 아니에요. 확실히 저긴 사마리아입니다.
어떤 음성	동쪽을 보세요! 저기에도 불기둥이 하나 더 있습니다. 저기는 분명 길갈이 틀림없어 보입니다.
다른 음성	저들이 폭풍처럼 마을을 파괴하고 있습니다. 아수르의 분노가 너무나 맹렬합니다.
또 다른 음성	우리는 저들과의 싸움에 휘말리지 말아야 했습니다.
목소리들	∟ 누가 싸움을 시작했습니까?
	∟ 우리는 아닙니다.

	ㄴ 저도 아니에요.
	ㄴ 그건 임금입니다.
	ㄴ 사제들이요.
	ㄴ 우리는 저들과 평화롭게 지내고 싶었습니다.
어떤 음성	이집트가 우리를 유혹하고는, 다시 우리를 배신한 것 때문입니다.
목소리들	ㄴ 네, 그렇습니다. 이집트가 그랬습니다.
	ㄴ 파라오가 그랬지요.
	ㄴ 파라오 위에 저주가 내린 것입니다.
	ㄴ 이집트 사람들이 우리를 적에게 팔아넘기고, 우리를 고통에 내팽개쳤습니다.
	ㄴ 그들이 약속한 5만 명의 궁수는 어디에 있습니까? 이제 우리뿐입니다.
	ㄴ 모든 것이 사라졌습니다.
또 다른 음성	아, 재앙이로구나! 예루살렘아, 예루살렘아! 너희가 적들에게 넘겨졌고, 너희를 미워하는 자들이 이를 드러내고 있구나!
어떤 사람	우리는 보고 싶습니다….
첫 번째 보초병	아직 아무것도 보이진 않지만, 여러분들이 아수르를 외친 것처럼 이제 아수르가 다가온 것 같습니다. 저들을 다시 집으로 쫓아내는 것은 무장한 우리에게 맡겨 주십시오. 여러분은 집으로 돌아가시거나, 잠이 오지 않으면 기도를 드리십시오!
어떤 남성	하지만 우리에게 말해 주세요….

첫 번째 보초병   말씀드릴 게 없습니다. 이미 너무 많은 말을 한 것 같습니다. 지금 정말 긴박합니다. 비키세요! 물러가세요!

두 보초가 성벽에서 어슬렁거리는 사람들을 돌려보낸다. 군중은 성벽에서 그림자로 이어지는 계단을 따라 어둠 속으로 사라진다. 모두 사라지고 나면 고요함이 흐른다. 하얀 달빛 아래 보초들은 청동상처럼 서 있다.

첫 번째 보초병   사람들은 적의 창을 보자마자 절망에 빠지고 말 겁니다. 사람들이 절망을 말하게 해선 안 되겠습니다.

두 번째 보초병   두려움을 느끼는 사람과 그 두려움을 다스릴 수 없는 사람들은 말해야만 합니다. 그 말이 아무 소용 없더라도, 오히려 그들을 안심시켜 줄 겁니다.

첫 번째 보초병   사람들이 잡담하지 못하게 하고, 잠을 자도록 합시다.

두 번째 보초병   잠은 사람의 종이 아닙니다. 우리가 슬픔의 베개에 누워 잠을 청하는 건 헛된 일이겠지요. 오늘 밤 많은 사람이 밤을 새우며 달빛을 바라보고 있을 것입니다.

첫 번째 보초병   어쨌든 칼을 든 사람들만 말해야 합니다. 우리는 모두를 지키는 데 힘을 씁시다.

두 보초는 한동안 침묵하며 이리저리 행군한다.

두 번째 보초병   (일어서서 듣는다.) 혹시, 어떤 소리가 들리십니까?

첫 번째 보초병   무슨 소리요?

두 번째 보초병   소리는 매우 희미하지만, 미세한 바람이 그 소리를 느끼게 합니다. 제가 욥바에 있을 때, 처음으로 밤에 먼 파도 소리를 들은 적이 있습니다. 지금 평원에서 그런 소리가 솟아오르는 것 같습니다. 저들은 수천 명씩 조용히 움직이고 있지만, 구르는 바퀴와 휘두르는 팔이 공기를 휘젓고 있습니다. 온 나라가 달려와 이스라엘을 덮칠 것이 분명합니다. 저 소리가 바다의 소리처럼 우리의 성벽에서 메아리칩니다.

첫 번째 보초병 (완고하게) 저는 명령 외에는 어떤 것도 듣지 않을 겁니다. 어떤 바퀴가 굴러가든, 어떤 소리가 나든 전혀 상관없습니다.

두 번째 보초병 어찌하여 하나님께서 나라들이 서로 대적하게 하시는지요? 하늘 아래에는 모든 숨 쉬는 생명이 살아갈 곳이 있습니다. 여전히 이 땅에는 아직 쟁기질하지 않은 땅이 많지요. 아직 도끼질하지 않은 숲도 많습니다. 그러나 사람들은 쟁기로 칼을 만들고, 도끼로 살아 있는 살을 찍어 내립니다.

첫 번째 보초병 항상 그래 왔습니다.

두 번째 보초병 하지만 항상 그래야만 합니까? 도대체 왜 하나님은 나라들이 싸우길 바라시는 걸까요?

첫 번째 보초병 나라들이 저마다 자신들을 위해서 전쟁을 원하기 때문이겠지요.

두 번째 보초병 국가란 무엇입니까? 당신은 우리 민족의 한 사람이 아닙니까? 당신의 아내와 나의 아내도, 같은 민족의 한 사람이 아닌가요? 우리 중에 전쟁을 원하는 사람이 있습니까? 나는 내가 누구에게 대항해야 하는지 알지도 못한 채 창으로 무장하곤 이 자리에 서 있습니다. 어둠 속에서, 내가 의도하지도 않은 운명의 사람을 기다리고 있습니다. 나는 그를 알지도 못합니다. 내가 찔러야만 할 그의 얼굴이나 가슴도 본 적이 없습니다. 적의 진영에서는 우리 자손들의 아버지를 죽일 누군가가 화로에서 손을 녹이고 있겠지요. 그도 나를 본 적이 없고, 나도 그에게 해를 끼친 적이 없습니다. 우리는 서로에게 숲속의 나무들과 같은 이방인일 뿐입니다. 나무들은 각자 자리에서 조용히 자라고 꽃을 피웁니다. 그런데 우리는 도끼와 창으로 서로를 향해 맹렬하게 분노하며, 피를 송진처럼 흘립니다. 그리고 거기에서 생명이 흘러내리겠지요. 삶을 살아갈 풍성한 공간이 있고 사랑할 수 있는 여유가 넉넉한데도 도대체 무엇이 국가들 사이에 죽음을 있게 하는 것입니까? 이해할 수 없습니다. 이해할 수 없어요!

첫 번째 보초병 이런 일들은 모두 항상 있었던 일입니다. 그러니 하나님의 뜻임에 틀림없지요. 나는 더 이상 묻지 않겠습니다.

두 번째 보초병 이 죄악이 하나님의 뜻이 될 수 없습니다. 하나님은 우리가 살아가도록 우리에게 생명을 주셨습니다. 사람들은 이해하지 못하는 모든 것을 하나님의 뜻으로 묘사하곤 하지요. 하지만 전쟁은 하나님께로부터 오는 것이 아닙니다. 그렇다면 전쟁은 도대체 어디서 오는 걸까요?

첫 번째 보초병 전쟁이 어디서 오는지 제가 어찌 알겠습니까? 저는 다만 전쟁이 있다는 것을 알고 있을 뿐입니다. 그리고 거기에 대해서 왈가왈부하는 것이 쓸모없다는 것도 잘 알고 있지요. 저는 다만 저의 의무를 다할 뿐입니다. 혀를 갈지 말고, 창이나 갈고 있읍시다.

한동안 그들은 다시 침묵하며, 하얀 고요를 바라본다. 먼 거리에서 "삼손이여 우리를 지켜주소서"라는 수하(誰何)의 소리가 들려온다. 우리의 두 보초병이 "삼손이여 우리를 지켜주소서" 하고 응답했고, 그 소리가 성벽을 지나 점점 더 크게 울려 퍼진다. 다시 모든 것이 고요하다. 두 보초병은 달빛 아래에서 침묵을 지키고 서 있다. 그들의 얼굴은 투구에 가려져 있다.

두 번째 보초병 갈대아인에 대해 아십니까?
첫 번째 보초병 나는 그들이 우리의 적이며 우리의 집을 공격하고 있다고 알고 있습니다.
두 번째 보초병 저는 그렇게 생각하지 않습니다. 그들을 가까이에서 본 적이 있습니까? 그들의 관습과 나라에 대해서 아는 것이 있냐는 말입니다.
첫 번째 보초병 나는 그들이 야생 고양이처럼 잔인하고 뱀처럼 독이 있다는 말을 들었습니다. 그들은 자녀들을 구리 우상에게 이끌고 바친다고 하더군요. 그렇지만 갈대아인을 본 적은 없습니다.
두 번째 보초병 나도 마찬가지입니다. 예루살렘과 바빌론 사이에는 너무 많은 산이 하늘을 향해 우뚝 솟아 있고, 건너야 하는 강이 너무나 많습니다. 바빌론으로 가는 정성이면, 몇 주

안에 더 많은 나라를 건너갈 수 있지요. 하늘에 있는 별들은 저마다 모두 달라요. 그런데 아수르 사람들은 우리를 대적하고 있습니다. 만약 "당신들은 우리에게 무엇을 원합니까?" 하고 내가 그들 중 한 명에게 질문한다면, 의심할 여지 없이 그는 우리와 같이 자신의 집의 지푸라기 위에 누워 있는 아내와 아이들을 생각할 겁니다. 그런 사람과 이야기를 나눌 수 있다면, 나는 서로를 충분히 이해할 수 있을 거라고 믿습니다. 종종 나는 그들 중 한 사람을 불러서 다정한 손을 내밀어 마음을 맞대고 이야기를 나누고 싶다는 생각을 하곤 합니다.

첫 번째 보초병   절대로 그렇게 해선 안 됩니다!

두 번째 보초병   어째서요?

첫 번째 보초병   그들은 우리의 적이에요. 그들을 증오하는 것이 우리의 의무입니다.

두 번째 보초병   내 마음이 그들을 증오할 이유를 모르는데 내가 왜 그들을 미워해야 합니까?

첫 번째 보초병   그들이 먼저 전쟁을 시작했습니다. 그들은 침략자들이에요.

두 번째 보초병   네, 예루살렘에 사는 사람들은 다 그렇게 말합니다. 하지만 아마 바빌론에서는 또 다른 이야기를 할 수도 있겠지요. 우리가 그들과 이야기를 나눌 수 있다면, 그 질문에 대해 약간의 빛을 얻을 수 있을 것입니다.

첫 번째 보초병   그들과 대화해선 안 됩니다. 우리의 의무는 그들을 쳐부수는 것입니다. 그것이 우리가 받은 명령이에요. 반드시

	우리는 복종해야만 합니다.
두 번째 보초병	내 이성도 나에게 그렇게 말합니다. 저들과 나는 결코 대화해서는 안 된다고요. 하지만 내 영혼 속에서 나는 반드시 그렇게 해야 한다고 느낍니다. 도대체 우리가 그들의 죽음으로 누구를 섬길 수 있습니까?
첫 번째 보초병	그게 도대체 무슨 질문입니까? 당신은 정말 숙맥(菽麥)이군요. 당연히 우리는 하나님을 섬기고, 왕을 우리의 주인으로 모시지요.
두 번째 보초병	하나님께서 말씀하시길 "살인하지 말라"고 하셨습니다. 어쩌면 내가 이 칼을 들고서 멀리 던져버리는 것이 적의 피를 흘리는 것보다 하나님을 섬기는 일이 될 수도 있지 않겠습니까?
첫 번째 보초병	그러나 성경에 "눈에는 눈, 이에는 이"라고도 쓰여 있지요.
두 번째 보초병	(한숨을 내쉬며) 성경에는 정말 많은 것들이 쓰여 있어요. 누가 그 모든 걸 다 이해할 수 있겠습니까?
첫 번째 보초병	당신은 정말 몽상가입니다. 갈대아 사람들이 우리 도시를 포위했습니다. 저들은 우리의 집을 불태우려 합니다. 그러니 나는 이 자리에 서서 칼과 창을 들고 저들을 막기 위해서 최선을 다할 것입니다. 지나친 지식은 해롭답니다. 더 이상 알고 싶지도 않군요.
두 번째 보초병	그렇지만 나는 질문을 던지지 않을 수 없군요.
첫 번째 보초병	(완고하게) 그렇게 많은 질문을 해선 안 됩니다. 군인이 할 일은 싸우는 것이지 이유를 따지는 게 아닙니다. 당신은 마음을 굳세게 하기는커녕 지나치게 생각만 하는 것

같군요.

두 번째 보초병 이 시간에 어떻게 내 마음이 불안하지 않을 수 있겠습니까? 어떻게 묻지 않을 수 있겠습니까? 내가 지금 어디에 서 있고, 얼마나 더 깨어 있을 수 있는지 알 수 있습니까? 어둡고 컴컴한 성벽 아래, 돌이 부서지고 쓰러지는 곳, 바로 이곳이 내일이면 내 무덤이 될지도 모릅니다. 지금 내 뺨을 맴도는 바람이 내일이면 나를 찾지 못할지도 모르지요. 내가 살아 있는데, 어떻게 내 삶에 대해 묻지 않을 수 있겠습니까? 횃불의 심지도 어둠 속으로 사라지기 전에 불꽃이 솟아오르며 몸부림을 치지요. 그런데 어떻게 생명이 죽음에 이르기 전에 질문하지 않을 수 있겠습니까? 어쩌면 이 질문을 하는 것도 더 이상 삶이 아니라 이미 내 안에 찾아온 죽음일지도 모릅니다.

첫 번째 보초병 당신은 너무 많은 생각을 하고 있어요. 전혀 유용하지도 않고, 스스로를 고문만 할 뿐입니다.

두 번째 보초병 하나님께서 우리에게 고통을 겪는 이 마음을 열어 주신 겁니다.

첫 번째 보초병 그렇게 말한들 무슨 소용이 있겠습니까? 우리는 여기서 보초를 서야 합니다. 저는 이 사실이면 충분합니다.

두 번째 보초병 말하는 것이 우리를 깨어 있게 하지만, 다만 별들만이 우리의 말을 듣고 있구나.

두 사람 사이에 침묵이 흐른다.

	누가 거기에 있습니까? 어둠 속에서 누군가가 움직이고 있습니다.
첫 번째 보초병	또 빈둥거리는 사람들이군요. 도대체 왜 잠을 안 자는 겁니까? 집으로 쫓아냅시다!
두 번째 보초병	아니오! 우리가 그림자 안에 머무는 동안 저들과 대화해 봅시다. 잠자는 것을 두려워하는 저 사람들의 목소리를 들어 봅시다. 뒤로 물러서세요!
첫 번째 보초병	당신은 정말 이상한 사람이군요! 나는 순찰이나 하겠습니다!

두 보초병이 성벽의 그림자 속으로 들어가며, 어둠 속에서 그들의 모습이 사라진다. 그들의 창에서 번쩍이는 빛이 간간이 보인다. 예레미야와 바룩이 계단의 어둠 속에서 나와 흉벽으로 올라간다. 예레미야는 서둘러 앞으로 나아가지만, 바룩은 예언자의 흥분에 동참하지 않고 뒤에 머물러 있다. 두 번째 보초병은 탑의 그림자 안에 눈에 띄지 않게 서 있다.

바룩	어디로 안내하시는 겁니까, 선생님?
예레미야	위로 올라가 보자. 서둘러라! 나는 이 끔찍한 일을 직접 봐야겠다.

예레미야가 높은 곳에 오른다. 그는 움직이지 않고 묵묵히 서서 달빛이 비치는 골짜기를 내려다본다.

바룩	무엇을 보고 계십니까?

예레미야	(여전히 응시하고 있다.) 왕이 오고 있다. 북쪽에서 왕이 오고 있다.
	(바룩의 소매를 잡는다.) 바룩아, 더 가까이 와라! 내 손을 잡아 보아라! 지금 꿈인지 생시인지 확인을 좀 해 보자. 내 눈이 열려 있느냐? 이 성벽은 돌로 쌓은 것이냐? 아니면 눈물로 쌓은 것이냐? 예루살렘은 아직도 귀를 닫고 우리 뒤에 누워서 자고 있느냐? 아수르의 군대가 저 아래 평원에 있느냐? 말해 보아라! 바룩아, 부디 내가 꿈을 꾸고 있다고 믿게 해 주렴. 내가 깨어날 때까지 나를 흔들어 다오. 시온이 갈대아인들에게 포위되었다는 나의 광기 어린 환상을 비웃어다오!
바룩	무슨 말씀이세요, 선생님? 이해가 안 됩니다. 어떻게 그렇게 생각하시는 건가요?
예레미야	아아, 그렇다면 사실이구나. 나는 지금 꿈을 꾸는 것이 아니구나. 달리는 말과 전차가 저기에 있고, 아수르는 시온을 상대로 전열을 갖추고 있구나. 이 모든 것이 현실이 되기 전에 내 속에 있었고, 이 모든 불행이 나의 꿈으로부터 시작되었구나. 하나님의 말씀이 실현되기 전에 나는 혼자 알고 있었다. 이 모든 일은 나를 통해 일어나, 나를 통해 흘러가는구나. 그러나 달리는 것을 붙잡을 수 없고, 날아가는 것도 붙잡을 수 없구나. 나에겐 칼도 없고, 방패도 없다. 아, 무력하구나! 나는 아무 말도 할 수 없을 뿐이야!
바룩	선생님, 무슨 말씀이세요? 이해가 안 됩니다. 제가 이해

할 수 있고, 믿을 만한 말씀을 해 주십시오.

예레미야   믿을 수 있는 말이 무엇이냐? 바룩아, 바룩아! 다만, 지금 별들 아래에서 내가 너에게 하는 말을 믿어다오. 만일 네가 나를 부정하거나 나를 비웃지 않는다면 나는 내 영혼의 봉인을 풀겠어. 왜냐하면 내가 너에게 하고 싶은 말이 도무지 상식에 맞지 않아 보일 것이기 때문이야.

바룩   선생님, 선생님에 대한 믿음이 진실로 저의 생명입니다.

예레미야   그렇다면 들어 보거라. (그는 낮고 엄숙하게 말한다.) 나는 지금 일어나고 있는 이 모든 일을 지난 몇 달 동안 꿈에서 보았다. 이 성벽과 성전 위에서 빛나는 저 어떤 별들도 내가 보지 않은 것이 없다. 나는 적의 무리와 그들의 많은 장막도 내려다보았다. 바룩아, 내 말을 듣고 있느냐?

바룩   (몸서리치며) 제가 듣고 있습니다. 제가 듣고 있습니다.

예레미야   왜 이 모든 것이 그날이 오기 전에 나에게 알려졌을까? 하나님께서 나에게 자신의 계획을 밝히시고, 미래에 대한 환상을 허락하신 건 하나님의 뜻에 어긋나는 건 아닐 게다. 나는 반항할 수도 없고, 침묵할 수도 없어. 사실 나는 오랫동안 부르심을 거절했고, 부름에도 귀를 막았지. 그러나 지금 꿈에서 거듭거듭 계시된 것을 이제 현실에서 보면서 하나님께서 나에게 말씀하신다는 것을 처음으로 확신하게 되었다. 바룩아, 내가 주님의 선택을 받은 자라는 것을 너에게 말한다. 만약 내가 이 불길한 예감을 백성과 왕에게 숨긴다면, 화가 내게 미칠 것이다. 이는

	단지 시작일 뿐이며, 나는 그 끝을 알고 있다.
바룩	선택받은 이시여, 나타내십시오. 큰 소리로 당신의 말씀들을 외치십시오.
예레미야	바룩아, 너는 저 진영과 장막을 보고 있느냐? 이 잠자는 바다가 북쪽에서 밀려오는 것을 보고 있느냐?
바룩	(몸서리치며) 제가 보고 있습니다. 제가 장막을 보고 있습니다.
예레미야	그러나 너는 밤과 잠, 거짓된 평온의 휴식만을 보고 있구나. 내 귀에는 나팔 소리가 울려 퍼지고, 갈대아 사람들이 일어나 성을 습격하며 무기들이 부딪치는 소리가 들려. 우리가 발을 딛고 있는 이 성벽이 그들의 맹렬한 공격에 무너져 내리고, 도망치는 자들의 비명이 내 귀에 울린다. 구릿빛 홍수가 우리를 삼키고, 죽음의 날개가 성과 성벽 위에서 퍼덕이는 소리가 들린다. 시온의 멸망이 보이는구나. 바룩아, 나는 깨어서 이 모든 것을 보고 있다. 하나님께서 내 육신의 어둠 속에서 내 눈을 뜨게 하셨기 때문이다. 내 영혼이 나팔 소리와 전쟁의 경고음을 들었으므로 내 심장은 요동치고 있다. 그런데 어찌하여 저들은 아직도 자고 있는가? 저들의 잠이 죽음으로 바뀌기 전에 깨어나야 할 때가 되었도다. 진실로, 예루살렘을 깨울 시간이 이르렀도다!
바룩	(그의 말에 감동을 받는다.) 그래요, 그렇습니다. 예레미야시여! 예루살렘을 깨웁시다!
예레미야	(점점 더 격양되며) 오, 어리석은 백성이여, 고통받는 도

시여! 어찌하여, 아! 어찌하여 죽음의 차가운 수의(壽衣)가 당신이 누운 그 자리 아래 깔렸는데도 태연히 잠들 수 있단 말인가? 오, 어리석은 백성이여, 고통받는 도시여! 천둥이 울부짖는데도 어찌 너희가 쉴 수 있으며, 꿈 속에 빠져 헤매며 졸고 있을 수 있단 말인가? 아수르의 공성 망치가 성문을 부수려 하는데도! 누가 이 어리석은 자들을 깨울 것인가? 누가 이 귀가 먹은 자들을 듣게 할 것인가?

바룩　　(열광적으로) 바로, 당신입니다. 주인님, 저들을 죽음의 문턱에서 구해 주십시오.

예레미야　깨어나라, 깨어나거라! 일어나 도망쳐라! 땅이 불타고, 적이 성을 점령하였도다! 그의 분노가 너희를 완전히 삼키기 전에 도망쳐라. 칼을 피하고, 불길을 피하라! 너희의 재산을 버리고 집을 떠나라! 가족과 아내와 자녀를 데리고 도망하라! 그가 너희를 사로잡기 전에 피하여 숨으라! 일어나 도망쳐라! 땅이 불타고, 적이 성을 점령하였도다! 어서 가라!

두 번째 보초병　(어둠 속에서 앞으로 나오며) 누가 여기서 소란을 피우느냐? 잠자는 사람들을 깨우고 있어.

예레미야　아, 저들을 정말 깨울 수만 있다면! 일어나라, 예루살렘이여! 깨어나라! 하나님의 도시여, 스스로를 구원하라!

두 번째 보초병　당신은 취했군요. 어서 집에 가서 잠이나 자세요.

바룩　　(가로막으며) 저분을 건드리지 마십시오!

예레미야　나는 잠들어선 안 된다. 아무도 잠들어선 안 된다. 나는

	파수꾼이다. 나를 방해하는 자에게 화가 있을지어다!
두 번째 보초병	(예레미야의 어깨를 잡으며) 당신이 스스로를 파수꾼이라 여기다니요. 미친 게 분명하군요. 제가 이곳의 파수꾼입니다. 당장 저리로 가십시오!
바룩	그분을 건드리지 마십시오! 이분은 주님의 선택받은 예언자이십니다.
두 번째 보초병	(예레미야를 놓으며) 당신이 하나냐이십니까? 하나님의 예언자 말입니다.
바룩	이분은 예언자 예레미야이십니다.
두 번째 보초병	백성을 미혹한 그 예레미야? 거리를 돌아다니며 아수르가 승리할 것이라 외친 그 예레미야? 당신의 환상이 이루어지는 걸 보려고 여기에 온 겁니까? 정말 성급하군요. 겁쟁이여! 그러나 때마침 잘 왔습니다. 악의 예언자여! 이제 나의 분노의 무게를 느끼게 해 주겠습니다. 내가 누구인지 당신에게 보여 주겠습니다.
바룩	(보초병과 몸싸움하며) 손 떼라! 그분을 건드리지 말아라!
첫 번째 보초병	(급히 들어오며) 왕께서 오신다! 시드기야왕께서 순찰을 도는 중이시다. 사람들은 저리로 가시오.
예레미야	왕이시여! 하나님, 찬양 받으소서! 그분의 뜻이 분명하도다. 주님께서 왕을 내 손에 보내셨다!
첫 번째 보초병	조용히 하시오. 쓸데없는 말 따윈! 당장 사라지시오!
두 번째 보초병	저 멀리 내려가 조용히 있으시오. 그렇지 않으면 후회하게 될 것이오.

예레미야와 바룩은 성벽에서 강제로 밀려나 어둠 속으로 사라진다. 두 보초병은 성벽 끝에 서서 왕과 그 수행원들이 지나갈 수 있도록 자리를 비운다. 시드기야왕이 등장하자, 보초들은 창을 방패에 부딪쳐 경례한 후 자세를 바로잡는다. 왕은 아비멜렉과 몇몇 수행원과 함께 순찰을 돌고 있다. 그는 무장하지 않았으며, 머리에는 아무것도 쓰지 않았다. 달빛 아래 그의 얼굴을 창백하고 깊은 생각에 잠긴 듯하다. 왕은 걸음을 멈추고 한동안 평야를 바라본다.

시드기야 저 평야를 가로질러 타오르는 진영의 불을 보아라. 마치 검은 하늘이 땅 위로 내려앉아 별들이 하나둘 빛나는 것 같구나. 셀 수 없이 많은 군대가 이스라엘을 에워싸고 있도다. 창끝은 우리를 향해 겨누어졌고, 손들은 들려 있다. 저들은 잠에 들어서도 우리를 공격하는 꿈을 꾸고 있다. 내일이면 저들은 마치 비 온 뒤 돋아나는 풀처럼 일어설 것이며, 이 고요함은 곧 죽음의 비명으로 바뀔 것이다. 아마도 오늘 밤이 우리가 평온한 잠을 잘 수 있는 마지막 밤일지도 모른다.

아비멜렉 왕이시여, 낙담하지 마십시오. 지금 왕께서 몹시 괴로워하시는 바로 이 성벽 위에 오래전 히스기야왕께서 서 있었습니다. 그의 마음도 마찬가지로 걱정으로 가득 차 있었지요. 왜냐하면 아래 평야에 파도 위의 파도처럼 셀 수 없이 많은 산헤립의 군대가 있었기 때문입니다. 그때도 지금과 마찬가지로 아수르의 홍수가 거룩한 도시를 위협했습니다. 그러나 주님께서 손을 내밀어 전염병으로 적

	을 치셨습니다. 이 성벽은 절대 무너지지 않을 것입니다. 예루살렘은 영원히 서 있을 것입니다.
예레미야의 목소리	(어둠으로부터) 깨어나라. 어둠의 도시여, 너 자신을 구원하라. 깊은 잠에서 깨어나라. 부주의한 자들이여, 자는 동안 죽임을 당하지 않도록 깨어나라. 성벽이 무너지고 있다. 저들이 너희를 으깰 것이다. 깨어나라. 아수르의 칼이 너희 머리를 휘두를 것이다.
시드기야	(경계하며) 누가 말했는가? 누가 말했는가?
목소리들	누가 말했습니까?
첫 번째 보초병	전하, 미친 사람입니다. 정신 나간 사람 같습니다.
목소리들	ㄴ 그의 입을 막아라. ㄴ 그를 끌어내라. ㄴ 그는 미쳤다.
시드기야	아니다. 그를 여기로 데려오거라. 내가 그를 직접 보고 싶구나. 내가 들은 그 목소리가 살아 있는 사람의 것인지 알고 싶구나. 그의 목소리는 내게 너무도 끔찍했다. 마치 예루살렘의 돌들이 탄식하는 것 같았고, 성벽 자체에서 그 말들이 흘러나오는 듯했다.

두 명의 보초병이 어둠 속으로 급히 사라진다.

아비멜렉	전하, 속지 마십시오. 이 성안에는 갈대아의 금에 매수된 자들이 많사옵니다.
다른 사람들	ㄴ 그를 신경 쓰지 마십시오!

     ㄴ 성벽에서 내던져 버리십시오!

     ㄴ 겁쟁이와 대화할 필요가 없습니다!

보초병들이 예레미야와 바룩을 데리고 나타난다. 예레미야가 왕 앞에 내던져진다.

두 번째 보초병	바로 이 사람이 수치를 말하던 자입니다. 전하께서 오시기 직전에도 같은 방식으로 떠들고 있었습니다.
시드기야	도시를 돌아다니며 백성들에게 재앙을 예언하는 자가 있다고 들었다. 이 사람이 그 사람이냐?
목소리들	ㄴ 바로 그 사람입니다!
	ㄴ 예레미야다!
	ㄴ 저주가 그에게 내릴지어다!
	ㄴ 그는 재앙을 예언합니다!
	ㄴ 사람들의 마음을 독으로 물들이는 자다!
	ㄴ 거짓 증거를 퍼뜨리는 자다!
바룩	아닙니다! 이분은 하나님의 사자이며, 진리의 말씀을 전하는 분입니다. 제가 이분을 증언합니다.
목소리들	ㄴ 당신이 누구이기에 증언을 한단 말이오?
	ㄴ 그저 어린 소년에 불과해 보인다!
	ㄴ 그 사람을 신경 쓰지 마시오!
	ㄴ 저런 독사들은 짓밟아야 합니다!
시드기야	조용히 하시오! 나는 증언이 필요 없다. 저 젊은이를 데려가라.

바룩이 어둠 속으로 밀려난다.

시드기야	가까이 오십시오, 예레미야여. 이스라엘을 미혹하는 자가 바로 당신이오?
예레미야	이스라엘이 길을 잃었으나, 제가 그렇게 이끈 것은 아닙니다.
시드기야	당신의 목소리를 들은 적이 있구려. 내 심장이 당신의 음성을 들은 적이 있다고 말하고 있소. 그러나 나는 한 번도 당신의 얼굴을 본 적이 없소. 궁전 문 앞에서 평화를 외친 자가 당신이오?
예레미야	그렇습니다, 전하.
시드기야	그때 정말 많은 목소리가 내 귀를 울렸으나, 밤이 되어 침상에 누워 잠을 이루지 못할 때 당신의 외침이 내 귀를 울렸소.
예레미야	하나님께서 전하께서 들으실 수 있도록 하신 것입니다. 그러나 들으셨음에도 따르지 않으셨으니, 화가 미칠 것입니다. 만일 그 음성을 들으셨다면, 전하의 눈에는 잠이 깃들었을 것이며, 이스라엘에는 평화가 있었을 것입니다.
아비멜렉	(예레미야를 향해) 이 밤에 성벽 위에 있는 이유가 무엇이오? 갈대아인들에게 넘어가려고 하는 것이오? (왕을 향해) 저 사람을 잡으십시오. 저 사람의 행동이 의심스럽습니다.
한 목소리	저 사람의 어머니께서 병상에 누워 숨을 거두려 하고 있습니다. 저 사람의 말이 어머니의 마음을 무너뜨렸기 때

문입니다. 그런데도 저 사람은 집을 멀리하고, 이 밤에 이곳에서 적과 밀담하려 합니다.

예레미야 (놀라며) 제 어머니께서 돌아가신단 말이오?

목소리들 ㄴ 저 사람은 반역자다!
ㄴ 저 사람의 말을 듣지 마십시오!
ㄴ 감옥에 가두어라!

시드기야 모두 침묵하시오! 내 영혼이 가벼운 말들에 흔들릴 만큼 연약하진 않소. 두려워 마시오, 예레미야. 나는 당신의 목소리를 들었소. 그 소리가 내 마음에 울려 퍼졌으며, 평화의 말씀은 곧 하나님의 말씀이었소. 그러나 과거는 지나갔다오. 지금 아수르와 이스라엘의 전쟁이 한창이라오. 말로 해결할 수 있는 시간은 지났소. 나도 내 뜻대로 전쟁을 멈출 수 없다오.

예레미야 왕이시여, 아닙니다. 멈출 수 있습니다.

시드기야 (격노하며) 어떻게! 말해 보시오! 성벽을 둘러싼 적이 보이지 않소? 창들이 부딪치는 소리가 들리지 않는단 말이오? 도대체 어떻게 전쟁을 멈출 수 있단 말이오?

예레미야 그 결정은 전하의 손에 있습니다. 전하께서는 왕이 아니십니까?

시드기야 지금 와서 평화를 논하기에는 너무 늦었소.

예레미야 평화를 논하기에 너무 늦은 때란 없습니다.

시드기야 (더욱 화를 내며) 당신의 말은 정말 어리석소!

예레미야 피를 흘리는 것은 민족 간에 깊은 골을 만드는 것입니다. 우리가 그 골을 깊이 팔수록 피 흘림을 멈추기란 더욱 어려워집니다. 그러므로 칼보다 말을 앞세우소서. 느부갓네살왕과의 회담을 요청하기 위해서 사절을 보내십시오.

시드기야 나더러 내 원수 느부갓네살을 찾으란 말이오?

예레미야 사절을 보내십시오. 아직 예루살렘을 구할 시간이 남아 있습니다.

시드기야 왜 내가 먼저 협상을 제안해야 한단 말이냐?

예레미야 먼저 손을 내미는 자가 복을 받을 것입니다. 자기 백성의 피를 아끼는 왕이 바로 복된 사람입니다.

시드기야 만약 내가 손을 내밀었는데도 거절 당한다면 어찌하오?

예레미야 의를 위해 거절 당한 자는 복이 있습니다. 그들이 하나님의 마음에 합한 사람들이기 때문입니다.

시드기야 말해 보시오. 백성들이, 심지어 어린아이들까지 나를 조롱하고, 여인들이 내 수치를 보고 비웃는다면 어찌할 것이오?

예레미야 어리석은 자들의 웃음소리를 듣는 것이 과부들의 눈물을 보는 것보다 낫습니다. 자신만을 생각하지 마시고, 하나님께서 인도하라고 명하신 백성을 생각하십시오. 하나님의 뜻을 행하십시오. 비록 어리석은 자들이 비웃을지라도, 왕께서 아수르에 머리를 들었지만, 이제는 몸을 낮추십시오.

시드기야 내가 몸을 낮추라고?

예레미야 왕이시여, 예루살렘을 구하기 위하여 주님께서 기름을 부으신 자로서 몸을 낮추십시오. 성문을 열고 마음을 여십시오. 그리해야만 이 도시를 구할 수 있습니다.

시드기야	나는 칼을 들어 예루살렘을 지킬 것이오. 내 목숨을 걸고 서라도 말이오. 그러나 내 명예만은 그렇게 할 수 없소. 당신은 자신이 무엇을 원하는지도 모르는구려.
예레미야	아닙니다. 저는 주님께서 기름 부으신 분에게 마땅하고도 가장 어려운 의무를 요구하고 있는 겁니다. 전하께서 소중히 여기는 자존심을 예루살렘을 위해 바치십시오. 느부갓네살 앞에 무릎을 꿇으십시오. 제가 지금 전하 앞에 무릎을 꿇듯이 말입니다. 성문을 열고 마음을 여십시오. 왕이시여, 당신 자신을 낮추십시오. 왕이 낮아지는 것이 이스라엘이 무너지는 것보다 나을 것입니다.
시드기야	썩 물러가시오! 나를 이 땅의 어떤 인간 앞에서도 낮추게 만들진 못할 것이오!
예레미야	(격렬하게 일어서며) 그렇다면 저주를 받으십시오! 주님께서 기름 부으신 이시여! 시온이 왕의 손에 맡겨졌으나, 왕의 손으로 시온이 파괴되고 있습니다. 왕께서 예루살렘을 잊으셨으니, 하나님의 자비도 왕을 잊으시길 바랍니다. 시온의 파괴자시여, 당신께 저주가 있을 것입니다!
아비멜렉	저 사람을 성벽 아래로 던져라!
목소리들	ㄴ 왕을 모독했다!
	ㄴ 성벽 아래로 던져라!

왕의 수행원들이 예레미야를 에워싼다.

시드기야	(보이지 않는 적에게 공격 당한 듯, 한발 물러섰다가 다시

정신을 가다듬는다.) 멈춰라! 그에게 해를 가하지 말아라! 그대들은 감히 바보의 저주가 나를 두렵게 할 것이라 생각하는가? 건방진 말 한마디가 나를 무너뜨릴 것이라 여기는가? (잠시 침묵)

그러나 소문은 사실이었음에 틀림없다. 이 사람의 말은 위험으로 가득 차 있다. 그의 말이 망치처럼 사람들의 가슴을 두드리는구나. 더 이상 우리 군사들에게 공포를 퍼뜨리려는 자를 자유롭게 말하도록 둘 수 없다. 이제 더 이상 이런 거짓말쟁이가 백성들에게 공공연히 말하도록 내버려둘 수가 없다.

아비멜렉 저 사람은 죽어야 합니다. 하나님을 믿지 않는 자는 살 가치가 없습니다.

목소리들 ㄴ 이 배신자를 돌로 쳐라!
ㄴ 이 도성을 갈대아인들에게 팔아넘기려 한다!
ㄴ 우리의 패배를 기도하는 자다!
ㄴ 그를 죽여라!

시드기야 내게 모욕을 준 자를 죽인다면, 사람들은 모두 내가 그를 두려워했기 때문이라 말할 것이다. 예레미야여, 나는 그대의 말을 바람처럼 가볍게 여기고 있소. 그러나 다시 한 번 묻겠소. 당신의 마음은 진실로 확신하고 있는 게요? 정녕 죽음이 시온을 덮고 있으며, 성안의 모든 사람 위에 어둠이 드리워져 있소? 자유롭게 대답해 보시오.

예레미야 죽음이 예루살렘 위에 있습니다. 죽음의 손이 우리 모두를 붙들고 있습니다. 오직 항복만이 우리를 구원할 수 있

	습니다.
시드기야	그렇다면 떠나시오. 항복해서 당신의 목숨이나 구하시오.

예레미야는 충격에 휩싸여 왕을 바라본다.

	우리의 힘을 갉아먹으면서도, 우리의 빵을 먹을 수는 없소. 그대가 정녕 시온을 두려워한다면, 시온에서 떠나시오. 나는 그대에게 목숨만은 허락하겠소. 성벽을 내려가 느부갓네살을 찾아가시오. 그의 진영에서 몸을 피하시오. 그대의 말이 이루어진다면, 뺨을 부풀려 웃으면서 예루살렘에서 죽은 형제들을 마음껏 조롱하시오!
아비멜렉	왕이시여, 이 비방자를 너무 관대하게 다루십니다.

예레미야는 말하려다가 충격과 분노에 몸을 떤다.

시드기야	떠나시오, 배신자여! 떠나시오! 그대가 예언한 느부갓네살의 승리를 찾아가시오. 그의 발에 입을 맞추시오. 나는 내 백성 가운데 머물 것이오. 내 조상들의 집에서 머물 것이야. 내 신앙은 내 마지막 숨이 다할 때까지 변치 않을 것이오. 이 사람의 말은 거짓이다! 예루살렘은 영원하리라!
목소리들	예루살렘은 영원하리라! 하나님의 집은 절대 사라지지 않으리라!
시드기야	어서 가시오, 아수르로! 나는 그대에게 자유를 주었소. 우

	리에게는 죽음을, 그대에게는 도망칠 길을!
예레미야	(자신을 다잡으며) 나는 예루살렘을 버리지 않을 것입니다.
시드기야	조금 전까지 죽음이 시온을 덮었다고 하지 않았느냐? 그대는 그대의 목숨만이라도 살려야 하지 않겠느냐?
예레미야	제가 저의 생명 때문에 슬퍼하는 것이 아닙니다. 수천수만의 생명 때문에 제 마음이 무겁습니다. 저는 도망치지 않을 것입니다. 시온의 성벽이 무너진다면, 나도 함께 무너질 것입니다.
시드기야	나는 그대에게 경고했소, 예레미야. 그대가 나에게 경고한 것처럼 말이오. 이제 그대의 목숨은 그대 스스로에게 달려 있소. (군중에게) 저 사람이 조용히 있는 한, 저 사람을 해치지 마시오. 그러나 다시 공포를 퍼뜨리려 한다면, 붙잡아 결박하고 그의 목숨으로 대가를 치르게 하시오. (예레미야를 향해) 그대의 혀를 조심하시오. 만일 또다시 말을 퍼뜨린다면, 그대의 목숨이 그 대가가 될 것이오. 하나님께서 우리를 구원하시기를, 내가 오늘 그대를 구원한 것처럼.
예레미야	(움직이지 않은 채, 떨리는 목소리로) 나는 내 자신을 지키지 않으리라. 나는 예루살렘을 지키리라.
시드기야	(성벽 끝으로 돌아오며) 그들이 여전히 오는구나! 아직도 오고 있다! 그들의 전차 바퀴 소리와 군마들의 발굽 소리는 폭풍이 으르렁거리는 듯하구나. 참으로 무서운 북쪽의 왕이여. 그를 맞이하는 것은 참으로 두려운 일이 될

것이다. 하나님, 예루살렘을 구원하소서! (깊이 숨을 들이 쉰다.) 하나님, 예루살렘을 구원하소서!

시드기야는 깊은 생각에 잠긴 채 천천히 성벽을 따라 거닐기 시작한다. 아비멜렉과 수행원들이 그를 따라가고, 보초병들도 시야에서 사라진다.

바룩	(어둠 속에서 뛰쳐나오며) 어서 가십시오! 그를 설득해야 합니다! 하나님의 영이 당신 위에 있습니다!
예레미야	(마치 꿈에서 깨어나듯) 누구를 설득한단 말이냐?
바룩	왕을요! 당신의 말씀이 불꽃처럼 타올라야 합니다! 예루살렘을 구하십시오!
예레미야	왕을…? (공포에 질린 듯 황량한 성벽을 둘러본다.) 잃었구나, 잃었구나. 거룩한 시간을 잃었구나. 나의 성급한 혀가 모든 것을 망쳐버렸다.
바룩	다시 한번 시도하십시오! 그러면 그를 설득할 수 있을 겁니다! 조금 전에도 그는 마음을 열고 있었습니다!
예레미야	너무 늦었다, 너무 늦었어…. 왜 하나님은 나같이 약한 자를 선택하셨는가? 왜 내 입에 쓸개 같은 말씀을 넣어주셨는가?
바룩	자신을 괴롭히지 마십시오, 선생님. 마음을 어지럽히지 마십시오.
예레미야	나는 누구에게 기쁨을 주었단 말인가? 나는 의로운 자들에게 공포가 되었고, 내 어머니에게 큰 근심거리가 되고 말았구나. 내 아이를 배 속에 품은 아내도 없고, 내 말씀

	을 믿는 사람도 없다.
바룩	제가 당신을 믿습니다. 제가 당신을 떠나지 않겠습니다. 당신은 위대한 분이십니다. 나는 당신의 고통 속에서 당신과 함께하겠습니다.
예레미야	나를 칭찬하지 말아라. 내 영혼은 수치심에 불타고 있다. 내가 예루살렘을 위해 무엇을 했단 말인가? 내가 왕의 마음을 누그러뜨리긴 했는가? 방황하는 백성을 올바른 길로 인도했는가? 평화를 가져올 사절을 찾았는가? 그저 내가 스스로 흔들릴 뿐이었는데, 어떻게 평화의 사절을 찾을 수 있단 말인가?
바룩	느부갓네살왕이 우리 왕과 대화하도록 사절을 보내길 원하십니까?
예레미야	느부갓네살이 시드기야보다 더 쉽게 협상에 응하겠느냐? 왕들은 마치 아이들과 같아서, 서로 먼저 나서길 기다릴 뿐이야.
바룩	(열정적으로) 예레미야시여, 선생님의 말씀이 내 영혼에 열매를 맺고 있습니다!
예레미야	무슨 뜻이냐?
바룩	그 일을 제가 하겠습니다. 이제 저도 잘 알게 되었습니다. 이 길 역시 당신의 길과 같이 죽음의 그림자가 드리운 길이라는 것을요. 하지만 제가 예루살렘을 위해 이 길을 가겠습니다. 선생님, 안녕히 계십시오.
예레미야	어디로 가려는 것이냐?
바룩	안녕히 계십시오, 선생님. 제가 성공하도록 축복해 주십

시오. 실패한다 해도 저를 주저하지 마십시오. 다만, 예루살렘을 위해!

바룩은 성벽을 내려가기 시작한다.

예레미야   바룩! 어디로 가는 것이냐?
바룩   당신이 가려던 길을 갑니다. 안녕히 계십시오.

성벽 너머로 사라진다.

예레미야   (몸을 앞으로 기울이며) 바룩, 바룩! 어디로 가는 것이냐? 멈춰라, 그들은 너를 붙잡을 것이다! 갈대아인의 정탐꾼들이 이미 모든 길목을 막고 있다. 바룩! 바룩!

누군가 뛰어오며 외친다.

첫 번째 보초병   누구입니까? 밤에 누가 소리치는 사람이 누구입니까? 무슨 일입니까?
예레미야   (일어서며) 내가 부르고, 불러보지만… 아무도 내 말을 듣지 않는구나….
첫 번째 보초병   또 당신입니까? 여기서 무엇을 하고 있습니까? 방금 성벽 아래로 그림자가 지나가는 것을 본 것 같습니다. 당신 혼자입니까?
예레미야   저는 혼자입니다. 저는… 혼자입니다….

천천히, 무거운 걸음으로 예레미야는 성안으로 걸어간다. 보초는 그를 바라보다가, 그가 어둠 속으로 사라지자 다시 순찰을 돌기 시작한다. 달빛 아래, 돌바닥을 울리는 보초병의 발걸음 소리만 들릴 뿐이다. 멀리서 수비병들의 "삼손이여, 우리를 지켜주소서!"라는 수하 소리가 들려온다. 그 외침은 성벽을 따라 다시 울려 퍼진다…. "삼손이여, 우리를 지켜주소서!"

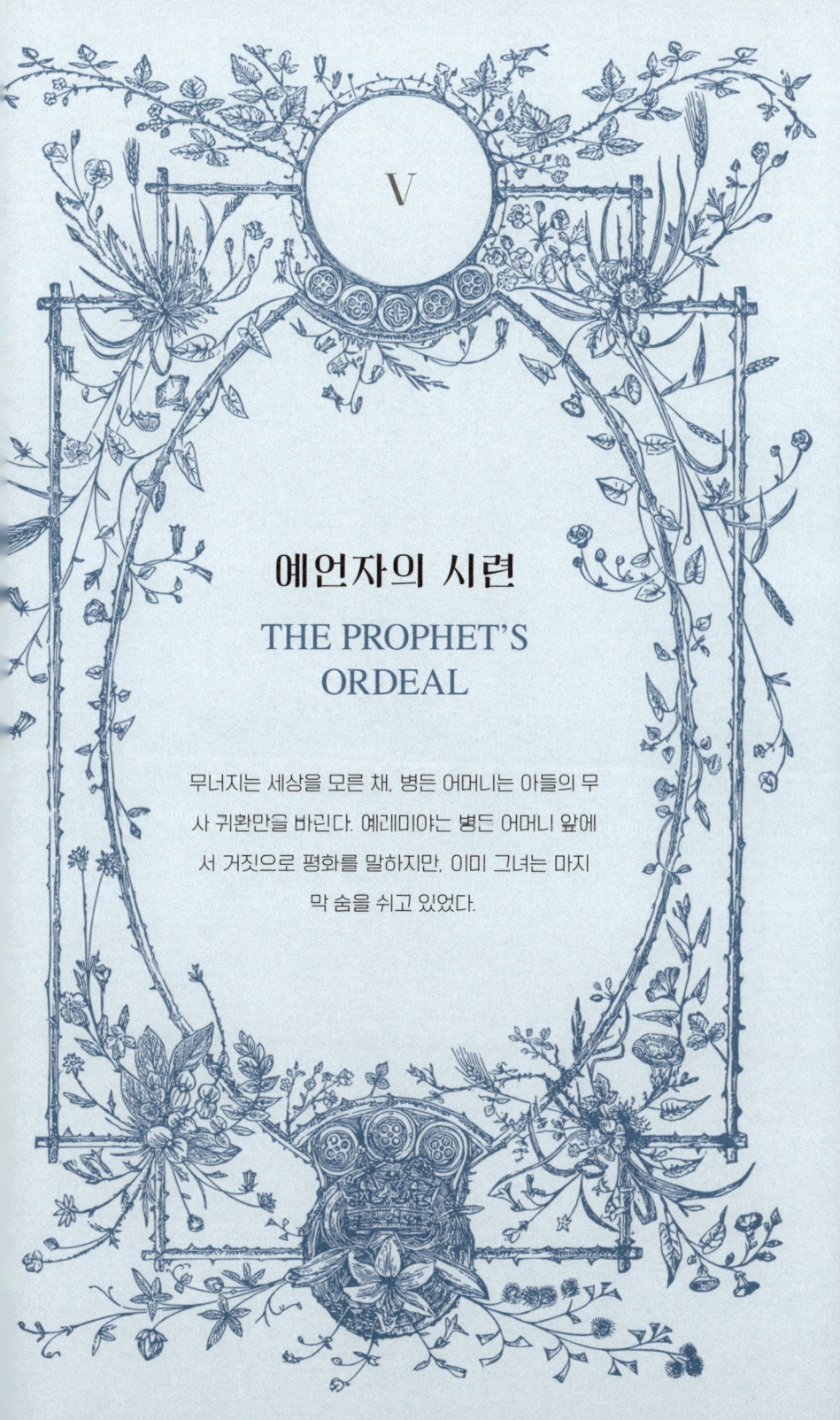

V

예언자의 시련

THE PROPHET'S ORDEAL

무너지는 세상을 모른 채, 병든 어머니는 아들의 무사 귀환만을 바란다. 예레미야는 병든 어머니 앞에서 거짓으로 평화를 말하지만, 이미 그녀는 마지막 숨을 쉬고 있었다.

SCENE FIVE

Yet it pleased the Lord to bruise him; he hath put him to grief(Isaiah LIII, 10).

그러나 여호와께서 그를 상하게 하시기를 기뻐하셨고, 그를 고통에 빠지게 하셨다(이사야 53장 10절).

5막

예레미야의 어머니가 앓고 있는 작은 침실. 문과 창문은 빛과 소리를 차단하기 위해 커튼으로 덮여 있다. 내부는 너무 어두워서 방 안에 있는 사람들의 모습이 거의 보이지 않는다. 하얀 침대 가구가 어둠 속에서 눈에 띈다. 침대 옆에는 아합, 나이 많은 하인 한 사람이 서 있다.

요게벳	(밖에서 들어온 여성 친척이 조심스럽게 문 위의 커튼을 젖힌다.) 아합!
아합	조용히 말하세요! 조심해서 걸으세요! 그녀의 잠은 엉겅퀴의 솜털처럼 가볍습니다. 한숨에 그것이 흩어질 수 있습니다.
요게벳	도시의 성문이 공격 당하고 있는데, 그래도 잠을 잘 수 있다니 다행이네요.
아합	그 일에 대해서는 아무 말도 하지 마세요, 적에 대해서도. 그녀를 사랑한다면, 그분을 소중히 생각하세요.
요게벳	무슨 말이죠? 내가 말하지 않아야 하는 것이 무엇이죠?
아합	우리의 고난에 대해서는 아무 말도 하지 마세요. 그녀는 예루살렘의 불행한 상황을 전혀 모르고 있습니다.
요게벳	이해할 수가 없네요. 언니가 도시가 포위 당한 걸 모른단 말인가요?

아합	왜 우리가 다가오는 일을 그녀에게 말해야 하나요? 그 생각만 해도 마님은 죽을 것입니다.
요게벳	(매우 놀라며) 언니는 아수르가 우리에게 다가오는 걸 모르고 있단 말인가요? 우리의 고통을 모른 채 성안에 살아 있는 사람이 있다는 말인가요? 이 기적은 어떻게 이루어진 거지요? 그녀의 감각이 닫힌 건가요? 그녀는 호산나의 소리를 듣지 못하는가요? 언니는 성벽이 공성탑으로 공격 당해도 우리는 평화롭다고 생각하나요?
아합	그녀의 감각이 둔해졌습니다. 그녀가 듣는 소리는 마치 꿈속에서 들리는 소리 같아요. 저는 출입구를 닫고, 소리와 빛을 차단했습니다.
요게벳	언니가 아무것도 모른다고요? 놀랍고도 끔찍하네요. 그녀는 의심조차 하지 않는가요?
아합	가끔 그녀는 의심을 품었지만, 나는 그녀의 두려움을 가라앉혔습니다. 어제, 첫 번째 공성탑으로 공격할 때, 그녀는 백성의 외침에 놀랐습니다. 이불을 떨쳐내며, 손을 비틀고, 벽으로 나가야 한다며, "전쟁이 왔다, 적이 도시 안에 들어왔다, 시온이 멸망하고 있다"고 말했습니다. 마님 아들의 예언이 이루어지고 있다며, 북쪽의 왕이 왔다고 했습니다. 그녀는 몸을 일으키려 했지만, 무릎이 풀려 쓰러졌습니다. 내가 마님을 잡고 다시 침대로 옮겨 놓고, 그것이 모두 꿈이라고, 소리와 호산나는 열병의 환상에 불과하다고 설득했습니다. 마님은 저를 믿는 듯, 눈을 뜬 채, 거리에서 들려오는 희미한 소리를 들었습니다.

요게벳	참으로 기이하군요. 그런데 무엇이 그녀를 그렇게 혼란스럽게 했을까요?
아합	그녀는 병이 있는 와중에도 아들을 찾고 있습니다.
요게벳	예레미야, 그 미친놈! 거리의 광신자. 언니가 직접 그를 집에서 쫓아낸 거 아닌가요?
아합	마님은 그가 돌아오지 않은 이후 한 시간도 행복하지 않았습니다. 그녀는 언제나 침묵 속에 앉아 있거나, 손님을 기다리는 듯 문 앞에 서 있었습니다. 그가 돌아오지 않자, 그녀의 마음은 점차 혼미해졌습니다.
요게벳	그런데 못된 놈, 왜 언니의 건강 회복을 위해 돌아오지 않는 거죠? 어머니는 그가 없어서 죽어가고 있는데, 그는 사람들에게 저주를 퍼부으며 거리를 떠돌고 있어요. 왜 그가 오지 않는 거죠. 시장에서 떠들며, 평화를 깨뜨리면서?
아합	그는 그녀의 그리움을 모릅니다. 그는 그녀보다 자존심이 강해서, 부름을 받지 않으면 결코 오지 않을 것입니다.
요게벳	그렇다면 그를 부르세요.
아합	그녀의 명령 없이 내가 감히 어떻게 부를 수 있겠습니까? 저는 단지 하인일 뿐입니다. 그녀가 무심코 중얼거린 말을 제가 어떻게 행동으로 옮길 수 있겠습니까?
요게벳	그렇지만 당신은 해야 합니다. 그녀의 생명이 걸려 있으니까요.
아합	당신은 내가 마님의 명령을 기다리지 않고 예레미야를 부르는 것이 옳다고 생각하십니까?

요게벳	하나님의 자비로 저는 그것이 옳다고 믿어요. 그렇게 하면 그녀를 살릴 수 있습니다.
아합	하나님께 찬송을 드립니다, 요게벳. 제게 큰 어려움 속에서도, 저는 이미 당신이 원하시는 대로 했습니다.
요게벳	그래요, 하나님께로부터 축복이 있기를!
아합	저는 제 아이들을 보내어 그를 찾게 하겠습니다.
요게벳	그들이 그를 찾을 수 있다면 좋겠네요. 그가 없다면, 그녀는 자존심과 그리움으로 죽게 될 것입니다.
아합	정말로, 그녀가 그를 내쫓은 이후로, 그녀는 끊임없이 자기 자신과 싸우고 있습니다.
요게벳	이 험한 시기에 평화로운 사람이 어디 있겠습니까?

그 어머니가 한숨을 쉬며 깨어난다.

(아합에게 조용히 말한다.) 아합, 그녀가 움직이네요. 그녀가 깨어납니다. 아직 눈은 감고 있지만, 입술은 말하려는 듯 움직입니다.

아합이 병든 여인을 향해 몸을 기울인다.

어머니	(목소리는 멀리서 들려오는 노래처럼, 눈을 감고 말한다.) 그가 왔니? 그가 여기 있나? 내 슬픔의 아들, 어디에 있니?
요게벳	(속삭이며) 이 얼마나 놀라운 일인가요! 처음으로 그녀가 분명하게 그를 말하고 있어요.

아합	아닙니다, 마님은 아직 꿈을 꾸고 있습니다.
어머니	(눈을 뜨고 눈을 움직이며) 거기 있나요, 아합? 당신은 요게벳인가? 내 꿈은 어둡고 불안해.
아합	(다정하게) 기분이 어떠신가요? 잘 주무셨나요?
어머니	어떻게 편히 잘 수 있겠어요, 내 꿈이 이렇게 끔찍한데? 그는 어디 있나요? 그를 봤어요. 왜 그가 떠났나요?
아합	누구를 말하는 거죠?
어머니	왜 그가 떠나갔나요? 왜 당신은 그가 떠나게 내버려 두었나요?
아합	방 안에는 요게벳과 저밖에 없습니다.
어머니	그가 없다고? 그가 없다고요? 집은 꿈에 사로잡혀 있어. (갑자기 침대에서 일어나며, 열병에 쫓기듯 주위를 살펴보며) 왜 그를 부르지 않나요?
아합	누구를 부르라고요?
어머니	어찌 그걸 묻습니까? 죽음의 손길이 나를 향해 오고 있음을 보지 못하나요? 그런데도 그는 부르지 않으시네요.
아합	어떻게 제가 감히….
어머니	아, 내가 이렇게 감금되어 아프고 움직일 수 없으니, 마음이 돌처럼 굳어버린 이런 눈먼 하인들에 의해 돌봄을 받다니. 나가요, 나가세요.
아합	하지만 마님….
어머니	당신은 나를 배신했습니다. 당신은 그를 집에 들이지 말라고 하셨잖아요. 나는 그가 분명히 왔을 것이라 아는데, 당신이 문을 막았죠.

	분명 그가 여기에 왔었어. 내 본능이 그렇게 말해. 그는 단지 부름을 기다리고 있을 뿐인데, 너희는 그를 부르려 하지 않아. 너희가 그를 집에 들어오지 못하게 막았어.
아합	마님, 제 말은….
어머니	아, 비통하구나! 썩 꺼져라! 너희도 나처럼 자식들에게 버림받고 죽기를! 버려진 자처럼 초라하게 짚 위에서 죽기를.
아합	한 말씀이라도 드리게 해 주십시오….
어머니	내가 들을 말은 단 하나뿐이야. 그가 오고 있다는 것, 그가 이미 여기에 있다는 것.
아합	바로 그 말을 막 드리려던 참이었습니다. 그가 오고 있습니다. 그의 발걸음이 가까워지고 있습니다.
어머니	(기쁨에 넘쳐) 그가 오고 있나요, 내 예레미야가? 아합, 나를 속이지 마세요. 죽어가는 사람을 기만하지 마세요.
요게벳	아합은 이미 자기 아들들을 보내 예레미야를 찾게 했어요.
어머니	그가 오고 있어요. 정말인가요? 그래, 그의 발소리가 들려. 그가 집 안에 있어. 그는 문을 두드리고 있어. 내 마음속에서도 두드리고 있어. 서둘러요, 어서요. 왜 그를 들여보내는 것을 미루고 있나요?
아합	(그녀를 진정시키려 하며) 마님, 그는 곧 올 것입니다. 오늘 아침 일찍 제 아이들을 보냈습니다.
어머니	(다시 흥분하며) 아니에요, 그는 오지 않을 겁니다. 당신의 아이들은 게으름을 피우며 거리를 배회하고 있을 뿐이에요. 그들이 좀 더 서둘러 주었으면 해. 어둠이 나를

	덮쳐 오고 있어요. 내가 완전히 가라앉기 전에 그를 볼 수만 있다면! 아합, 뛰어가세요. 어쩌면 그가 문 앞에 있을지도 몰라요.
아합	진정하세요, 그러다 몸을 해치십니다.
어머니	왜 그를 들여보내지 않나요? 그가 두드리는 소리가 들리지 않나요? 내 관자놀이에서 울리는 것이 느껴져요. 그에게 문을 열어 주세요, 열어 주세요.
아합	아직 도착하진 않았지만, 곧 올 것입니다.
요게벳	그가 곧 도착할 거예요. 조금만 참으세요.
어머니	아니야, 아니야, 그는 여기 있어요. 하지만 당신이 그를 나에게서 떼어 놓고 있어요. 내 시간은 얼마 남지 않았어요. 내 팔다리가 차가워지고 있어요···.

예레미야가 조용히 문간에 나타나며 머뭇거린다. 그는 손을 꽉 쥔 채, 머리를 숙이고 마치 무거운 짐을 짊어진 듯한 모습으로 서 있다.

아합	그렇게 몸을 흔들지 마세요. 곧 올 겁니다.

예레미야를 발견하고 깜짝 놀라 말을 멈춘다. 요게벳도 불안한 침묵을 유지한다. 어두운 방 안에서 얼마 동안 아무도 말하지 않는다.

어머니	(힘겹게 몸을 일으키며) 왜 둘 다 말이 없어요? (갑자기 기쁨의 외침을 내지르며) 왔나요? 내 예레미야가 왔나요? 어디 있니, 예레미야?

예레미야는 망설이며 몇 걸음 앞으로 다가간다. 그 역시 강한 감정에 사로잡혀 있다.

	(팔을 뻗으며) 네가 여기 있다는 걸 느껴. 네 모습을 분명히 볼 수 있으면 좋으련만. 왜 가까이 오지 않니? 내가 너를 만질 수 있게.
예레미야	(움직이지 않고, 여전히 손을 꽉 쥔 채) 제가 감히 가까이 갈 수 없습니다. 재앙이 제 발걸음을 따라다닙니다. 저주가 저보다 앞서갑니다. 저는 이렇게 멀리 서 있어야 해요. 제 숨결이 당신을 해치지 않도록, 당신의 영혼에 두려움을 주지 않도록.
어머니	(열정적으로) 내 아들아, 내 팔이 너를 그리워하고 있다. 가까이 와보렴, 사랑하는 아들아, 가까이 와라. 내 입술이 너에게 그렇게 미움받을 만한가? 내 손이 그렇게 낯설게 느껴지는가?
예레미야	저는 저 자신에게서도 낯설게 되었고, 이 집에서도 이방인이 되었습니다.
어머니	아, 너는 나를 밀어내고, 다시 나를 떠나려 하네. 무엇이 너를 이렇게 차갑고 냉혹하게 만든 거니?
예레미야	우리 사이에 말씀이 천사의 검처럼 타오르고 있습니다.
어머니	내가 천 번은 저주한 그 저주를 말하는 거니? 그것은 헛된 숨결이었고, 바람에 날아가 버렸을 뿐이야.
예레미야	아닙니다, 어머니. 저주는 여전히 남아 있습니다. 모든 거리에 가득 차 있어요. 집마다 벽에서 반사되어 돌아오고,

모든 사람의 입에서 저를 공격합니다. 더 이상 저는 당신의 아들이 아니에요. 더 이상 살아 있는 육체도 아니에요. 세상의 조롱거리가 되었고, 백성에게서 쫓겨난 자, 의인들에게 미움받는 자, 하나님께 잊힌 자, 저 자신에게조차 혐오스러운 존재가 되었어요. 저 자신에게 맡겨 두세요. 이 어둠 속에 남게 해 주세요. 모든 사람 중에 가장 저주받은 자로.

어머니　내 아이야, 네가 정말 모든 사람에게 버림받고,
제사장들에게 배척당하며, 백성들에게 추방당하고,
하나님마저 너를 그분의 빛난 얼굴에서 내쳤다 할지라도,
너는 여전히 나의 아들, 내 피가 흐르는 존재다.
나는 그들의 증오를 대신해 너를 사랑할 것이고,
그들의 저주를 대신해 너를 축복할 것이다.
만약 그들이 너에게 침을 뱉었다면,
와서 내가 너를 입 맞추게 하렴.
그들이 너를 쫓아냈다면, 와서 내가 너를 품게 하렴.
집으로, 내 마음으로 돌아오너라.
너의 입술의 쓴맛이 나에게는 달고,
너의 눈물의 짠맛도 나에게는 달다.
네가 하는 모든 것이 복되다.
오직 네가 나, 어머니의 마음으로 돌아온다면 말이다.

예레미야　(신음하며 무릎을 꿇는다.) 어머니, 영원한 친절의 영이시여. 어머니, 당신은 저에게 잃어버린 세상을 되돌려 주고 계십니다.

어머니는 그를 팔로 감싸 안으며 한동안 아무 말 없이 포옹한다. 떨리는 손으로 그의 머리와 몸을 다시 쓰다듬는다. 마침내 그를 바라보며 기쁨의 빛이 얼굴에 퍼지고, 어머니는 애잔한 노래로 그에게 말한다.

어머니	내 마음의 아들, 세상이 너를 밀어냈구나. 네가 내 곁에 머물며 이 지붕 아래를 떠나지 않았다면! 이제 집으로 돌아왔으니, 내 품 안에서 평안을 찾으렴. 아들아, 내 팔이 너를 다시 안아 모든 해악에서 너를 지키마. 고요히 너를 품에 안아 상처 없이 네가 머물게 하리니, 더는 멀리 떠돌지 말고 집을 지키며 살아라. 부드럽게 네 이마와 머리카락을 쓰다듬어 그 모든 슬픔과 근심에서 너를 자유롭게 해 주마. 그리고 보아라! 그 불길했던 나날, 내가 내뱉었던 저주를 이 손으로 다 쓸어내렸단다.
예레미야	(경외심에 찬 목소리로) 어머니, 어머니의 손이 어찌 이리도 가늘어졌습니까? 어머니, 어머니의 뺨이 어찌 이리도 창백해졌습니까? 심장은 거의 뛰지 않고, 입술은 너무도 희미합니다. 제가 어떻게 도울 수 있을까요? 무엇으로도 어머니를 낫게 할 수 없습니까?
어머니	내 낮은 외로웠고, 내 밤은 황량했단다. 네가 돌아오지 않았을 때, 내 마음은 병들고 지쳐만 갔지. 너의 부재가 나를 죽어 가게 했지. 이제 네가 돌아왔으니, 네가 온 것만으로 충분하다. 나는 더 이상 아무것도 필요하지 않다.
예레미야	거리를 헤매며, 내 마음은 돌처럼 굳어버렸습니다. 이제 어머니의 용서를 간구하며, 속죄하기를 원합니다.

어머니	나는 매일 밤 너의 꿈을 꾸었단다. 이 빈 집에서 홀로 누워 있으면서, 홀로 버림받은 채. 낮에는 그들이 어둠 속에 숨어 있다가, 밤이 되면 어둑한 구석에서 몰래 기어 나와. 두꺼비처럼, 박쥐처럼, 올빼미처럼 그들이 내 머리 주변을 기어오르고 날아다녔지. 내 영혼을 공포로 가득 채우며, 찢고, 물어뜯고, 잠을 삼켜버렸고. 흡혈귀처럼 그들은 내 힘을 빨아먹었고. 그래서 날이 밝을 때쯤엔 나는 악몽에 시달리며, 산산조각 나고 부서진 채로 있었단다. 예레미야, 간청하니, 다시는 나를 떠나지 말아다오. 예레미야, 간절히 바라니, 나와 함께 있자, 나와 함께 있어. 시간이 얼마 남지 않았구나.
예레미야	어머니, 무슨 말씀을 하시는 겁니까?
어머니	날 속이려 하지 마라. 내가 모를 것 같으냐? 죽음이 가까이 오고 있다는 것을. 해가 서쪽으로 기울어가며 해시계의 그림자가 벽을 따라 단계마다 올라가듯, 내가 숨을 쉴 때마다 어둠이 내 안에서 점점 올라오고 있어. 아직 살아 있고 의식이 있는데도, 죽음의 차가운 손길이 느껴지다니, 이 얼마나 비통한 일이냐.
예레미야	아닙니다, 어머니. 하나님께서 우리에게 품으신 뜻은 분명합니다. 어떻게 그분이 다시 우리를 갈라놓으시리라 생각하십니까? 저는 더 이상 반항하지 않습니다. 이제 다시 당신의 아들이 되어 새 삶을 살라고, 그분께서 저를 어머니께 돌려보내셨습니다. 그렇지 않다면, 제가 어찌 환영도 없이 꿈으로부터 벗어날 수 있었겠습니까?

어머니	네가 더 이상 꿈꾸지 않는다고?
예레미야	제 잠은 꿈이 없고, 저의 수면은 고요합니다. 밤의 얼굴들이 더 이상 저를 괴롭히지 않습니다. 하지만 저의 꿈이 이제 낮의 현실이 되었습니다. 온전히 드러난 공포 속에서, 그들은 태양 아래를 어슬렁거립니다. 저는 더 이상 꿈꾸지 않습니다. 이제 세상이 깨어났으니.
어머니	(황홀한 기쁨에 차서, 예레미야의 말의 첫 부분에만 귀를 기울이며) 네 꿈이 끝났다고? 그렇다면 기쁨이 다시 오는구나. 나는 정말 확신하고 있었다. 하나님께서 당신의 자비로 네 정신을 흐리게 했던 어둠을 거두어 가실 것이라고. 내 말을 기억하렴. 우리가 고통 속에 헤어졌을 때, 적들이 우리의 성벽을 에워싸는 일은 없으리라. 다윗의 도성이 빼앗기거나, 예루살렘이 무너지는 일도 없으리라. 비록 땅끝에서 적들이 분노하며 몰려온다 해도, 높이 솟은 성벽은 영원히 서 있을 거야. 이스라엘의 마음은 견고하며, 그 손은 강하며, 예루살렘의 날들은 영원하리라.
예레미야	(무릎을 펴고 일어나며, 멍하니 중얼거리듯 말한다.) 결코… 적이… 우리의 성벽을… 에워싸지… 않으리라?
어머니	무엇이 갑자기 너의 영혼을 두렵게 하느냐? 어떤 생각이 너의 뺨에서 핏기를 앗아갔느냐?
예레미야	(여전히 몸을 떨며) 결코… 적이… 우리의 성벽을… 에워싸지… 않으리라?
어머니	예레미야, 무슨 일이 너에게 일어난 것이냐? 무엇이 너를

	두렵게 했느냐? 무엇이 너를 놀라게 했느냐? 그리고 너희, 아합과 요게벳, 왜 그에게 신호를 보내고 있느냐? 예레미야, 내가 간절히 부탁하니, 무슨 문제가 있는지 나에게 말해다오.
예레미야	아무 이상 없습니다, 어머니. 아무것도 아닙니다. 저는 그저 순간적으로 멍해졌을 뿐입니다. 당신의 말에 놀라서 잠시 정신을 잃었던 겁니다.
어머니	아니, 아니, 그건 거짓말이다. 너희 얼굴이 갑자기 어두워지고 걱정스러워 보였어. 그리고 이제 너희 모두 고개를 돌리고, 서로 눈짓하며 속삭이는구나. 너희가 정말 무시무시한 비밀을 숨기는 게 틀림없어. 그것은 죽음처럼 나를 오싹하게 하고, 하나님의 진노처럼 나를 두렵게 한다.
예레미야	(더듬거리며) 아무것도 아닙니다, 어머니. 저희는 아무것도 숨기고 있지 않습니다.
어머니	왜 나를 속이려 하는 것이냐? 왜 내 눈을 가리려 하느냐? 나는 아직 죽지 않았고, 관에 갇히지도 않았다. 내 폐에는 생명의 숨결이 있고, 내 심장에는 생명의 맥박이 뛰고 있단다. 나는 듣고 말할 수 있다. 그런데 왜 너희는 진실을 숨기느냐?
예레미야	어머니, 어머니는 열로 인해 마음이 어지럽습니다. 당신의 관자놀이가 뜨겁고, 손은 차갑습니다.
어머니	왜 문과 창문이 이렇게 꽉 닫혀 있는 것이냐? 왜 모든 것이 이렇게 어둡고 고요한 것이냐? 너희는 나를 포장지로 숨기고, 쿠션 속에 묻어버리려 해.

	나는 아직 살아 있는데, 왜 이렇게 하느냐? 말해라, 말해 주렴.
예레미야	어머니, 진정하십시오. 제 손을 잡으세요. 제가 바로 여기 있습니다.
어머니	나는 살아 있다, 나는 살아 있다고 말하는 것이야. 이제 더는 나를 속이지 마라. 깨어나는 것이 두렵구나. 나는 너무나도 잘 알고 있지. 내 꿈은 꿈이 아니었고, 현실이었다는 것을. 나는 여러 번 들었다. 전차의 굉음, 말발굽의 함성, 무기의 충돌 소리, 호산나의 노랫소리를. 그 소리는 모두 어두운 방 안에서 들려왔고, 나는 그것들이 꿈이라고 생각했단다. 그러나 이제 나는 깨어났다. 끔찍하게 깨어났다. 죽음이 내 눈꺼풀을 강제로 열었다. 나는 안다. 왜 너희가 빛과 소리를 차단했는지. 재앙이 도시에 닥쳤고, 성문 안으로 들어왔다. 우리는 포위 당했다, 우리는 잃었다. 나에게 이런 일이, 이스라엘에 전쟁이 일어났다!
예레미야	어머니, 어머니!
어머니	예레미야, 말해라! 말해 주렴. 그가 왔느냐, 네가 예언한 그 왕, 북쪽에서 온 왕이 왔느냐?
예레미야	어머니, 꿈을 꾸고 계십니다.
요게벳	(속삭이며) 어머니에게 거짓말을 해라! 어머니의 생명을 위해 거짓말을 해라!

어머니	(광기에 차서) 아, 들리느냐, 전쟁의 나팔 소리! 그가 갑옷을 입고 온다. 북쪽에서 온 왕이. 전쟁이 우리에게 닥쳤다. 그들이 몰려와 공격한다. 성벽은 무너지고, 성문은 부서졌다. 도성은 뺏기고, 성전은 파괴되었다. 나는 그 폐허 속에 짓눌린다. 내가 침대에서 불타고 있다. 날 구해라, 오, 날 구해다오. 예레미야, 날 구해다오, 날 밖으로 데리고 가라!
예레미야	(어머니 옆에 무릎을 꿇고) 어머니, 악한 생각이 어머니의 마음을 사로잡고 있습니다. 어머니, 들으세요.
어머니	내가 너의 손을 잡고 있다. 나에게 맹세해라, 맹세해. 그것이 사실이 아니라고 나에게 맹세해라. 맹세, 이스라엘에 위협이 없다고 나에게 맹세해라. 맹세, 어떤 적도 내 마지막 안식을 방해하지 않도록, 내 무덤은 시온이 될 것이라고.
예레미야	그렇게 될 것입니다. 하나님께서 우리에게 생명 중에 그랬듯, 죽음 중에도 은혜를 베푸실 것입니다.
어머니	예레미야, 내가 정신이 나간 것인가? 적이 성문 앞에 있는 것인가? 아니면 우리의 세상은 평화로 가득한 것인가?

예레미야는 말을 찾으려 애쓰지만, 헛되이 고군분투할 뿐이다.

아합	(그의 망설임을 깨며) 어머니를 편하게 해 주세요, 마님이 떠나가기 전에. 마님의 얼굴에 죽음의 그림자가 드리워진 게 보이시나요? 죽음의 천사가 가까이 떠돌고 있습니

	다. 말하세요. 그리고 어머니의 영혼에서 공포를 몰아내야 합니다.
요게벳	말해라. 아니면 너무 늦을 것이야. 한마디만, 단 한마디만. 그래야 어머니가 평화롭게 죽을 수 있어.
예레미야	(여전히 갈등하는 감정 속에서) 저는 할 수 없습니다. 저는 할 수 없습니다. 제 목을 움켜잡은 분이 계십니다. 제 영혼이 그의 손아귀에 쥐어져 있습니다.
어머니	예레미야, 왜 침묵하니. 그렇다면 그것이 사실이라는 것이구나. 하나님께서 자신의 백성을 치셨구나. 내가 태어난 날이 망할지어다! 아, 어둠이 나를 압도해 가고 있구나. 불이 땅을 삼키고 있어. 나는 불타고 있다. 나를 데리고 가라.
아합	(예레미야에게 끼어들며) 한마디만, 단 한마디만 해 주세요.
예레미야	(숨이 막히는 듯, 마치 목이 졸리는 듯) 그런 말을 할 수 없습니다. 하나님의 손이 내 목을 움켜잡고 있습니다. 하나님의 손이 내 영혼을 쥐고 있습니다. 아, 잔인한 하나님, 저를 놓아주세요….
어머니	(거친 소리로) 잃었다, 모든 것을 잃었다. 나는 불타고 있다. 도시… 성전…. 하나님이 쓰러지셨다. 하나님이 쓰러지셨다! 지옥의 불길이 내 심장에 닿는다. 예루살렘!

그녀가 갑자기 쓰러진다. 침묵이 흐른다. 아합과 요게벳은 놀라서 침대 옆으로 다가가며, 죽은 여인을 굽어본다.

예레미야	(그의 목소리가 샘물이 터지는 듯 울려 퍼지며) 그것은 거짓이다! 나는 거짓말을 했어. 나는 거짓말을 했다! 예루살렘의 날들은 영원하다!
	결코 적들이 우리의 성벽을 에워싸지 않으리라, 다윗의 도성은 빼앗기지 않으리라, 예루살렘은 무너지지 않으리라. 어머니, 다시 한번 들으세요. 맹세합니다, 보세요, 진심으로 맹세합니다. 예루살렘의 날들은 영원합니다!
아합	(격렬하게) 그만하세요!
	당신의 맹세가 다시 그녀를 살릴 수 없습니다! 마님을 평화롭게 보내세요!
예레미야	더 늦기 전에 어머니는 제 말을 들으셔야 합니다.
아합	(비통하게) 당신 말대로 너무 늦었습니다. 방을 나가세요. 당신의 외침은 그녀를 깨울 수 없고, 당신의 거짓말로 그녀의 잠을 깨울 수 없습니다. 그녀가 살아 있을 때 당신은 침묵했어요. 돌처럼 감정 없는, 한낱 꿈을 꾸는 자, 추방자, 어서 떠나세요!
요게벳	떠나라, 사람들에게 버림받은 자여. 정의를 지키는 자들의 경멸을 받는 자여. 집에서 나가라. 왜, 아 왜, 언니가 너를 다시 받아들였던 것인가? 떠나라, 저주받은 자여. 네가 만든 죽음의 고요함을 깨뜨리지 마라.
예레미야	(압도당하며) 영원히 저주받을 것입니다. 영원히 버림받을 것입니다. 집에서 내쫓겨, 친구 없이 떠돌며. 하나님, 하나님, 사람들에게 제 말을 전하는 것이 이렇게 힘든가요!

아합과 요게벳은 죽은 자에게 마지막 의식을 치르며 눈꺼풀을 내리고, 몸을 수의로 감싼다. 아합은 물을 뿌리기 위해 물 항아리로 가고, 아무 소리 없이 그들의 엄숙한 얼굴만이 보인다. 예레미야는 멍하니 앞을 응시하며, 고요한 죽음의 신비가 가득한 시간이 흐른다. 그러다 밖에서 소란스러운 소리가 들린다. 문을 세차게 두드리는 소리가 들린다.

아합 누구시오?
요게벳 밖에 소란스러운 사람들이 있구나.
아합 그들이 마치 적처럼 문을 공격하네요. 열어보는 것이 좋겠습니다.
요게벳 가만히 보니 야만인들이 문을 부수고 들어왔어.

나무가 부서지는 소리와 급히 달려오는 발소리가 들린다. 스블론, 바스홀, 하나냐, 첫 번째 보초병 그리고 많은 사람들이 달려 들어온다.

스블론 그가 분명 여기에 있어.
한 소년 그가 들어가는 것을 제가 봤어요.
목소리들 ㄴ 나도 봤어.
ㄴ 그가 한 시간 전에 들어갔다구.
ㄴ 내가 경계를 서고 있었지, 네가 시킨 대로.
ㄴ 나도 그를 봤어.
아합 누구를 찾고 있느냐?
바스홀 그를 넘겨라. 네가 숨기고 있는 그 사람을.
스불론 우리의 피의 대가를 받아라.

아합	여기 침입한 이유가 무엇이냐? 가라, 무리여.
바스홀	(시체를 보고 손을 들어 경건하게 말하며) 영원하신 심판자에게 찬송을. 그가 의인에게 자비로우시기를.

그는 돌아서서 배경으로 물러난다.

다른 이들	(갑자기 조용해지며) 영원하신 심판자에게 찬송을.
한 사람	(부드럽게) 누가 죽었습니까?
아합	하나님이 그의 얼굴을 숨기신 자. 슬픔이 가득하고 고통을 아는 자. 자신이 민족의 적을 낳았다는 것이 그녀에게 가장 큰 고통이었다.
다른 사람	예레미야!
스불론	그것은 예레미야, 우리가 찾고 있는 자는 예레미야다. 예레미야는 어디에 있느냐?
예레미야	(슬픔과 분노 속에 크게 말하며 앞으로 나아간다.) 누가, 예레미야를 찾고 있습니까? 누가, 여전히 나에게 저주를 내리려 합니까? 그를 오게 하십시오. 그가 저주하게 하십시오. 나는 세상의 모든 저주의 표적입니다.
스불론	내가 너에게 저주하려고 온 자요. 스불론. 나는 네가 타락으로 이끈 바룩의 아버지요. 내 아들은 어디에 있습니까?
예레미야	(무감정하게) 당신이 나를 어떻게 아십니까? 내가 당신 아들의 보호자란 말입니까?
하나냐	이 사람이 너를 고발하고 있다. 대답하라, 예레미야.
예레미야	그도 나를 고발하고 있다. 내가 비난을 시작한다면, 지금

	부터 자정까지 계속 말해야 할 것이다.
목소리들	ㄴ 그가 대답하지 않아.
	ㄴ 그는 엉뚱한 말을 하며 고발을 피하고 있어.
	ㄴ 바스홀, 하나냐, 끝내라.
	ㄴ 그에게 판결을 내려라.
하나냐	증인들을 데려왔느냐, 스불론?
스불론	내 아들이 이 도시에서 사라졌다. 그는 계속 예레미야와 함께 있었어. 어젯밤 성벽 위에서 예레미야가 바룩에게 배반하도록 부추기는 것을 이 사람이 들었다.
하나냐	(첫 번째 보초병에게) 당신이 이것을 증언할 사람입니까?
첫 번째 보초병	진실로, 예언자여, 내가 경계를 서고 있을 때 두 사람이 왔습니다. 하나는 제가 알고 있는 사람, 바로 예레미야였습니다. 다른 하나는 어린 소년, 검은 머리와 반짝이는 눈을 가진 소년이었습니다.
스불론	그가 바로 내 아들 바룩이야. 이 사람이 그를 타락시켰다.
첫 번째 보초병	그들 사이에 많은 대화가 있었습니다. 예레미야는 재앙을 예언했고, 그로 인해 제 마음도 뜨겁게 달아올랐습니다.
하나냐	(다른 이들에게) 들었느냐? 그는 시온의 멸망을 예언했다.
첫 번째 보초병	왕이 떠난 후, 예레미야와 다른 이가 홀로 남았을 때, 그 다른 이, 당신이 바룩이라 말한 자가 성벽에서 내려가 적에게 투항하고는 예레미야를 성벽 위에 남겨두었습니다.
스불론	들었느냐, 이스라엘의 사람들아? 예레미야가 내 아들을 타락시키고 내 집에 수치를 가져왔기에 이 자를 고소한다.
바스홀	(앞으로 나아가며) 대답하라, 예레미야. 이 고소에 대해

뭐라고 말하겠느냐?

예레미야는 침묵한다.

| | 증인을 부를 것인가?
예레미야   (작은 목소리로) 나를 위해 증언할 사람은 이름이 밝혀져
         서는 안 됩니다.
바스홀   그가 적절한 때 나설 것인가?

예레미야는 침묵한다.

목소리들   끝내라, 끝내라.
바스홀   조용히 하라. 내가 공정한 판결을 내릴 것이다! 예레미야,
         나는 당신이 대답할 것을 요구한다.

예레미야는 침묵한다.

당신은 왕의 명령을 어기고 재앙을 예언한 혐의로 받고
있다.

예레미야는 침묵한다.

하나냐   네 말을 부인하는 것인가?

예레미야는 여전히 침묵한다.

보라, 죽음에 대한 두려움이 그를 결국 무너뜨렸다. 처음으로 그가 침묵하고 있다.

예레미야 이스라엘을 잘못 인도한 이들이시여, 여러분이 나를 유혹하여 하나님이 "그렇다"라고 하실 때 내가 "아닙니다"라고 하기를 원하십니까? 그리고 하나님께서 "아니다"라고 하실 때 내가 "그렇습니다"라고 하기를 원하십니까? 그분께서 나를 더 강하게 유혹하여 그분의 길에서 벗어나게 시험하셨지만, 나는 그 길을 떠나지 않았습니다. 하나님께서 나를 대적할 사람으로 세우셨습니다. 어머니는 내게 생명보다 더 소중한 분이었으나, 나는 그녀에게 굴복하지 않았습니다. 왜냐하면 주님은 그가 채찍질할 자를 생명의 나무에서 끊어버리기 때문입니다. 가시오, 나를 평화롭게 두시오.

스불론 나는 가지 않겠소. 저 사람이 내 아들을 파괴했소. 나는 판결을 요구합니다.

바스홀 두 번이나 내가 네게 말하라고 했으나, 네가 말해야 했을 때는 침묵하였고, 지금도 말해야 할 때 침묵을 지키고 있다. 세 번째로 나는 당신을 부르노라.

예레미야는 침묵한다.

그러면 이제 내 판결을 들으라. 더 이상 용감한 자들의

예레미야	용기를 꺾으려 하지 말고, 더 이상 청년들을 잘못 이끌지 말라, 이스라엘 힐기야의 아들 예레미야여. 짧게 끝내 주시오! 더 이상 나를 당신의 눈길로 괴롭히지 마시오. 충분하오, 충분해.
바스훌	당신은 이제 구덩이에 처박히게 될 것이다. 더 이상 하나님의 빛 속에서 죄가 되지 않도록, 당신의 목소리가 도시를 괴롭히지 않도록. 당신과 당신의 말들이 어둠 속에서 함께 사라지기를 원하노라.
예레미야	삶은 고통이다! 말씀은 고통이다! 어둠이여 복되다, 무덤은 세 배나 복되도다.
바스훌	그를 체포하라. 판결을 집행하라!
목소리들	ㄴ 오, 정의로운 판결!
	ㄴ 바스훌은 지혜가 큽니다.
	ㄴ 예레미야를 쫓아내라.
	ㄴ 밧줄을 가져와, 그를 구덩이에 던지자.
예레미야	(그들의 손길을 피하며) 나를 건들지 마시오. 어둠이 훨씬 더 나은 것입니다. 이스라엘에서 살아 있는 자들이 죽은 자들을 부러워하게 될 시간, 깨어 있는 자들이 잠자는 자들을 부러워하게 될 그 시간이 다가오고 있습니다. 내 마음은 침묵을 갈망하고, 내 영혼은 죽은 자들과 형제가 되기를 갈망합니다. 길을 비키시오. 내가 나를 묻을 것입니다. 세상과 이스라엘을 나의 존재로부터 구원하기 위해서. (그는 팔짱을 끼고 문 쪽으로 다가간다. 다른 사람들은 그를 망설이며 따르기 시작한다.)

| 하나냐 | (침묵을 깨고 기뻐하며 외친다.) 기뻐하라, 시온이여, 네 파멸의 노래는 부서졌고, 네 비방자의 입술이 찢어졌도다. 기뻐하라, 시온이여, 네 봄은 영원하다. 예루살렘은 영원히 지속되리라! |

예레미야는 격렬하게 돌아서며 팔을 들어 하나냐를 책망하려 한다. 그의 눈에서는 불꽃이 튄다. 그를 따르던 사람들은 마치 들짐승을 만난 듯 물러선다. 하지만 예레미야는 자신을 억제한다. 팔은 옆으로 내려가고, 격렬한 표정은 사라진다. 그는 마지막으로 어머니의 죽은 모습을 바라보고, 차분함을 되찾는다. 그는 얼굴을 가린 채, 무겁게 짊어진 짐처럼 홀로 걸어 나간다. 나머지 사람들은 어수선하게 따르고, 마지막으로 바스홀이 깊은 생각에 잠겨 뒤를 따른다. 아합과 요게벳은 불안한 표정으로 서로를 바라본다. 아합은 흰 천 시트를 가져와 그것을 공손히 죽은 자 위에 덮는다.

VI

그 밤의 목소리들

VOICES IN THE NIGHT

포위된 성, 시드기야 왕은 깊은 밤 밀실에서 회의를 연다. 신하들은 분열되고, 국운은 흔들린다. 결국 왕은 비밀리에 예레미야를 부른다. 절망의 밤, 마지막 선택의 시간.

SCENE SIX

Evening cometh and the shadows lengthen (Jeremiah, VI, 4).

"날이 기울어 저녁 그늘이 길어졌구나"(예레미야 6장 4절).

6막

시드기야 왕의 침실. 크고 웅장하다. 빛은 희미하여 자세한 부분은 거의 보이지 않는다. 금빛 그릇에 등불이 비치고, 창문을 통해 들어오는 부드러운 달빛이 가득하다. 창문은 넓게 열려 있으며, 도시의 전경을 볼 수 있다. 전경에는 큰 테이블이 놓여 있고, 넓은 의자들이 둘러앉아 있다. 커튼이 쳐진 침대는 배경의 중심에 있다. 시드기야는 창문 앞에 서서 달빛 속의 도시를 내려다보며 움직이지 않는다. 요압이라는 젊은 창병이 들어와 왕이 그를 알아볼 때까지 공손히 기다린다. 시드기야는 그를 무시한 채 창밖을 계속 바라본다.

소년(시종)   (잠시 후, 말을 꺼내며) 전하.

시드기야가 깜짝 놀라며 돌아본다.

이제 자정입니다, 전하. 전하께서 의회를 소집하라고 명하신 시간이 되었습니다.

시드기야   그들이 다 모였느냐?

시종   전하의 명령대로 모두 모였습니다.

시드기야   그들이 백성과 궁전 하인들 눈에 띄지 않게 왔는가?

시종   예, 왕께서 명하신 대로, 비밀스러운 길로 그들을 인도해

	이곳으로 왔습니다.
시드기야	첩자는 어디 있느냐? 그를 따로 떼어 두었는가?
시중	그는 문지기들과 함께 있습니다.
시드기야	그곳에 두어라. 회의를 소집하라.

시중은 고개를 숙여 사라진다.

(창가로 걸어가며, 독백한다.) 별들이 이토록 밝게 빛나는 것은 오늘 밤이 처음 같구나. 별들이 어두운 하늘 바탕에 일렬로 서 있는 모습이 마치 누구도 읽을 수 없는 글자처럼 보이는구나. 바빌론에는 별을 섬기는 해석자와 제사장이 있다고 한다. 그들은 밤마다 별들과 대화를 나누며, 다른 왕들은 그들의 신들과 대화할 수 있다지. 그들은 탑에 신전이 있어, 마음이 괴로울 때 하늘의 뜻을 배울 수 있다고도 하지. 그런데 왜 나에게는 미래를 알려 주는 예언자가 없는가? 아무도 본 적 없는, 항상 침묵하는 신의 종이 되는 것은 얼마나 끔찍한 일인가!
(시드기야가 잠시 동안 도시를 바라보다가 멈추어 선다.) 저들은 모두 잠들어 있다, 내가 다스리는 자들이여. 저들은 아내와 함께이거나, 아니면 무기를 곁에 두고 쉬고 있구나. 저들의 필요와 깨어남이 모두 나를 향해 있다. 나는 다른 이들에게 조언해야 하지만, 나를 조언할 자는 누구인가? 나는 다른 이들을 인도해야 하지만, 나를 인도할 자는 누구인가? 나는 다른 이들 위에 높이 있지만, 나를

넘어서 높으신 분이 계시는지 내가 볼 수 없다. 아래는 잠, 위는 침묵이구나.

시중이 커튼을 젖히고, 다섯 명의 의원이 조용히 들어온다. 그들은 대제사장 바스훌, 예언자 하나냐, 가장 나이 많은 시민 임레, 아비멜렉 장군, 재정 관리자 나훔이다. 시드기야는 그들을 맞이한다. 그들은 모두 고개를 숙여 인사한다.

시드기야   내가 여러분을 밤에 불렀소. 우리의 대화는 비밀로 해야 하오. 나는 여러분이 비밀을 지킬 것을 다짐하길 바라오. 제사장의 손 위에 여러분의 손을 두시오. 제사장께서 여러분에게 지극히 높으신 하나님을 대신하여 답할 것이오.

그들은 묵묵히 손을 들고 차례로 바스훌의 손에 손을 얹는다.

내가 전능하신 하나님께 맹세하겠소. 나를 대적하는 자라고 하여도 분노하지 않을 것이오.
(그는 바스훌의 손에 자기 손을 얹는다.) 이제 우리, 회의를 시작합시다.

그는 그들을 테이블 쪽으로 손짓하며 이끈다. 모두 자리에 앉는다.

우리는 지금 열한 달 동안이나 포위되어 있소. 포도나무가 다시 푸르러졌단 말이오. 느부갓네살이 예루살렘을 정복하지는 못했지만, 우리가 그를 철수시키지 못한 것도 사실이오. 그의 칼이 우리에게로 향할 때, 우리의 칼도 그에게로 향하지만, 물을 향해 칼을 휘두르는 것과 같소. 우리는 지원을 받기 위해 할 수 있는 모든 일을 다 했소. 나는 메디아왕에게 사자를 보냈고, 동쪽의 왕들에게도 아수르에 대항해 달라고 도움을 요청했소. 그러나 그 사절들은 아무런 결과를 가져오지 못했고, 우리는 고립되었소.

하나냐   (단호하게) 하나님은 우리 편이십니다.

다른 이들은 아무 말도 하지 않는다.

시드기야   (조용히) 하나님은 우리 편이오. 그분은 이 언덕에 그분의 성막을 세우셨고, 내 집은 그분의 거룩한 집의 그림자 속에 있소. 그러나 하나님께서 당신의 백성에게 시련을 주고 있소. 우리에게 신실하다고 맹세했던 자들이 우리를 배신했으며, 이집트 사람들은 우리를 버렸소.
우리는 홀로 남았소. 이제 우리끼리 함께 의논합시다. 느부갓네살과의 분쟁을 어떻게 해결할지, 아니면 그것을 끝낼 방법을 찾을 수 있을지.

하나냐   하나님께 기적을 기도해야 합니다. 우리의 마음이 기도로 넘치게 하며, 우리의 제단에서 희생 제물의 연기가 가득 피어오르게 하십시오. 지금까지 우리가 했던 것의 두 배로 하십시오.

나훔	더 이상 바칠 희생 제물이 없습니다. 송아지나 숫양도 없습니다.
하나냐	그것은 거짓말입니다. 당신이 제물로 바치지 않으려는 소가 울부짖는 소리를 내가 들었습니다.
나훔	남은 마지막 소들입니다. 그들은 젖을 먹여야 하는 어머니와 병든 자들에게 음식을 제공하기 위한 젖소들입니다.
하나냐	하나님을 위한 일에 그러한 절약 따윈 불경스럽습니다. 병자들이 굶어 죽고, 여자들의 젖이 마르는 것쯤은 하나님이 정당한 제물을 받는 한 상관이 없습니다.
바스홀	(진지하게) 하나님께서 이 땅의 고통을 헤아리시는 일에 우리의 제물을 필요로 하지 않으십니다.
하나냐	하나님께 가장 달콤한 것은 궁핍한 자들의 선물입니다. 우리는 끝까지 드려야 합니다. 우리의 입에서 음식을 빼앗더라도 말입니다.
바스홀	나는 관례를 알고 있습니다. 하나님에 대한 말씀과 뜻을 당신보다는 내가 더 잘 알 것입니다. 하나냐, 당신이 나에게 내 의무를 가르칠 필요는 없습니다.
하나냐	마음이 차가운 채로, 마지못해 제물 드리는 자는 도살자일 뿐 하나님의 진정한 종이 아닙니다. 보십시오. 나는 당신들께 말합니다. 당신들이 자신의 가장 필요한 것까지 드리지 않으면, 당신들은 그분의 얼굴 앞에 설 자격이 없습니다.
시드기야	(격렬하게) 조용히 하시오. 참을 수가 없소. 이제 겨우 모래 몇 알이 모래시계를 통

과했을 뿐인데, 벌써 서로를 비난하고 있단 말이오. 우리는 하나님께 무엇을 바칠 것인가를 논의하기 위해 모인 것이 아닙니다. 우리는 우리에게 시급한 필요를 어떻게 해결할 것인가를 논의하기 위해 모인 것이오. 우리가 전쟁의 한복판에 있으니, 나는 먼저 당신에게 조언을 구하려 하오. 내 군대의 장군, 아비멜렉.

아비멜렉   왕이시여, 예루살렘의 성벽은 굳건하지만, 제 마음은 그보다 더 굳건합니다.

시드기야   장군의 병사들, 그 강인한 전사들, 그들도 역시 굳건한가? 나는 그들이 기쁜 외침을 내는 것을 거의 듣지 못했소. 내가 그들 사이를 지나갈 때, 그들은 더 이상 방패를 치지 않더이다. 그들은 얼굴을 돌리더구려.

아비멜렉   전쟁은 사람을 침묵하게 만들지만, 마음은 단단하게 만듭니다. 지금 그들이 마음껏 칼을 휘두르며 기쁨을 외치지는 않습니다. 왜냐하면 그들이 칼을 자유롭게 사용할 수 있기 때문입니다. 관례는 모든 즐거움을 시들게 만듭니다. 그러나 그들은 지켜보고 기다립니다. 예루살렘의 성벽을 지킬 그들은 황동처럼 강합니다.

시드기야   그러나 만약 달이 여전히 차고 기운다면, 만약 포위가 두 번째 해에 접어든다면 어떻게 되겠는가? 외부에서 오는 도움이 없다면 말이오.

아비멜렉   포위는 하나님이 원하시는 만큼만 계속될 것이며, 그 포위가 계속되더라도 우리는 살아남을 것입니다.

시드기야   주님께서 당신의 말을 이루시기를.

바스홀	(다른 사람들에게) 여러분 모두 같은 의견이오? 우리는 끝날 때까지 인내하며 견뎌야 합니다.
시드기야	당신의 생각은 무엇이오, 하나냐?
하나냐	느부갓네살이 우리를 무너뜨릴 일은 결코 없을 것입니다. 약한 마음을 가진 자에게 화가 있을지어다. 제게 권한만 있었다면, 저는 그들을 칼로 처형했을 것입니다.
임레	제 눈은 이제 나이가 들어 흐릿하고 늙었지만, 제가 보았던 시대들을 기억하고 있습니다. 저는 산헤립이 이스라엘을 향해 군을 배열하고, 그의 군사들이 우리의 성벽 주위에 쌓여 있는 시체들로 누워 있는 모습을 보았습니다. 하나님의 적들로 예루살렘이 포위되었던 그때, 자칼[3]은 그렇게 기름져 보이지 않았습니다. 같은 일이 우리를 포위하는 자들에게도 다시 일어날 것입니다. 제 눈이 완전히 어두워지기 전에 이 시대가 밝아지길 바랍니다. 예루살렘은 영원히 지속될 것입니다!
아비멜렉, 하나냐, 바스홀	예루살렘은 영원히 지속될 것입니다!

잠시 정적

시드기야	당신은 왜 아무 말도 하지 않소, 나훔? 왜 침묵하시오?
나훔	저의 생각은 우울하고, 제 말은 쓴맛이 날 것입니다. 기쁨이 없는 자는 보통 스스로 나아가지 않습니다.
시드기야	내가 여러분 모두를 회의에 불렀소. 좋은 소식을 전하는 자도 환영받고, 지혜로운 경고를 전하는 자도 마찬가지

	로 환영받아야 하오. 자유롭게 말하시오.
나훔	전하께서 저를 의논의 자리로 부르시기 전에, 저는 창고들을 살펴보았습니다. 곡식을 한 부대씩 측정했습니다. 포위가 시작되었을 때만 해도 창고들은 가득 차 있었지만, 이제 거의 비어 있습니다. 이제 더 이상 하루의 양식으로는 빵 한 덩어리조차 제공할 수 없습니다.

모두 절망적인 침묵 속에 앉아 있다.

시드기야	마을에서 곡식을 충분히 공급받지 못했소? 젖소와 다른 짐승들이 성벽 안으로 많이 들어오지 않았소?
나훔	포위가 거의 일 년이 되어 가고, 먹을 것이 필요한 입이 많다는 것을 잊지 마십시오.
시드기야	(잠시 후) 그렇다면 우리는 배급량을 더 줄일 수 있지 않소? 낭비하지 말고, 아끼잔 말이오.
나훔	우리는 이미 오랫동안 낭비하지 않도록 조심해 왔습니다. 그런데도 창고는 텅 비어 있습니다. 시간이 가장 거대하게 먹는 자입니다.
시드기야	그렇다면 언제쯤 기근이 닥칠 거라고 생각하는가?
나훔	(낮은 목소리로) 삼 주입니다, 전하. 그 이상은 불가능합니다.

잠시 정적.

시드기야	삼 주…. 그리고 그 후에는?
나훔	어찌 답할 수 있겠습니까, 왕이시여? 하나님만이 그 답을 아십니다.

다시 찾아온 침묵.

하나냐	(크게 흥분하며) 빵을 반으로 자르면 됩니다. 세 조각으로 자르고, 그것으로 하루를 견디게 하면 됩니다. 그들과 그들의 첩들은 너무 오랫동안 방탕하게 살았습니다. 이제는 기름기를 빼도록 해야 합니다. 주님의 싸움을 해야 합니다.
아비멜렉	군사들에게는 식사를 줄이지 말아야 합니다. 누구도 빈 배로 싸울 수 없습니다.
하나냐	우리는 모두 공평하게 나누어야 합니다. 군사들뿐만 아니라 다른 사람들도 마찬가지입니다. 예루살렘이 위태롭습니다.
아비멜렉	군사들은 힘을 유지해야 합니다. 쓸모없는 자들, 허풍선이들, 수다쟁이들을 굶겨야 합니다.
나훔	정말 어리석은 말을 하는군요. 성벽 안에 대략 십만 명이 있는데, 우리가 과도하게 절약한다고 무엇이 달라지겠습니까? 우리에게는 삼 주를 버틸 음식만이 있습니다. 만약 우리가 성전을 위해 마련된 짐승을 도축한다면, 두 주 정도 더 버틸 수 있습니다.
바스홀	우리끼리 싸우면 안 됩니다. 여러분은 지금 서로 원수처

럼 비난하고 있습니다. 우리가 하나 되어 느부갓네살에 맞서야 하며, 우리의 백성들에 대해서도 서로 통일된 모습으로 하나가 되어야 합니다. 다만 느부갓네살이 우리가 필요로 하는 것을 알지 못하게 해야 합니다.

시드기야 만약 그가 이미 이 상황을 알고 있다면 어떻게 해야 하는가?

나훔 아무도 이 상황을 알 수 없습니다. 저는 매일 창고의 문에 제 인장을 찍습니다. 백성들도 느부갓네살도 우리의 고통을 결코 알 수 없습니다.

아비멜렉 하나님께 감사드립니다. 만약 그가 알았다면, 느부갓네살은 우리에게 자비를 베풀지 않았을 것입니다.

시드기야 (잠시 후) 백성의 장로들이여, 내가 여러분을 부른 것은, 전쟁은 칼만으로 끝나는 것이 아니기 때문이오. 내가 당신들을 불러 묻고자 하는 것은 느부갓네살에게 사자를 보내어, 두 나라 간에 평화가 있기를 구하는 것이 어떨지 하는 거요.

하나냐 전능하신 하나님을 모독하는 자들과는 평화가 있을 수 없습니다!

아비멜렉 그가 먼저 제안하게 하십시오.

바스훌 우리가 시작하는 것은 위험할 수 있습니다. 만약 우리가 협상을 시작하면, 그는 우리를 노예로 삼으려 할 것입니다.

시드기야 나는 다른 생각을 가지고 있소. 비록 지금까지는 그가 우리의 절망적인 상황을 알지 못했지만, 이제 겨우 며칠만 더 숨길 수 있을 뿐이오. 우리는 이 며칠을 유리하게 이

	용해야 하오.
나훔	왕의 말씀이 옳습니다. 느부갓네살이 그의 칼로 우리를 정복하기 전에 우리가 먼저 자비를 구해야 합니다.
아비멜렉	(쓴웃음으로) 자비를 구하다니! 죽는 것이 낫겠군!
바스홀	인간의 자비가 아니라 하나님의 자비가 필요합니다.
하나냐	(나훔에게) 당신은 겁쟁이요, 배신자!
임레	(지친 목소리로) 여러분, 언제 다툼을 멈출 것이요? 왕의 말씀이 옳습니다. 마지막 순간까지 기다리는 것은 어리석은 일입니다. 우리가 아직 용감한 모습을 보일 수 있을 때 협상을 시도해야 합니다.
아비멜렉	이미 늦었습니다. 성벽 앞에 누워 죽은 자들이 우리를 책망할 것입니다.
바스홀	이미 늦었습니다. 이 전쟁은 이미 증오의 산을 쌓아 올렸습니다.
시드기야	아니요, 아직 늦지 않았소. (잠시 멈추고) 이미 느부갓네살과 사자(使者)가 오갔소.

회의 참석자들이 흥분하여 일어선다.

나훔	느부갓네살의 사자를 받았다고요? 그 시간에 축복이 있기를.
하나냐	배신입니다. 적과 협상하다니!
아비멜렉	우리가 동의하지 않은 협약은 없습니다! 왕께서 그것을 잊으셨습니다.

바수홀	왕이시여, 저희와 상의도 없이 협상을 했습니까? 그렇다면 왜 우리가 회의에 소집된 것입니까?
시드기야	진정, 진정하시오. 내 말이 다 끝날 때까지 기다릴 수 없겠소? 여러분은 그저 배고픈 사냥개들처럼 내 첫 마디에도 덤벼들고 있소. (잠시 정적. 그는 계속 조용하게 말한다.) 느부갓네살의 사자가 왔소. 그러나 나는 아직 그 메시지를 듣지 못했소. 이것도 협상이오? 이것이 배신이오? 대답하시오!

모두 잠깐 침묵.

바스홀	왕이시여, 용서를 구합니다. 이렇게 중요한 일이 걸려 있을 때는 말을 조심하기가 어렵습니다.
시드기야	이제 여러분이 결정을 내려야 하오. 사자를 들일 것인지, 아니면 그를 보내버릴 것인지.
나훔	우리는 절박한 상황에 있습니다. 우리는 그의 말을 들어야 합니다.
임레	우리가 그의 말을 들은 후에 그것을 받아들일지 말지를 신중히 결정할 수 있을 것입니다.
아비멜렉	우리가 그의 말을 들은 후에 그를 돌려보낼지 말지를 결정할 수 있을 것입니다. 하지만 아마 그는 이 땅을 정탐하러 왔을 것입니다.
시드기야	여러분은 어떻게 생각하시오, 바스홀과 하나냐?
바스홀	그의 말을 들으시지요.

하나냐는 침묵하며 얼굴을 돌린다.

시드기야   누구도 반대하지 않으니, 우리는 그 메시지를 들을 것이다.
(문으로 가며 외친다.) 요압, 사자를 데려오라.
(다시 테이블로 돌아가며) 각자 무엇이든 질문하시오. 그러나 우리의 대답은 하나의 뜻을 보여야 할 것이오.

바룩이 요압에 의해 들어오고, 요압은 다시 퇴장하여 커튼을 다시 친다. 바룩은 왕 앞에 절한다.

네가 느부갓네살왕의 메시지를 이스라엘에 전하러 왔느냐?

바룩   그가 왕께 보내는 메시지와 함께 저를 이곳으로 보냈습니다, 왕이시여.

시드기야   이들은 나의 자문들이니, 나에게 말하는 자는 저들에게도 말하는 것이다. 저들과 나는, 이스라엘과 이스라엘의 왕으로 하나님의 뜻으로 말미암아 하나이니라.
(다른 자들에게 돌아서며) 그에게 질문하라.

하나냐   (경멸하며) 이방인의 왕이 무슨 은혜를 베푸느냐….

아비멜렉   (말을 끊으며) 현실적인 문제부터 먼저 생각해 봅시다!
네 이름은 무엇인가?

바룩   바룩이라 합니다. 납달리 자손 스불론의 아들입니다.

아비멜렉   그렇다면 너는 우리 혈통의 사람이냐?

바룩   저는 오직 하나님을 섬기는 자이며, 예루살렘에서 태어났습니다.

아비멜렉   여기, 누가 이 사람을 아시오?

바스훌   제가 그의 아버지를 압니다. 그는 의로운 사람이며, 주님의 충실한 종입니다.

아비멜렉   어떻게 적의 손에 잡혔느냐?

바룩   제가 모레아 우물에서 물을 뜨고 있었을 때, 그들이 저를 붙잡았습니다.

아비멜렉   네가 사자인 것을 무엇으로 증명할 수 있느냐? 서명하고 봉인된 편지가 있느냐?

바룩   아수르 병사들이 매복해 저를 잡아, 그들의 왕의 장막으로 데려갔습니다. 느부갓네살왕이 저를 감시 아래 십일 개월 동안이나 가두었습니다.

느부갓네살 왕이 어제 저를 불러 말했습니다. "너는 내 메시지를 시드기야 왕에게 전할 수 있겠느냐?" 저는 두려움 없이 그 앞에 서서 대답했습니다. "할 수 있습니다." 그러자 느부갓네살 왕은 말했습니다. "나는 이 도시를 열한 달 동안 포위했다. 내가 예루살렘의 성문이 열릴 때까지 여인과 동침하지 않겠다고 맹세했으나, 더 이상 기다릴 수 없다. 만약 시드기야 왕이 어떤 조건을 원하고 있다면, 그는 서둘러야 할 것이다. 결단코 어떠한 적도 나에게 이렇게 강하게 저항한 적이 없었다. 그가 서둘러 자비를 구하러 오면 나는 그에게 가장 자비롭게 대할 것이다."

아비멜렉   느부갓네살은 위대한 전사입니다. 그에게 열한 달 동안

	저항한 것은 명예로운 일입니다.
바룩	그는 또 이렇게 말했습니다. "만약 너희가 달이 가득 차기 전에 성문을 열고 자비를 구하면, 나는 너희에게 생명을 허락하겠다. 모든 사람이 포도나무와 무화과나무 아래에서 안전하게 살 수 있을 것이다. 비록 너희가 우리의 피를 흘리게 했지만, 나는 너희의 피를 구하지 않겠다. 나는 오직 승리와 명예만을 원한다. 해가 떠오르는 곳에서부터 해가 지는 곳까지, 모든 민족이 내 칼 앞에 저항할 수 없다는 사실을 알게 할 것이다. 나는 왕 중의 왕이기에, 내가 서약만 내리면 너희 도시는 안전하고, 너희의 날들이 땅에서 길어질 것이다."
나훔	합의 조건이 가벼운 것 같군요.
바스홀	저에게도 그들을 신뢰하는 것이 너무 쉬운 일로 보입니다.
시드기야	하지만 그 서약! 느부갓네살은 어떤 서약을 요구하느냐?
바룩	그는 이렇게 말했습니다. "시드기야, 나에게 무기를 든 자는 자신을 낮추어야 한다. 내가 그 도시에 들어갈 때, 그가 성전의 문에서 성벽까지 나를 맞이하러 나와야 하며, 손에 왕관을 들고 목에 나무로 된 멍에를 쓰고 있어야 한다…."
시드기야	(자세를 곧게 하며) 멍에?
바룩	"모든 사람이 그의 완고함이 깨지고 자만이 낮아졌음을 알도록 하기 위함이다. 내가 그를 만날 것이며, 그의 목에서 멍에를 벗기고, 그의 머리에 왕관을 다시 씌울 것이다."

시드기야   결코, 목에 멍에를 쓴 자가 왕관을 쓸 수 없다. 결코!

그는 일어난다.

아비멜렉   저도 그걸 견딜 수 없습니다!

그도 일어난다.
다른 이들은 앉아서 침묵한다. 긴 침묵 후, 나훔이 사색에 잠긴 듯 말한다.

나훔   성전의 문에서 성벽까지?
바스홀   겨우 백 보 정도 됩니다.
임레   칠십 보도 채 안 되는 것 같습니다. 칠십 보 정도.
시드기야   (그들에게 맹렬하게 돌아서며) 내 목이 소처럼, 밭을 갈 때의 멍에처럼 매여 있다는 걸 듣고도 내가 걸을 보폭을 셈하시오? 내가 그렇게 스스로 나 자신을 낮추겠다고 생각하는 거요? 여러분은 이렇게 자신의 생명이 걸려 있을 때만 용기를 보이는 거요? 여러분 자신이 평안할 수 있다면, 내 수치 따윈 생각도 않는 거요? 다들 겁쟁이들이오!
바스홀   왕이시여, 각자 입에서 나오는 말을 자유롭게 하라고 맹세하셨습니다.
시드기야   잘 말했소. 내 분노를 용서하시오. 자유롭게 말하시오.
나훔   부디 이 조건을 받아들이소서. 우리만을 위한 것이 아니라 우리의 자녀들을 위해서도 말입니다.
임레   우리나라를 위해서.

| 바스훌 | 성전과 제단을 위해서. |
| 하나냐 | 하나님께서 그렇게 명령하시기 때문에…. |

아비멜렉은 침묵하며 얼굴을 숨긴다.

시드기야	(그는 고뇌 속에서 방을 왔다 갔다 하고, 결국 테이블로 다가가며 엄숙한 목소리로 말한다.) 여러분이 요구하는 대로 내가 하겠소. 내 자존심을 도자기 그릇처럼 깨뜨리며, 내 목을 멍에 아래로 숙이겠소. (모두 말하려고 하지만, 그는 침묵을 명하며 계속 말한다.) 내가, 그가 명령한 대로, 내 머리에서 왕관을 내려 내 손으로 바치겠소. 그러나 이스라엘의 왕관은 거룩하므로, 멍에를 진 자는 그것을 쓸 수 없지 않겠소? 그러니 나는 수치의 나무를 벗고 나면, 홀과 반지를 빼어 내 아들에게 물려줄 것이오. 그는 아직 어리지만, 여러분이 그에게 충언할 수 있을 것이오. 그를 향해 진심을 다하겠다고 맹세하시오. 그래야 백성들이 그를 존경할 것이오. 여러분이 그에게 왕관과 반지를 수여할 것이라고 맹세하시오.
바스훌	(큰 감동을 받으며) 맹세하겠습니다, 왕이시여.
임레, 하나냐, 나훔	맹세합니다.
아비멜렉	왕답게 행하셨습니다. 왕의 이름이 찬양받기를!
나훔	시드기야 왕에게, 영원한 명예를!
시드기야	성벽이 견고하게 서고, 거룩한 성이 구원받을 것이다! 비록 내가 먼지 속에 잠기도, 시온이 멸망하는 것보다 내가

	죽는 것이 낫다. 예루살렘은 영원히 지속될 것이다.
모두	(열정적으로) 예루살렘은 영원히 지속될 것이다!
시드기야	(바룩에게) 너는 듣고 있느냐, 소년아? 이제 아수르 왕에게 가서 말하라. "시드기야, 당신께 대항하여 무기를 들었던 자가 당신 앞에 무릎을 꿇고, 당신의 자비를 구한다고 합니다"라고 말하라. 서둘러라. 내가 곧 내 집 문 앞에 서서 내 백성에게 "평화"라는 소중한 말을 전하게 되기를.
바룩	(불안에 잠겨, 낮은 음성으로 말한다.) 들으소서, 왕이시여. 하오나 아직 제가 전해야 할 한 가지가 더 있습니다. 아수르 왕이 요구한 또 하나의 조건입니다.
아비멜렉	(분노하며) 또 있다고? 이 수치스러운 요구도 그에게 부족하단 말인가?
바룩	그는 그것을 하찮은 일이라 불렀습니다. 그러나 제 마음에도 정말 큰일로 다가옵니다.
시드기야	그의 오만함이 이제 무엇을 더 요구한단 말인가?
바룩	그가 저에게 말하길, "내가 왕의 목에서 멍에를 벗기고 왕관을 다시 그의 머리에 얹어줄 것이다. 나는 그를 내 왼쪽에 세워 사람들이 내가 그를 나의 형제로 존중한다는 것을 알게 하겠다. 그러나 너희 성벽 안에 어떤 존재가 있다고 들었다. 사람들은 그가 누구보다도 더 강하다고 말한다. 나는 그 강한 자를 보고 싶다. 사람들이 너희 성벽 안에 신이 있다고 말하는데, 그는 얼굴을 너희 성막의 휘장 뒤에 숨기고 있다고 한다. 이는 아무도 그의 얼굴을 감당하여 볼 수 없기 때문이란다. 나는 두려움을 모

르는 자이니, 그의 앞에 나아가 그를 보길 원한다. 나는 그의 제단에 손을 대지 않을 것이며, 그의 빵을 만지지도 않을 것이다. 그의 보물을 탐내지도 않을 것이다. 오직 한 가지만 내가 요청하노니, 내가 그의 성막에 들어가게 하라. 나보다 강하다고 하는 그를 내가 보고 싶기 때문이다." 이와 같이 느부갓네살이 말하였나이다.

바스홀   절대 안 된다! 절대로!
하나냐   주님의 불이 그 불경한 생각에, 그를 태워버리기를.
바스홀   차라리 성전이 먼지로 허물어지는 것이 낫겠소. 성막이 더럽혀지는 것보다!
임레   (깜짝 놀라며) 그가 지성소를 보기를 원하다니! 끔찍한 요청이로다.
바스홀   이방 통치자의 교만함이 끝이 없구나! 그의 사자를 물리치소서, 왕이시여. 사자를 돌려보내소서.
하나냐   사자를 돌려보내소서. 결코 그런 일이 있어서는 안 됩니다.
나훔   너무 성급히 행동하지 마소서, 왕이시여. 우리 손에 이 나라의 운명이 달려 있습니다.
아비멜렉 차라리 천 번 죽는 것이 이 치욕보다 낫습니다.
바스홀   나도 당신과 함께 죽음을 맞이하겠습니다. 당신의 전사들 한가운데서 목숨을 바치겠습니다.
하나냐   (격렬하게) 사자를 물리치소서. 차라리 죽음을 택하겠습니다. 이와 같은 불경을 겪느니!
임레   당신들은 죽음을 가볍게 말하는군요. 당신들의 자존심이 칠만 명의 죽음을 의미한다는 것을 생각해 보십시오.

바스홀	당신은 하나님의 지성소를 더럽히려 합니까?
임레	생명은 하나님의 거룩함의 일부입니다. 하나님 자신이 생명입니다.
하나냐	만일 이방인이 야훼 앞에서 승리한다면, 그것은 영원한 치욕이 될 것입니다.
나훔	우리의 원수들이 기뻐하게 하고, 우리의 자존심을 낮춥시다. 그것이 이 도시가 우리의 자존심과 생명을 넘어 살아남는 길이라면, 그렇게 해야 합니다. 시드기야 왕이시여, 예루살렘을 구하소서.
하나냐	안 되오, 사신을 물리치소서.
시드기야	나는 저울을 들고 있는 손일 뿐이니라. 나는 이 결정에서 떨어져 있으리라. 여러분이 스스로 결정하시오. 표를 세시오. 서두르시오. 그리하여 이 문제가 잘 되든 못 되든, 마침내 결말이 나도록 하시오.
임레	제가 당신들 중에서 가장 나이가 많습니다. 제 결론은 느부갓네살의 요구에 따르는 것입니다.
하나냐	우리 모두 거부합시다. 하나님이 우리를 도우실 것입니다. 거부해야 합니다.
바스홀	저는 하나님의 위엄과 흥정하지 않을 것이오. 절대로 그러한 불경을 용납하지 않겠소.
나훔	하나님의 도성이 영원히 서게 해야 합니다. 조건을 받아들여야 합니다.
시드기야	당신의 생각은 무엇이오, 아비멜렉?
아비멜렉	시드기야 왕이시여, 제가 감히 왕에게 조언할 수는 없습

니다. 저는 단지 왕의 종이자 칼일 뿐입니다. 긍정이든 부정이든, 삶이든 죽음이든, 저는 왕의 결정에 따르겠습니다.

시드기야 두 표가 반대이고, 두 표가 찬성이다. 내 마음속에도 두 개의 목소리가 있구나! 밖으로는 갈등이고, 안으로도 갈등이다. 나는 거리를 두고, 나의 의지를 이끌도록 그것을 당신들에게 맡겼다. 하지만 당신들은 그것을 바다에 떠다니는 표류물처럼 나에게 되돌리는구려. 이제 나는 떨면서도 여전히 결정을 내려야만 하오. 정말로 내가 이 끔찍한 주사위를 던져야만 하는가?

바스홀 하나님께서 빛을 주실 것입니다.

시드기야 아, 그분이 나에게 말씀해 주셨으면! 우리 조상들은 구름 속에서 그분을 뵙는 축복을 누렸거늘. 나는 그분께 손을 내밀지만, 여전히 하늘의 목소리는 나에게 침묵하고 있다. 나는 어둠 속에서 더듬고 있으며, 내가 무엇을 찾는지도 알지 못한다. 나를 위해 기도하라, 내가 올바르게 인도받을 수 있도록.

나훔 왕이시여, 당신은 우리의 사랑을 받으십니다.

시드기야 시간이 촉박하구나. 밤이 지나기 전에 나는 찬성이나 반대를 말해야만 하오. 하지만 어쩌면 반대가 찬성이고, 찬성이 반대일지도 모르오. 하나님, 저에게 빛을 주소서.

그가 자리에서 일어서자, 모두 함께 일어선다.

	잠시 나는 혼자 있겠소. 여러분의 분열이 나의 결정을 더욱 망설이게 하오. 나는 내 마음이 이끄는 대로 행하겠소. 어쩌면 여러분이 집에 도착하기 전에 선택할지도 모르겠소. 내 영혼이 괴로워하고 있으니, 기도하시오, 친구들이여. 내 선택이 이스라엘에게 가장 좋은 것이 되기를. 나를 위해 기도하라, 예루살렘을 위해 기도하라.
바스훌	하나님께서 당신에게 빛을 주시길. 당신이 결정을 내리기 전까지 저는 눈 감고 잠들지 않을 것입니다. 제단 앞에서 밤을 지새우겠습니다.
하나냐	하나님을 기억하소서.
나훔	도성을 기억하소서.
임레	아이들을 기억하소서, 여인들을 기억하소서.
아비멜렉	삶이든 죽음이든, 저는 왕의 선택에 따르겠습니다.

모두 떠나고, 바룩과 왕만 남는다.

바룩	(조용히) 저도 물러가야 하겠습니까, 시드기야 왕이시여?
시드기야	(생각을 가다듬으며) 너는 어떻게 생각하느냐? 아니다, 너는 남아 있어야 한다.

바룩은 문가에 서 있고, 시드기야 왕은 잠시 동안 불안하게 왔다 갔다 하며 걸어 다닌다. 그 후 창가에 서서 마을을 바라보다가, 다시 불안하게 걷기 시작한다. 결국 그는 돌아서서 바룩에게 말한다.

	느부갓네살이 오늘 대답을 요구하는 것인가?
바룩	예, 왕이시여. 내일이면 보름달이 뜹니다.
시드기야	(다시 바닥을 왔다 갔다 하다가 갑자기) 너는 그와 얼굴을 마주하고 보았느냐? 그가 나에 대해 무언가 물어보지 않았느냐?
바룩	그의 주요 고문과 서기관이 함께 있었습니다. 그중 어떤 고문이 왕에 대해 물었으나, 느부갓네살이 그에게 침묵하라 명했습니다.
시드기야	그는 자부심으로 가득 차 있고, 그의 분노는 우리 머리 위에 몰아치는 폭풍과 같구나. 그러나 나는 그를 두려워하지 않는다. 정말 그는 나에 대해 아무것도 물어보지 않았는가?
바룩	아무것도 물어보지 않았습니다, 왕이시여.
시드기야	그에게 우리는 아무것도 아니구나. 그에게 우리의 성벽은 한 줌의 먼지일 뿐이다. 그러나 우리는 도전으로 도전에 맞설 수 있을 것이다. 그는 열한 달 동안 성벽에 이를 갈다가, 이제 우리에게 미소를 보내려 한다. 나는 그에게 한마디 가치도 없는 존재이며, 그는 우리 도시를 한 번에 평가한다. 그럼에도 불구하고 내 멍에는 아직 준비되지 않았다. 예루살렘의 성벽은 아직 서 있다. 우리는 그에게 기다림을 가르쳤으나, 그는 아직 그 교훈을 배우지 못했구나. 내가 그의 변덕에 따르는 종이 되어야 하는가? 하루만 기다리겠다고? 그가 몇 주, 몇 달이라도 기다리게 하라.

	(자세를 바로 하며) 이 메시지를 느부갓네살에게 전하라. 그에게 이렇게 말하라….
바룩	(놀라며) 왕이시여, 분노 속에서 결단을 내리지 마십시오.
시드기야	(놀라움에 굳어) 어찌, 감히 나를 방해하는가?
바룩	(무릎을 꿇으며) 간절히 부탁드립니다. 예루살렘을 구하십시오. 평화의 손을 내밀어 주십시오. 그렇지 않으면 성벽이 무너지고, 성전이 부서질 것입니다. 왕이시여, 간청합니다. 성문을 열고 마음을 여십시오.
시드기야	(분노에 차서) "성문을 열고 마음을 열라." 나는 그 말을 전에 들은 적이 있다. 그것은 네 입에서 나온 말이 아니다. 네 뒤에 누군가가 있구나. 그가 나를 향해 네 목소리로 말하고 있구나.
바룩	아닙니다, 왕이시여. 제 간청은 제 마음 깊은 곳에서 우러나온 것입니다. 지금까지 말씀드리지 않았던 것을 하나 고백하겠습니다. 제가 그에게 간 것은 느부갓네살의 명령이 아니라 제 뜻으로 갔습니다. 그의 마음을 부드럽게 할 수 있기를 바랐기 때문입니다. 저는 양쪽이 서로가 평화를 제안할 때까지 기다리고 있음을 보았습니다. 하루하루, 열한 달 긴 시간 동안 저는 그에게 끊임없이 간청했으며, 결국 그가 저를 이 메시지를 가지고 보내게 되었습니다.
시드기야	네가, 어린 소년이? 우리가 의논하고 있을 때, 너는 만왕의 왕을 찾아가 평화를 구하고 그것을 보장하려 했는가?
바룩	그렇습니다, 왕이시여. 제 마음의 간절함에 따라 그렇게

	했습니다.
시드기야	(한동안 그를 뚫어지게 바라보다가, 날카롭게 말한다.) 이것은 네가 한 일이 아니고, 네 생각도 아닐 게다.
바룩	저는 누구의 명령도 받지 않고 갔습니다.
시드기야	너는 거짓말을 하고 있다. 어떤 소년이라도 자신을 위해 그런 행동을 하는 것을 상상할 수 없다.
바룩	저는 아무런 조언도 없이 그것을 행했음을 맹세합니다. 그분은 이 일에 대해 알지 못했으며, 명령하거나 승인한 적도 없습니다.
시드기야	그분? 네가 말하는 명령을 내린 그가 누구인가?
바룩	(회피하며) 제 스승이자, 제 주인이십니다.
시드기야	너의 스승이 누구냐? 나는 이 도시의 소년들에게 명령을 내리는 자가 누구인지 알고 싶다.
바룩	하나님의 종이자 예언자가 제 스승입니다. 사람들은 그를 예레미야라고 부릅니다.
시드기야	(분노하며) 예레미야, 언제나 예레미야. 언제나 내 행동을 따라오는 그림자, 언제나 나에게 반란을 일으키는 자. 나는 그를 던져 넣었지만, 그럼에도 불구하고 여전히 처음처럼 평화를 외치고 있다. 왜 이토록 괴롭게 하는가? 왜?
바룩	왕이시여, 잘못 알고 계십니다. 예레미야는 이 도시의 누구보다도 더 왕을 사랑하는 분입니다.
시드기야	나는 그의 사랑 따위 필요로 하지 않는다. 나는 그의 사랑을 뱉어내고, 그의 분노를 경멸한다. 그가 누구이기에 감히 나를 사랑한다고 할 수 있겠는가? 누가 거리에

서 나를 사랑한다고 선언하며 나설 수 있겠는가. 아니면 사랑하지 않는다고 말할 수 있겠는가? 왜 예레미야가 내 결단에 끼어들려 하는가? 그가 나보다 더 위대한 자임을 나타내려 하는가? 나는 왕이다. 그리고 나는 혼자다! 그가 그저 평화, 평화라고 외치게 하라. 예루살렘의 운명은 그의 손에 있지 않다. 나는 시온의 왕이다. 나는 예레미야가 나를 꿈으로 두려워하게 했다고 자랑하게 두지 않겠다. 차라리 예레미야의 손에 도시가 구원되는 것보다 멸망하는 것이 좋다. 너는 느부갓네살에게 가서 이렇게 말하라. "시드기야는 결코 멍에를 지지 않을 것입니다. 결코 아수르 왕이 거룩한 성소의 장막을 열지 못할 것이랍니다. 느부갓네살왕이 군대를 이끌고 오면, 시드기야는 맞이할 준비가 되어 있다고 합니다."
(바룩이 두 손을 들어 간청하며 말하려 하지만, 시드기야가 계속 말한다.) 한마디도 하지 말라. 네가 내 메시지를 전하지 않으면, 나는 예레미야의 목을 칠 것이다.
(바룩이 말하려 하지만, 시드기야가 다시 말한다.) 한마디라도 하면 예레미야의 생명이 위험해진다. 가라, 내가 너에게 명한다, 가라!

바룩은 잠시 서 있다가 얼굴을 가리고 나가며, 시드기야는 그가 망설이자 위협적인 자세를 취한다. 젊은이가 떠난 후, 왕은 팔을 내리고, 다시 얼굴에 걱정의 그림자가 드리운다. 그런 다음 깊은숨을 쉬고 말을 시작한다.

끝났다. 이제 더 이상, 결단의 고통은 없다.

그는 다시 한번 방 안을 오가며 걷다가 두 번 발을 구른다. 그때 요압이 들어온다.

요압   왕이시여, 부르셨습니까?
시드기야 포도주를 가져오너라. 깊고, 꿈 없는 잠이 필요하구나.

요압은 술병을 가지고 와서 은잔에 술을 따르고, 시드기야는 그것을 한 번에 비운다. 그런 후, 그는 귀를 기울인다. 다시 얼굴에 구름이 낀다.

      저기 밖에 누가 걷고 있는가? 발소리가 들린다. 스파이가 아직도 있는가?
요압   그는 나갔습니다, 왕이시여. 들으신 소리는 제 형제 느헤미야입니다.
시드기야 그에게 내 말을 전하라. 내가 잠자고 있는 동안, 내 침실 밖에서 경계를 서는 동안은 조용히 걸으라고. 나에게도 다른 사람들처럼 잠이 필요하다.
요압   알겠습니다, 왕이시여.

그는 침대의 커튼을 치고 등불을 가린다. 이제 방 안의 유일한 빛은 창밖에서 들어오는 창백한 달빛뿐이다.

      성서를 읽어드릴까요, 왕이시여, 예전처럼?

시드기야   아니, 성서조차 나를 도와줄 수 없구나. 나도 다른 사람들처럼 편히 잠들고 싶다. 내 눈꺼풀은 무겁고, 내 마음도 마찬가지다.

요압이 그의 겉옷을 벗는 것을 돕는다. 시드기야는 소파에 몸을 던진다.

요압   왕이시여, 주님께서 당신의 잠자리를 보호하시길 바랍니다.

요압은 느헤미야를 부른다. 두 사람은 머리맡에 서서 아무 말 없이 보초를 선다. 달빛 속에서 그들의 그림자는 벽에 거대한 실루엣을 이룬다. 유일한 소리는 정원 안의 분수에서 나는 부드러운 물소리뿐이다.

시드기야   (겁에 질린 듯 일어나며) 왜 속삭이느냐? 내가 침묵을 명하지 않았느냐?
요압   (놀라며) 아무 말도 하지 않았습니다, 전하.
시드기야   누군가 말하고 있다. 내 잠을 삼키는 자가 누구냐? 모두가 잠들어야 한다, 내가 잠들 수 있도록. 옆 방에 깨어 있는 사람이 있느냐?
요압   아닙니다, 전하. 궁전 안 어디에도 깨어 있는 이가 없습니다.
시드기야   그래, 나 혼자 깨어 있구나. 왜 모든 짐이 나에게만 지워지는가? 이 도시의 모든 성벽과 망대까지 걱정해야 하는가? 포도주를 가져오너라.

요압이 다시 잔을 채운다. 시드기야는 그것을 들이켜고 잔을 던져버린다. 신음하며 그는 다시 눕는다. 모든 것이 고요하고, 오직 분수의 잔잔한 소리만 들린다. 시드기야는 침대에 가만히 누워 있다가, 어둠 속에서 아주 조용히 몸을 일으킨다. 들짐승이 뛰어오르려는 듯한 자세로 그는 주의 깊게 귀를 기울인다. 그러다가 갑자기 소리를 지른다.

	누군가 말하고 있다. 나는 끝없이 이어지는 목소리를 듣고 있다. 분명 내 집에서 아무도 말하지 말라고 명령했다. 그러나 한 목소리가 노래하고 있다. 내 지붕 아래에서 누구도 노래하지 말라고 금했다. 너희는 듣지 못하느냐?
요압	아무 소리도 듣지 못했습니다, 전하.
느헤미야	어떤 소리도 제게 들리지 않았습니다.
시드기야	(두 시종을 노려본다. 다시 몸을 낮추고 잠시 귀를 기울이다가 다시 외친다.) 나는 듣고 있다. 정말 말하지 않았느냐? 끝없이 이어지는 단조로운 소리. 들어봐라, 요압, 내가 듣고 있는 여기에서. 우리 아래 어딘가에서 나는 소리다. 어둠 속 내 잠결에 두더지처럼 파고들어 내 잠을 갉아먹고 있다. 시중아, 듣지 못하는가?
요압	(잠시 집중해서 듣다가 몸을 떤다.) 깊은 곳에서 올라오는 목소리가 들립니다. 노래하는 듯한 목소리입니다. 집 아래 깊은 곳의 영혼들이 깨어난 것 같습니다. 그 목소리는 울부짖고 신음합니다. 마치 갇힌 짐승처럼.
느헤미야	어쩌면 틈새에서 나는 바람 소리일지도 모릅니다.
시드기야	나는 말을 듣고 있다. 이해하지 못해도 말이라는 게 느껴

진다. 누가 감히 내 집에서 밤에 노래를 하는가? 나는 잠을 이루지 못하고 뒤척이건만. 저렇게 노래할 만큼 내 노예들의 처지가 그렇게 좋단 말인가? 가라, 요압. 그리고 소란을 잠재워라.

요압이 급히 나간다. 시드기야는 몸을 낮춘 채 귀를 기울인다. 처음에는 무언가 들리는 것 같다. 그 후 그는 고개를 들었다가 다시 낮춰 다시 한 번 듣는다. 갑자기 둔탁한 세 번의 소리가 들린다. 왕은 열심히 귀를 기울인다. 안도의 한숨을 내쉰다.

하나님께 찬송하라, 그 목소리가 잠잠해졌다.

요압이 근심스러운 얼굴로 다시 들어온다.

누가 말하고 있었느냐?

요압   (떨며) 모르겠습니다, 전하. 찾을 수 없었습니다. 제가 시장에 가까이 갔을 때, 노랫소리가 더 크게 들려왔습니다. 그 소리는 땅속에서 울려 나오는 듯했습니다. 그 소리가 나는 방향으로 따라갔지만, 시장에서 노래하는 이는 없었습니다. 그 소리는 텅 빈 울림이 있었고, 우물이나 구덩이에서 나오는 소리 같았습니다. 저도 그 말을 들을 수 있었고, 그 말들은 무시무시했습니다. 제 창의 자루로 땅을 세 번 내리쳤습니다. 그러자 게헨나[4]가 고요해졌습니다.

시드기야   그 말이 무엇이었느냐?

요압	(떨며) 감히 그것을 반복할 수 없습니다.
시드기야	그 말을 말하라, 명령한다.
요압	그것은 구덩이에서 올라온 신성 모독이었습니다.
시드기야	그 말을 반복하라. 내 분노를 두려워하지 말라.
요압	(명령에 응하며, 그의 목소리가 떨리며 높아진다.)
	나는 내 집을 버렸고,
	내 유산을 내던졌으며,
	내 영혼의 사랑하는 이를 원수들의 손에 넘겼노라.
	내 눈물은 밤낮으로 강물처럼 흐르니,
	내 백성의 딸의 고통이 심히 크기 때문이라.
시드기야	(큰 외침과 함께) 예레미야! 언제나 예레미야.
요압	(마치 영감을 받은 듯 계속 읊조리며) 그가 그녀의 궁궐의 성벽을 원수의 손에 넘겼도다. 그들이 주의 집에서 소리를 질렀으니, 마치 성대한 절기의 날과 같도다. 그가….
시드기야	멈춰라, 멈춰라. 더는 듣지 않겠다. 언제나 예레미야 그리고 또 예레미야. 내가 어디를 가든 그는 길목에 서 있으며, 그의 도전이 내 모든 행동 뒤에서 울려 퍼진다. 그는 내 꿈속으로 파고들어 내 망설임을 부추긴다. 이 끔찍한 그림자에서 어떻게 벗어날 수 있단 말인가? 그는 구덩이 속에서도 나에게 외친다. 누가 나를 그로부터 자유롭게 할 것인가?
요압	전하, 만약 그가 왕의 적이라면, 말씀만 하십시오….

창을 움켜쥔 채 움직인다.

시드기야   (분노에서 깜짝 놀라며 시중을 경이롭게 바라본다. 그러다 자존심이 깨어난 것처럼) 네가… 아니다. 나는 그를 두려워하지 않는다. 나는 그 누구도 두려워하지 않는다. 그가 내 적인지조차 확신할 수 없다. 아마도 내가 그에게서 도망친 것이 어리석었던 건지도 모른다. 혹 누가 알겠는가? (방을 서성인다.) 요압!

요압   전하?

시드기야   네 형제 느헤미야를 데리고 나가라. 구덩이를 열고 거기에 있는 사람을 이리로 데려오너라. 그가 궁에 들어오고 나가는 것을 아무도 알아선 안 된다.

요압과 느헤미야가 나간다. 왕이 낮은 목소리로 혼잣말한다.

매번 길목마다, 내 뒤에서, 언제나 지나치게 늦지만, 반드시 나를 듣게 만들며, 나를 지겹게 따라다니는구나. 왜 나는 오직 하나님께만 호소했는가? 그분은 아무런 대답도 주시지 않았는데. 왜 나는 그분의 뜻이 저들의 입을 통해 전해진다는 말을 귀 기울이지 않았는가? 하지만 왜 저들은 서로 상충하는 목소리로 말하는가? 어떻게 거짓된 자와 진실된 자를 구별할 수 있었겠는가? 아, 하나님은 침묵을 깨지 않으시는구나. 그분의 사자들이 확실히 알 수 없는, 두려운 하나님.

예레미야가 두 시중과 함께 들어온다. 시드기야의 신호에 따라 요압이 등불을 밝힌다. 요압과 느헤미야는 물러난다. 예레미야는 창백하고 수척하다. 그의 검은 눈은 창백하고 뼈만 남은 얼굴 속에서 섬뜩하게 번뜩이며, 거의 해골에 얹힌 듯 보인다. 그는 왕을 의문 섞인 침착함으로 바라본다. 잠시 당황한 후 왕이 말을 건넨다.

시드기야 예레미야, 왜 당신은 나의 안식을 방해하는가? 내가 그 이유를 묻기 위해 당신을 불렀소. 다른 이들이 모두 다 잠든 이 밤, 왜 노래를 부르고 있는 것이오?

예레미야 백성을 지키는 자는 잠들 수 없습니다. 주님께서 나를 세우셔서, 지키며 경고하게 하셨습니다.

시드기야 예레미야, 내가 당신과 의논하고자 당신을 불렀소. 아무도 당신이 감옥 같은 구덩이에서 끌려왔다는 사실을 모르고 있소. 그러니 나에게 진심으로 조언할 수 있겠소?

예레미야 하나님께서 도와주신다면, 그리하겠습니다.

시드기야 그렇다면 들어 보시오. 이는 내 가장 깊은 조언자들 외에는 아무도 모르는 일이오. 느부갓네살로부터 사자가 왔는데, 두 나라 간의 전쟁을 끝내자고 하오.

예레미야 (기뻐하며) 하나님, 찬양을 받으소서! 성문을 열고, 겸허히 당신의 마음을 여십시오.

시드기야 너무 일찍 기뻐하지는 마시오. 조건은 가혹하고, 아수르 왕의 오만함은 끝이 없소.

예레미야 왕께서 그에게 오만하게 굴었으므로, 그 오만을 돌려받는 것은 당연합니다. 마음의 충동을 누르시고, 예루살렘을 파멸로부터 구하십시오.

시드기야	그는 나의 명예를 요구하고 있소.
예레미야	이 도시를 위해 당신의 명예를 희생해야 합니다.
시드기야	명예가 곧 내 직책이 아니오? 자부심이 곧 내 왕관이 아니오?
예레미야	그것들이 진정 당신 것이라면, 그것들을 내던지십시오. 평화가 명예보다 낫고, 고통이 죽음보다 낫습니다.
시드기야	그가 내 목을 멍에 아래로 굽히게 하고 있소.
예레미야	모두를 위해 고난 받는 자는 복이 있습니다. 모두가 살 수 있도록 고난받는 자는 더욱 복이 있습니다. 목을 굽히시고, 도시를 구하십시오.
시드기야	아니오. 내가 그렇게 한다면 왕좌를 물려주신 모든 왕에게 수치를 안기게 될 것이며, 그분들의 곤포(袞袍)를 더럽히게 될 것이오.
예레미야	지나간 분들은 더 이상 생각하지 마십시오. 그분들은 죽었고, 이미 벌레들이 그분들을 먹었습니다. 이제 도시와 그 안에 살아 있는 사람들을 생각하십시오.
시드기야	느부갓네살은 나뿐 아니라 하나님까지도 굴욕을 주려 하오.
예레미야	하나님은 자신을 낮추려는 자들에게 미소를 지으십니다. 성문을 열고, 겸허히 당신의 마음을 여십시오.
시드기야	느부갓네살은 아무도 접근할 수 없는 지성소에 들어가려 할 거요.
예레미야	하나님께서 그것을 막으실 것입니다. 그러나 그것이 그분의 뜻이라면, 왕께서 그것을 막을 수는 없습니다. 성문

	을 열고, 겸허히 당신의 마음을 여십시오.
시드기야	(화내며) 당신의 지혜는 고집스럽고, 당신의 충고는 불손하구려. 당신은 귀머거리처럼 듣고, 당신의 대답은 차갑고 단단한 부싯돌 같소.
예레미야	제가 눈먼 행동을 칭송하고, 왕께서 말하는 모든 것을 찬성해야 하겠습니까? 왕께서는 조언을 구하는 척하면서도 아첨만을 바라고 있습니다. 제 혀가 입안에서 썩어 없어지고, 제 뼈가 부서질지언정 저는 당신의 어리석음을 찬양하지 않을 것이며, 왕의 눈먼 행위에 대항하여 외치는 것을 멈추지 않을 것입니다.
시드기야	당신은 왜 이리도 비난을 하는가? 아직 나의 뜻을 듣지도 않았으면서.
예레미야	저는 왕의 목적을 압니다. 말씀으로는 저에게 아첨하나, 당신의 의지는 이미 저를 대적하고 있습니다. 왕께서 저를 조롱하며, 하나님의 말씀을 가지고 장난치려 하십니까? 왕께서는 결정을 도우라고 저를 부르신 것이 아닙니다. 아주 오래전, 그 메시지는 이미 당신의 영혼 깊은 곳에서 서명되고 봉인되었습니다. 이스라엘 왕이시여, 왕께서는 스스로를 속일지언정 저를 속일 수는 없습니다.
시드기야	예레미야!
예레미야	그렇습니다. 진실로 제가, 예레미야가 왕께 고합니다. 왕께서 저를 속이고 있으며, 당신의 말씀은 눈속임일 뿐입니다. 당신의 뜻은 자유를 허락하지도 않습니다. 왕께서는 제가 결정을 좌우하기를 원하지 않으십니다.

시드기야	(흔들리며) 어찌하여, 그렇게 생각하는가?
예레미야	당신의 입술이 당신을 배반하고 있습니다. 왕께서는 마치 죄를 지은 자처럼 저의 분노 앞에 주저하고 계시는군요. 왕께서는 제가 당신의 결정을 승인하여서 죄책을 덜어 주도록 유혹하려 하고 있습니다. 사람을 유혹하는 자에게 화가 있으리니, 그 사람이 사람 안에 계신 하나님을 유혹하기 때문입니다.
시드기야	(잠시 망설이다가, 깊은 감동한 것처럼, 낮은 목소리로) 당신은 아는 것이 참으로 많소, 예레미야. 당신의 말이 너무나 진실하오. 내 의지는 더 이상 자유롭지 않구려. 그러나 나는 이미 사자에게 내 메시지를 전달했소.
예레미야	그 메시지를 취소하십시오! 도시를 구해야 합니다!
시드기야	그가 이미 느부갓네살에게 가는 중이오.
예레미야	그를 부르십시오! 그를 돌아오게 해야 합니다!
시드기야	너무 늦었소. 당신의 충언이 너무 늦었소.
예레미야	그를 쫓아가십시오. 달려가서, 그를 추격하십시오.
시드기야	너무 늦었소. 지금쯤 내 메시지는 이미 아수르 왕에게 전달되었을 것이오.
예레미야	(얼굴을 숨기며 애통해하며) 슬프다, 슬프다, 예루살렘이여, 예루살렘이여!
시드기야	(불안해하며 예레미야에게 다가간다.) 예레미야, 무슨 일이오?

예레미야는 왕의 말을 듣지 않고, 울면서 몸을 떨고 고통을 겪는다. 잠시

후, 그는 다시 일어나며, 이제는 먼 곳을 응시하며, 마치 영감을 받은 듯 손을 들며 말한다.

예레미야 어찌하여 하늘에서 떨어졌느냐.
예루살렘, 아침의 태양이여!
예루살렘, 네 마음의 소리가 말하는구나.
내가 하늘로 올라가리라.
구름의 높이보다 더 높이 올라가리라.
아, 슬프도다, 네가 영광에서 떨어졌도다.
어두움과 밤 속으로 가라앉았도다.

시드기야 (그를 크게 부르며, 그가 무아지경에서 깨어나기를 바라는 마음으로) 예레미야!

예레미야 어떤 별이 당신의 것보다 더 밝았던가.
야곱의 도성이여,
다윗의 성읍이여,
솔로몬의 성막이여.
하나님의 보배요, 그의 거룩한 집이여.
누가 그 길을 전할 수 있으며,
누가 그 찬양을 선포할 수 있겠느냐?
모든 수금과 징이 기뻐하며,
아침부터 밤까지 너의 승리를 소리 내어 전파하였도다.

시드기야 정말 미쳤구나, 예레미야! 깨어나라, 깨어나시오!

예레미야 (귀 기울이지 않으며)
어찌 그리 조용하냐, 나의 사랑이여.

너의 빛은 어디로 갔느냐?

신랑의 소리와 신부의 소리가

이제 더는 네 집들에서 들리지 않느냐?

시장은 황폐해졌고,

기쁨의 소리,

즐거움의 소리,

피리 소리와

처녀들의 노래가 사라졌다.

한 살인자가 너에게 임하고,

북쪽에서 복수자가 오는구나.

너의 거리는 황폐하고,

기쁨의 장소에는 쐐기풀과 가시가 자라며,

왕들의 궁전에 가시덤불과 엉겅퀴가 나왔도다.

슬프다, 너의 성벽은 무너졌고,

너의 모든 탑은 무너졌도다.

부끄럽게도 영원한 성소의 심장이

무너져 내렸도다.

시드기야   저주받은 자여, 당신은 거짓말을 하고 있소! 예루살렘의

성벽은 높고 튼튼하게 서 있단 말이오.

예레미야   (점점 더 미쳐가며)

모든 머리는 깎였고,

모든 수염이 뽑혔다.

어머니들은 베옷을 입고,

뺨을 꼬집고 찢으며 울고 있도다.

그들이 울부짖는다. "내 아들들은 어디에 있느냐, 내 딸들은 어디에 있느냐?"

아, 슬프다!

죽은 아들의 시체는 거리 위에 오물처럼 놓였고,

그들이 칼에 찔려 죽은 곳에서,

딸들은 자신들의 머리카락에 목이 졸려 죽었고,

임신한 여성들의 배가 갈기갈기 찢어졌도다.

황무지의 여우들은 배가 부르게 먹었으며,

까마귀들은 지치도록 잔치를 벌이는구나.

시드기야	조용히, 조용히 하시오! 당신은 거짓말을 하고 있소!
예레미야	가시덤불 속에서 안전을 찾는 것이나, 죽음을 피해 불타는 바위의 틈으로 도망치는 것이 무슨 소용이 있는가? 그들은 말을 타고, 창병 부대를 동원해 당신을 사냥할 것이오. 당신을 추적하여 잡고, 당신을 찾아내기 위해 은신처를 막대기로 두드리며, 당신을 불꽃과 연기로 그 틈새에서 쫓아내리라. 그들이 당신을 추격하여, 붙잡고, 마침내 죽이리라. 그들이 여인들을 강간하고, 노인들을 학살하며, 정직한 사람들을 가장 낮은 하인들의 노예가 되게 하고, 왕들의 딸들을 하인들의 하인이 되게 하리라.
시드기야	그 입을 다무시오. 거짓말쟁이. 내 분노가 당신을 내려치지 않게 하라!
예레미야	(슬프게)

예루살렘, 유다의 처녀여,

이방인들이 너의 비참한 처지를 조롱하는구나.

아, 슬프다, 내가 너의 고난을 바라보아야 한다니.

너의 모든 원수가 입을 열어 너를 향해

웃고, 비웃으며, 이를 갈고 있다.

그들이 말하길,

"우리가 그 땅을 삼켰다!"

"이것이 진정 사람들이 '아름다움의 완성',

'온 세상의 기쁨'이라 부르는 도시인가?"

"참으로 우리는 그 땅을 낮추었도다.

틀림없이 이것이 우리가 기다리던 날이로다."

"우리는 그것을 찾았고,

우리는 그것을 보았도다."

시드기야	(분노로 가득 차서 주먹을 꽉 쥐며) 조용히 하라, 거짓말쟁이여, 더 이상 듣지 않겠다!
예레미야	예루살렘이여, 주의 거룩한 도시여,

열국의 요람이요, 세상의 보물이여!

누가 이제 너를 찬양하겠느냐.

누가 이제 너를 찾겠느냐?

너는 이제 영원한 전설이 되었고,

열방들 사이에서 전설과 속담이 되었도다.

아, 나는 보인다….

시드기야	미친 자여, 더 이상 볼 수 없다!
예레미야	내가 당신의 고통을 보고, 당신의 죽음을 목격하리라.

시드기야	나는 보았다···. (그를 붙잡으며, 분노로 폭발한다.) 더 이상 봐줄 수가 없다! 내가 너를 눈멀게 하리라!
예레미야	(갑자기 깨어난 듯 주위를 둘러보며, 크게 웃으며, 새로운 광기로 노래를 부른다.) 나를? 나를 눈멀게 한다고? 아니, 잔인한 자여. 그것은 하나님의 계획이 아니오. 잘 알아두시오. 이 날들이 끝날 때, 어떤 한 사람이 눈을 멀게 될 것이오. 그는 보지 못하는 자, 듣지 않으려는 자로소이다. 그러나 이제 들으라, 시드기야 왕이여!

시드기야는 예레미야를 풀어주면서, 놀라움과 두려움 속에서 그를 바라본다. 예레미야는 손을 들어 저주하듯 계속 말한다.

예레미야	당신을 그들이 잡으리라. 아수르의 종들이여, 너희가 파괴한 하나님의 성전에서 너희가 이 사람을 붙잡아 가리라. 그들은 당신을 재단의 뿔에서부터 잡아 끌어내리리라. 당신의 손이 붙잡고 있던 그곳에서, 헛된 희망을 품고 구원을 바라는 곳에서.

당신의 칼은 아무 소용이 없으니, 그들이 그것을 부러뜨
리리라.

그리고 당신의 팔을 쇠사슬로 조여 묶고,

그들이 당신을 끌어내려 계단 아래로 끌고 가리니,

희생 제물처럼 당신을 채찍질하며,

그들은 당신을 그 사람에게 데려가리라.

당신이 손을 거부했던 그에게로,

그들이 너를 그에게로 데려가리라.

당신이 멍에를 부수었던 그에게.

그는 당신에게 뜨거운 심판을 선포할 자이니라.

시드기야는 몇 걸음 뒤로 물러나며, 그 위협된 운명을 피하려는 자세를 취한다.

그들이 당신을 강제로 무릎 꿇게 할 것이며,

저주와 구타로 당신을 강제로 끌고 갈 것이다.

거센 공기 속에서

용광로는 격렬하게 불타오르고 이글거리리라.

이제 쇠가 가열되어,

벌겋게 빛나며, 하얗게 타오르는구나.

그들이 그 뜨거운 강철을 당신의 눈에 찔러 넣으리라.

당신의 살은 연기와 함께 타고,

당신의 감각은 아득해지고,

하나님의 빛나는 낮이 끝없는 어둠 속으로 사라지리라.

시드기야는 비명을 지르며, 마치 눈이 멀듯이 손으로 눈을 가린다.

그러나 당신의 시야가 핏빛 안개와 눈물 속에 영원히 사라지기 전에, 당신의 아들들은 날카로운 칼날에 거세게 입맞춤을 받고, 너의 눈앞에서 하나씩, 둘씩, 셋씩 죽임을 당하리라. 처형자의 칼날이 살과 뼈를 관통하며 반짝인다. 네가 아무리 애써도 소용없다. 노예들이 당신을 붙잡고 있다!
첫째가 쓰러지고, 둘째, 셋째, 막내도 쓰러지리라. 그들이 죽임을 당하니, 당신의 눈물과 울음은 헛될 것이다. 그들의 피가 땅을 적시니, 당신은 그 고통 속에 거할 것이다. 불타는 강철이 당신의 눈에서 시력을 빼앗기기 전에 이스라엘의 후손과 왕권이 어떻게 죽어 가는지를 보리라.

시드기야 (눈먼 자처럼 방을 더듬으며, 침대로 비틀거리며 간다. 손을 들어 애원하며) 자비를! 자비를 베풀어주소서!

예레미야 낭신의 외짐으로 어둠이 갈라지지 않으리라. 당신이 보지 못하는 하늘에 두 손을 들고, 하나님의 자비를 구하나, 하나님은 자비를 베풀지 않으실 것이다. 당신이 높였던 거짓된 자긍심 때문에 시온의 성전을 무너졌음이라. 하나님께서 당신을 눈먼 벌레들 사이에 던지실 것이다. 각기 종류에 따라 배로 기어가는 그 벌레들 말이다. 당신은 멸시받고 버림받은 자들과 병든 자들과 저주받은 자들과 함께 걸어가리라.
시드기야여, 비천하고 고독한 자여. 당신은 나병 환자들과 절름발이들과 함께 다니며, 버림받은 자들, 가장 가난한 자들 가운데서 살게 되리라. 당신의 자부심은 하나님에 의해 꺾이리라. 당신은 거지와 함께 거할 것이며, 당신 스스로도 거지가 되리라.

굵은 베옷을 입고, 재를 뒤집어쓰며, 그 땅을 지나가리라. 당신을 알던 자들이—한때 권력과 재물로 빛나던, 시온에서 한때 왕이었던 자여—두 손을 들고 당신을 저주할 것이다. 오, 시드기야여.

시드기야   (저주에 완전히 눌려 침대에 엎드려 끙끙거리며 쓰러진다. 이제 그는 천천히 일어나 예레미야를 멍하니 바라본다.) 예레미야, 당신에게 맡겨진 권능이 무엇이오. 당신이 내 팔다리의 힘을 꺾었소. 내 뼛속의 골수까지 다 얼어붙은 듯하오. 당신의 말은 너무나 두렵소, 예레미야.

예레미야   (황홀경에서 깨어난다. 눈 속의 불꽃이 꺼진다.) 내 말은 연약합니다, 시드기야왕이시여. 내 모든 힘은 연약합니다. 저는 알고 있지만, 행할 수 없습니다!

시드기야   왜 나에게 더 일찍 오지 않았소?

예레미야   저는 항상 당신 곁에 있었으나, 당신이 저를 찾지 않았습니다.

시드기야   당신이 내 마음에 두려움을 채웠지만, 나는 당신에게 원한을 품지 않겠소. 우리 둘 사이에 다툼이 있어서는 안 될 것이오. 우리는 죽음의 그림자 아래 서 있는 자들이오. 돌아가시오. 당신이 온 곳으로 가시오. 내가 당신에게 먹을 것이 부족하지 않게 하겠소. 내 마지막 조각을 나누어 주겠소. 우리의 대화는 하나님 외에는 아무도 알지 못하게 하리다.

예레미야가 떠나려 한다.

잠시만, 예레미야. 당신이 예언한 운명이 그대로 될 것인가? 예루살렘, 나의 예루살렘. 당신이 그것을 피하게 할 수 없겠소?

예레미야 (어두운 표정으로) 제가 그것을 피하게 할 수는 없습니다. 저는 그저 예언할 뿐입니다. 무력한 자들에게 화가 있을지어다.

시드기야 (잠시 침묵 후) 예레미야, 나는 전쟁을 원하지 않았소. 나는 전쟁을 선포해야만 했지만, 나는 평화를 사랑했단 말이오. 나는 당신이 평화를 사랑하는 그 마음 때문에 당신을 사랑하오. 나는 가벼운 마음으로 무기를 들지 않았소. 그러나 내가 태어나기 전에도 전쟁은 하나님의 하늘 아래 있었고, 내가 죽고 난 후에도 전쟁은 계속될 것이오. 나는 크게 고통받았소. 당신이 그때가 되면 증언할 수 있을 것이오. 그 말이 이루어졌을 때, 당신이 내 곁에 있어 주길 바라오.

예레미야 저는 당신 곁에 있을 것입니다. 시드기야시여, 나의 형제시여.

천천히 그는 왕을 향한 얼굴을 돌리며 문 쪽으로 다가간다.

시드기야	예레미야!

예레미야가 돌아본다.

	당신이 나를 저주했소, 예레미야. 이제 우리가 헤어지기 전에 나를 축복해 주시오.
예레미야	(잠시 망설인 후, 다시 걸어가 왕 위에 손을 든다.) 주님이 당신을 축복하시고, 당신의 모든 길에서 당신을 지켜 주시기를 원하노라. 그의 얼굴빛이 당신에게 비추어지며, 그가 당신에게 평화를 주시기를 원하노라.⁵
시드기야	(꿈속처럼) 그가 우리에게 평화를 주시기를.

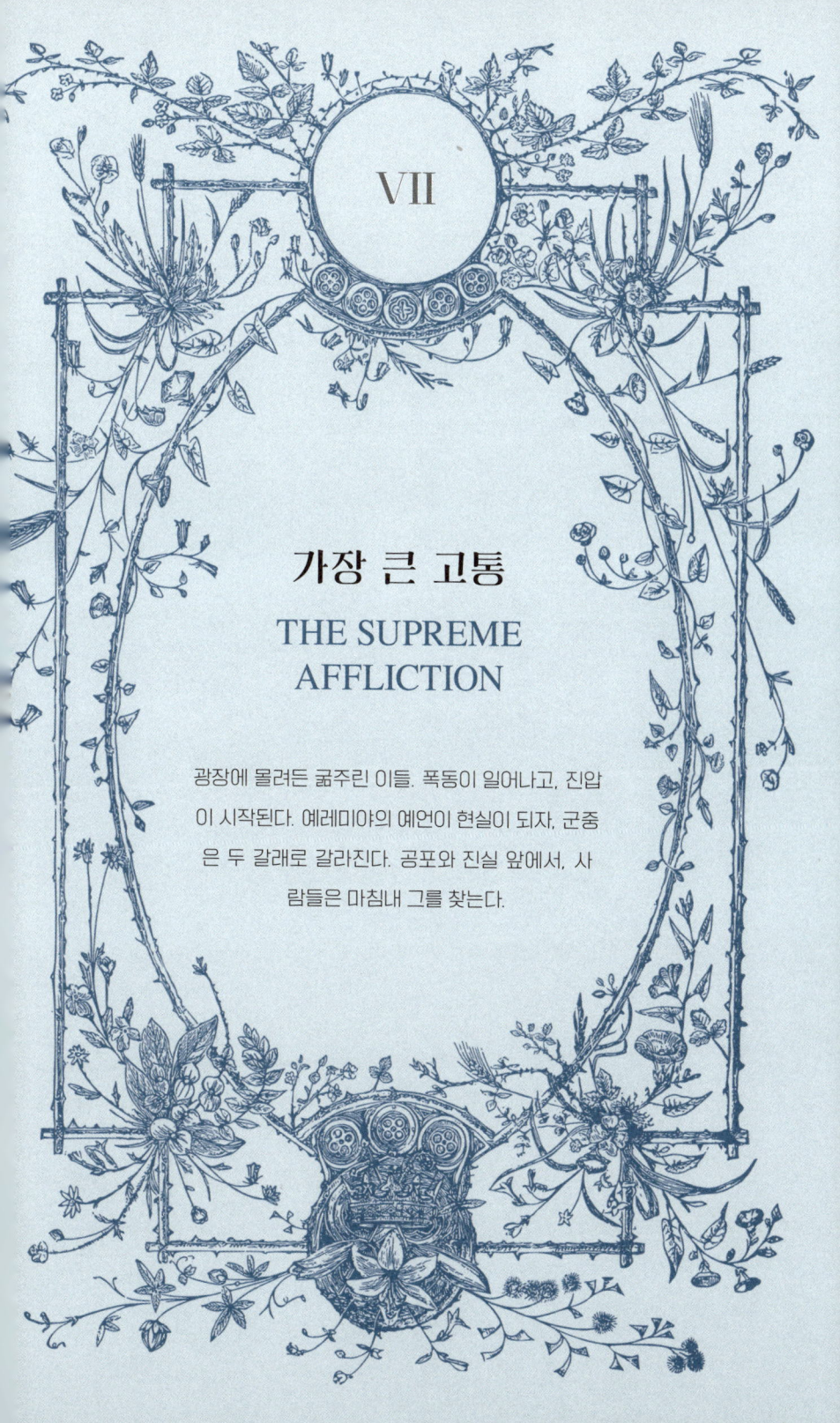

VII

가장 큰 고통

THE SUPREME AFFLICTION

광장에 몰려든 굶주린 이들. 폭동이 일어나고, 진압이 시작된다. 예레미야의 예언이 현실이 되자, 군중은 두 갈래로 갈라진다. 공포와 진실 앞에서, 사람들은 마침내 그를 찾는다.

SCENE SEVEN

I gave my back to the smiters,
and my cheeks to them that pluck off the hair: I hid not my face
from shame and spitting(Isaiah L, 6).

"내 등은 때리는 자들에게 주었고,
내 뺨은 털을 뽑는 자들에게 주었으며, 수치와 침 뱉음을 피하지
않았노라"(이사야 50장 6절).

7막

다음 날 아침, 신전 앞의 큰 광장. 여러 여성과 아이들로 이루어진 큰 무리가 왕궁으로 이어지는 계단을 올라가며 소리치고 비명을 지른다. 무리의 선두는 궁전 문에 도달해 주먹으로 문을 두드린다.

문지기   (뒤의 작은 문을 통해 나타나며 뒤의 문을 닫는다.) 너희들, 아직도 여기 있는 거냐? 오늘은 더 이상 빵을 나눠줄 수 없다고 이미 말했잖느냐.

여자 1   하지만 배가 너무 고파요.

여자 2   세 아이 몫으로 작은 빵 한 덩어리를 줬을 뿐이잖아요. 제 주먹보다도 작은 빵을요. 이 어린 딸아이를 좀 보세요. 손가락이 얼마나 말랐는지 보시라고요. (아이를 들어 그에게 보여 준다.)

여자 3   내 아이도 보세요. (자신의 아이를 보여 준다.)

혼란과 분노의 목소리들   ㄴ 배가 고픕니다.
                        ㄴ 빵을 달라.
                        ㄴ 우리는 배가 고파.
                        ㄴ 빵을 달라.
                        ㄴ 빵을!

또 다른 목소리   우리에게 열쇠를 내놔라.

여러 목소리	∟ 맞소.
	∟ 열쇠를 내놔라.
	∟ 창고를 여시오.
문지기	(무리 중 맨 앞에 있는 사람들을 밀쳐내며) 물러서라, 모두! 새벽에 빵 한 덩어리를 받는 것이 왕의 명령이다. 그러고 나면 창고는 닫힐 것이다.
한 목소리	나는 빵을 못 받았어.
다른 목소리들	나도 못 받았다, 나도.
여자 1	제 빵은 보이지도 않을 만큼 작았어요. 저는 젖먹이를 키우고 있어요. 공정하게 해 주세요!
여자 2	내 빵에는 모래와 자갈이 가득했어요.
여자 3	이건 원래 우리가 받던 빵과 다릅니다. 우리를 속이고 있어요. 공정하게 해 주세요!
문지기	나훔께서 말씀하시길, 너희 모두 똑같이 대하라고 하셨소. 그분은 완전히 공정하신 분이야.
한 목소리	그분은 어디 있습니까?
여러 목소리	∟ 그가 어디 있습니까?
	∟ 우리가 그를 만나길 원합니다.
	∟ 그를 만나게 해 주세요.
	∟ 그를 만나야 한다.
	∟ 그는 도둑이에요.
	∟ 그는 어디 있는가?
또 다른 목소리	(날카롭게 외치며) 나훔은 집에 앉아서 자기 가족의 배만 불리고 있소. 그들은 자기들만을 위해 빵을 굽고 있소.

두 번째 목소리	맞소, 부자들은 이미 필요한 모든 걸 쟁여 놓았지 않소.
여러 목소리	ㄴ 우리는 굶주리는데.
	ㄴ 가난한 자들에게 빵을.
	ㄴ 빵을 달라, 빵을.
날카로운 목소리	왕은 황금 접시에 진미를 가득 담아 놓고 있지 않소. 왕궁에서는 남은 음식을 우리 아이들에게 주느니 차라리 개들에게 던져 주는 것 아니오.
한 목소리	말도 안 되는 소리.
다른 목소리들	ㄴ 맞소!
	ㄴ 틀리지 않았소!
	ㄴ 내가 그들이 그러는 걸 봤어요.
	ㄴ 내 여동생도 그렇게 말했어요.
	ㄴ 나훔은 어디 있지?
	ㄴ 빵을 달라!

점차 목소리들이 하나로 합쳐져 빵을 요구하는 외침이 된다. 계단에 몰려 있는 군중은 점점 더 위협적으로 변한다. 앞줄에 있는 몇몇은 문지기를 붙잡으려 하고, 다른 이들은 닫힌 문을 계속 두드린다. 문지기는 나팔을 분다.

| 아비멜렉 | (궁전에서 군사들 몇 명과 함께 급히 나오며) 그에게서 물러서라! 저들을 밀어내라! 계단 아래로 내려가라! 왕궁 입구를 비워라. |

군사들이 창대 끝을 자유롭게 휘두르며 군중을 밀어낸다. 군중은 겁에 질려 물러선다.

|목소리들| ㄴ 저 사람이 나를 때렸소.
ㄴ 저들이 우리를 죽이려 한다!
ㄴ 내 아이는 어디 있나요? 도와주세요.
ㄴ 도와줘요.

군중은 계단 아래로 다시 모여, 분노에 찬 표정으로 아비멜렉을 응시한다.

|아비멜렉| 여러분, 모두 제정신입니까? 적이 우리를 공격하고 있습니다. 새벽부터 나는 방어를 강화하기 위해 성벽 위에 있었습니다. 그런데 그동안 여러분은 우리 뒤에서 소란을 피우고 있는 것입니까? 도대체 여러분은 무엇을 원하는 것입니까?

|목소리들| ㄴ 빵을 주세요.
ㄴ 우리는 배가 고픕니다.
ㄴ 빵을 주세요.
ㄴ 우리 아이들에게 먹일 것이 없습니다.

|아비멜렉| 모두 자기 빵을 가져갔습니다.

|목소리들| ㄴ 저는 못 받았어요.
ㄴ 나는 빼먹었어요.
ㄴ 충분하지 않아요.

|아비멜렉| 이 도시는 포위 당했습니다. 가진 것을 최대한 아껴야 합

	니다. 우리는 전쟁 중이에요.
목소리들	└ 여기 빵이 충분하지 않습니다.
	└ 우리는 배가 고픕니다!
아비멜렉	그렇다면 배고프게 사십시오! 우리는 여러분을 위해 피를 흘리고 있습니다. 예루살렘이 우리의 첫 번째 관심사입니다.
	(그들을 격려하려 하며 외친다.) 예루살렘이여, 영원하라!
한 목소리	(시큰둥한 반응으로) 예루살렘이여, 영원하라.
날카로운 목소리	도대체 예루살렘이 뭐냐? 도대체 예루살렘이 누구입니까? 예루살렘이 위장이 있습니까? 아니면 예루살렘이 피가 있습니까? 저 돌들과 성벽이 예루살렘인가요? 우리가 바로 예루살렘입니다.
목소리들	└ 맞소, 우리가 바로 예루살렘입니다.
	└ 우리를 살려주세요.
	└ 음식을 주세요.
	└ 우리 아이들에게도 음식을 주세요.
	└ 예루살렘이 우리에게 무슨 의미가 있나요?
	└ 지금 나는 빵이 필요합니다.
아비멜렉	(격렬하게 발을 구르며) 모두, 조용히 하십시오. 집으로 돌아가세요. 왜 시장에 모여 있는 것입니까? 우리가 전쟁 중인 것을 모르는 것입니까?
여자	우리는 왜 전쟁을 하고 있나요?
목소리들	└ 그래요, 왜?
	└ 왜, 우리가 전쟁을 하고 있나요?

	ㄴ 평화를 만듭시다.
	ㄴ 평화.
	ㄴ 평화. 그리고 빵을.
날카로운 목소리	느부갓네살 밑에서도 우리가 잘살지 않았습니까? 그의 멍에가 가볍지 않았나요? 우리의 날들이 평화롭지 않았습니까?
목소리들	ㄴ 맞아요, 맞아.
	ㄴ 느부갓네살과 평화를 이룹시다.
	ㄴ 전쟁을 끝내라.
	ㄴ 전쟁을 반대해요.
	ㄴ 전쟁을 시작한 자에게 저주를!
한 여자	이건 시드기야의 짓입니다. 그는 자기 친구인 이집트를 돕기 위해 전쟁을 원했습니다.
목소리들	ㄴ 그래요, 그가 우리를 배신했어요.
	ㄴ 우리가 고통받는 동안, 그는 아내들 사이에서 편히 지내고 있어요.
아비멜렉	누가 감히 주의 기름 부음을 받은 자를 비방하는가? 그분은 항상 전투의 선봉에 서 있습니다.
날카로운 목소리	거짓말이에요.
아비멜렉	누가 감히 그것이 거짓말이라고 말하는가? 칼을 마주할 용기가 있다면 나서시오. 누가 말했는가?

군중이 침묵한다.

목소리들	비방자들을 조심하라. 이제 모두 집으로 돌아가시오. 싸울 수 있는 자들은 성벽을 지킵시다. └ (뒤쪽에서) 나훔이다, 나훔이다. 그가 오고 있다!

군중이 나훔을 둘러싼다.

	└ 나훔, 선하신 나훔이여. └ 우리에게 빵을 주세요. └ 빵을. └ 빵을. └ 우리를 공정하게 대해 주세요. └ 도와주세요. └ 선하신 나훔이여.
나훔	(군중 사이를 팔꿈치로 헤치며) 길을 비키시오.
군중	(그를 따라 계단 위로 몰려가며) 나훔, 나훔.
아비멜렉	물러서시오! 뒤로 물러서시오!

군사들이 창을 들어 올리자, 군중은 계단 아래로 물러난다.

나훔	당신들이 원하는 것이 무엇이오?
한 목소리	창고를 열어 주세요.
나훔	창고는 비어 있소. 여러분 모두 매일 빵 한 덩어리를 받고 있소. 그것으로 만족해야 하오.

목소리들	∟ 저는 빵을 받지 못했습니다.
	∟ 저도요.
	∟ 창고를 개방해라.
나훔	내가 창고는 비어 있다고 말하지 않았는가.
날카로운 목소리	우리가 직접 확인해야 하겠습니다.
목소리들	∟ 맞소, 우리가 직접 확인합시다.
	∟ 그 말을 믿을 수 없소.
	∟ 창고를 열어라.
	∟ 우리가 직접 확인하겠다!
나훔	내가 여러분께 맹세하오….
날카로운 목소리	우리가 직접 보면 믿겠소. 우리는 너무 오래 속아 왔습니다.
목소리들	∟ 저들 모두 사기꾼이야, 제사장도, 왕도, 모두 다.
	∟ 열쇠를 넘겨라!
	∟ 저들이 승리를 예언하며, 얼마나 거짓말을 했는지 봐라!

목소리가 점점 위협적으로 변한다.

    ∟ 이집트의 군대는 어디에 있느냐?
    ∟ 시드기야가 이집트가 우리를 도와줄 것이라고 약속했었소.
    ∟ 기적과 표징은 어디 있는가?
    ∟ 빵을, 빵을, 빵을.
    ∟ 열쇠를 넘겨라.

군중이 다시 계단 위로 몰려 올라오며 나훔을 둘러싸고 열쇠를 빼앗으려 한다.

나훔	도와주시오, 도와줘요!
아비멜렉	(자기 부하들과 함께 군중을 때리며 물리친다.) 내려가라, 내려가라!
한 목소리	아, 내가 다쳤어. 봐라, 보라, 이 피를!
아비멜렉	마지막 경고요. 집으로 돌아가시오! 시장을 비우라, 그렇지 않으면 내 칼을 사용할 것이오.
날카로운 목소리	시장과 도시는 우리 것이오.

한 명의 전령이 군중 뒤에서 나타난다.

전령	아비멜렉 장군! 아비멜렉 장군은 어디에 있습니까?
아비멜렉	여기 있네.
군중	저기 있다, 그 불쌍한 자, 살인자!
전령	도와주십시오, 아비멜렉 장군님. 그들이 모리아 문을 깨고 있습니다.

군중 속에서 공포의 울부짖음이 일어난다.

아비멜렉	(칼을 휘두르며 군중을 가로질러) 길을 비켜라, 길을 비켜라.

그는 떠난다. 문지기, 나훔, 병사들이 문을 통해 물러난다. 군중은 혼란스러워진다. 이전에는 뚜렷한 의지를 가지고 움직였으나, 이제는 공포에 떨며 거의 알아들을 수 없는 고통과 두려움의 외침을 내는 사람들이 되어 버린다.

목소리들　└ 그들이 모리아 문에 부쉈단다.
　　　　　　└ 모든 것이 끝났어.
　　　　　　└ 내 아내.
　　　　　　└ 내 자녀들.
　　　　　　└ 하나님이여 우리를 도우소서.
　　　　　　└ 성전으로 가자.
　　　　　　└ 엘리야, 엘리야!
　　　　　　└ 어디로 숨을까?
　　　　　　└ 우리는 어떻게 되는가?

한 목소리　성벽으로 가자! 장정은 성벽으로!

한 남자　（안으로 달려오며) 우리는 배신당했다! 왕은 도망갔다! 우리는 패배했다!

목소리들　└ 우리는 배신당했다!
　　　　　　└ 우리는 패배했어.
　　　　　　└ 왕은 어디에 있느냐?
　　　　　　└ 제사장들은 어디에 있느냐?
　　　　　　└ 하나냐는 어디에 있느냐?
　　　　　　└ 복수다, 복수.
　　　　　　└ 죽음이 우리에게 다가왔구나.

	└ 갈대아인들이 온다!
날카로운 목소리	왕에게 저주를!
목소리들	(격렬하게) 왕에게 저주를!
날카로운 목소리	제사장들에게 저주를! 예언자들에게 저주를! 그들은 우리 모두에게 거짓말을 했다.
목소리들	맞다, 그들 모두에게 저주를!
날카로운 목소리	그들은 우리에게 경고한 자들, 바로 평화를 말한 자들을 박해했어.
한 목소리	그들은 예레미야를 박해했어요.
두 번째 목소리	그래, 예레미야가 우리가 겪을 일을 미리 말했어요.
목소리들	└ 그가 우리에게 경고했어요.
	└ 그는 평화를 원했어요.
	└ 바로 이곳에서 그가 평화를 외쳤어요.
	└ 나도 들었습니다.
	└ 그가 진정한 예언자입니다.
	└ 모든 것이 그가 예언한 대로 일어났어요. 예레미야는 어디에 있습니까?
	└ 예레미야를 데려와라. 그가 우리를 도와줄 것이다.
	└ 그가 어디에 있습니까?
	└ 그가 어디에 있습니까.
한 목소리	그는 여기 왕궁 안의 구덩이에 감금되어 있습니다.

군중에게 분노의 외침이 일어난다.

목소리들	ㄴ 그를 풀어주어라.
	ㄴ 그가 우리를 구할 것입니다.
	ㄴ 문을 부수라.
	ㄴ 예레미야, 예레미야! 하나님이 우리를 도우려 그를 보내셨다.
	ㄴ 예레미야, 하나님의 사람, 우리를 도와주소서.
	ㄴ 거짓 예언자들을 무너뜨리자.
	ㄴ 하나님은 예레미야를 통해 말씀하셨습니다.
	ㄴ 문을 부수기 위해 도끼를 가져오시오.
	ㄴ 예레미야는 왕이 되어야 합니다.
	ㄴ 우리의 구세주는 어디에 있느냐?

한동안 아무것도 들리지 않고, 오직 예레미야, 예레미야라는 외침과 도끼와 몽둥이로 문을 부수는 소리가 들린다. 갑자기 문이 열리고 문지기가 나타난다.

문지기	여러분, 도대체 무엇을 원하는 겁니까?
군중	ㄴ 우리를 통과하게 하시오.
	ㄴ 예레미야, 예레미야!

문지기가 옆으로 밀려난다.

| 문지기 | 살려주세요, 살려주세요! |

군중의 일부가 문을 통과하고, 안쪽에서 문이 도끼로 부서지는 소리가 들린다. 나머지 사람들은 긴장하며 흥분한 상태로 남아 있다.

목소리들   ㄴ (안쪽에서) 개들이 그분을 구덩이에 넣었어.
         ㄴ 그들이 그분을 두려워한 것이야.
목소리들   (계단에서)
         ㄴ 그분은 거룩한 사람이오.
         ㄴ 그분은 주님이 선택하신 자이시오.
         ㄴ 예레미야가 우리를 구할 것이오.
한 여인   (광기 어린 흥분 속에서) 그분이 손을 뻗어 평화를 외쳤었지요. 하나님의 불이 그의 입에서 나왔습니다. 그분의 이마는 천사의 것처럼 빛났지요. 그분이 우리를 구할 겁니다.
다른 여인   내가 그의 복된 얼굴을 다시 한번만 볼 수 있다면. 그 얼굴이 예루살렘을 비출 것입니다.

안에서 외침이 들린다.

목소리들   ㄴ 그를 찾았소.
         ㄴ 그는 구원받았다.
         ㄴ 우리는 구원받았다.
         ㄴ 하나님이 우리를 도우실 것이오.
         ㄴ 예레미야! 예레미야!

안에서 군중의 나머지가 예레미야를 승리의 표시로 계단 위로 끌어낸다. 그는 손으로 눈을 가리며 빛을 피하고 있다.

목소리들	(열광적으로)
	ㄴ 거룩하신 분!
	ㄴ 주님!
	ㄴ 사무엘.
	ㄴ 엘리야.
	ㄴ 예언자.
	ㄴ 우리를 구하소서, 예레미야.
	ㄴ 왕.
	ㄴ 주님의 기름 부음을 받은 자.
	ㄴ 이스라엘아, 그분의 말씀을 들으라.
	ㄴ 예레미야.
광기 어린 여성	(그의 발에 엎드리며) 왜 얼굴을 숨기시나요? 당신의 눈길이 치유를 가져올 것입니다. 이 아이를 보시고 건강하게 자라게 하소서. 우리 모두를 보시고 죽음에서 일어날 수 있게 하소서.
예레미야	(천천히 눈에서 손을 떼며, 군중의 흥분하고 기대에 찬 모습을 차분하고 어두운 시선으로 바라본다. 그의 표정은 우울하다.) 이 빛은 내 눈에 낯설고, 그것이 내 눈을 태우는구나. 당신들이 보여 주는 이 사랑도 나에게 낯설고, 그것이 내 영혼을 태우는구나. 여러분은 무엇을 원하는 겁니까?

군중	ㄴ 우리를 구하소서, 주님의 기름 부음을 받은 예레미야.
	ㄴ 도시를 구하소서.
	ㄴ 우리의 왕이 되소서.
	ㄴ 기적을 보이소서.
예레미야	여러분의 말을 내가 알아들을 수 없습니다. 여러분의 뜻은 무엇입니까?
군중	(모두 동시에)
	ㄴ 모리아.
	ㄴ 시온의 요새.
	ㄴ 예루살렘을 구하소서.
	ㄴ 기적을 보이소서.
	ㄴ 우리는 끝났습니다.
	ㄴ 당신은 우리의 목자입니다.
	ㄴ 구하소서.
	ㄴ 예루살렘을 구하소서.
예레미야	한 사람씩 말하시오.
그 (광기 어린) 여인	(다시 그의 발에 엎드리며) 거룩하신 분, 주님의 기름 부음을 받은 자, 우리 희망의 별! 손을 뻗어 예루살렘을 구하소서. 당신이 예언한 것이 이루어졌습니다. 갈대아인들이 우리에게 다가왔습니다.
한 목소리	모리아의 문이 무너졌소.
두 번째 목소리	우리 군사들이 패배했소.
세 번째 목소리	(절망적으로) 예루살렘을 구하소서. 그렇지 않으면 우리는 죽습니다.

군중	(외침을 따라) 예루살렘을 구하소서. 그렇지 않으면 우리는 죽습니다.

예레미야는 움직이지 않고 서 있으며, 손으로 얼굴을 가리고 있다.

그 여인	우리는 당신의 적에게 복수하고 싶습니다. 당신을 비방한 자들의 얼굴을 찢고 싶습니다. 우리를 불쌍히 여기소서. 당신은 우리의 구세주이자 희망입니다.
목소리	당신이 아니면 누가 우리를 구하겠습니까?
날카로운 목소리	제사장들이 우리를 배신했습니다. 왕은 우리를 적에게 팔았습니다.
예레미야	(분개하며) 그것은 거짓입니다! 왜 왕을 비방하시오?
목소리들(무리)	ㄴ 시드기야가 우리를 버렸습니다.
	ㄴ 그는 어디에 있습니까?
	ㄴ 왜 우리를 돕지 않는가?
	ㄴ 그는 도망쳤소.
예레미야	(격렬하게) 그건 사실이 아닙니다.
목소리들	ㄴ 그것은 사실입니다.
	ㄴ 그들이 우리를 이 전쟁으로 몰아넣었습니다.
	ㄴ 그들이 우리를 희생시켰소.
	ㄴ 우리는 평화를 원했소.
	ㄴ 평화를 달라.
예레미야	여러분들은 이제서야 평화를 갈망하고 있군요. 왜 여러분의 죄를 왕의 어깨에 떠넘깁니까? 여러분이 전쟁을 요

	구하지 않았습니까?
군중	ㄴ 아니요, 나는 아닙니다.
	ㄴ 아니요, 나는 아닙니다.
	ㄴ 그건 왕이었습니다.
	ㄴ 나는 아니었습니다.
	ㄴ 우리 중 아무도 아닙니다.
예레미야	여러분 모두가 전쟁을 원했습니다. 모두, 모두가!

여러분의 마음은 변덕스럽고 갈대처럼 바람에 흔들리는군요.

나는 지금 평화를 외치는 바로 그 사람들이 전쟁을 부르짖는 소리를 들은 적이 있습니다.

왕에 반대하여 목소리를 높이던 자들이 오히려 그를 전쟁으로 내몰았습니다.

백성들이여, 너희에게 화가 있으리라!

당신들은 두 개의 목소리로 말하고, 모든 바람에 흔들리는구나.

당신들이 전쟁과 간음을 행하였으니, 이제는 전쟁의 열매를 맺어야 하리라.

당신들이 칼을 가지고 놀았으니, 이제 그 칼날을 맛볼 것이다.

목소리들	ㄴ 아아, 그가 우리를 외면한다.
	ㄴ 예레미야여, 우리의 고통 속에서 우리에게 자비를 베푸소서.
	ㄴ 우리의 비참함 속에서 우리를 도와주소서.

예레미야	그 누구도 당신들을 도울 수 없습니다. 도움은 오직 하나님께로부터 옵니다.
날카로운 목소리	하나님이 우리를 버리셨다!
군중	ㄴ 맞습니다. 하나님이 우리를 버리셨습니다. ㄴ 하나님은 어디에 계시는가? ㄴ 언약은 어디 있는가?
망명자	(소리치며 지나간다.) 적이 성안으로 들어왔다. 아비멜렉이 죽었다.
군중	(공포에 질린 비명 후 다시 예레미야에게 간청한다.) ㄴ 들으소서. 들으소서! ㄴ 우리는 패배했습니다! ㄴ 기적을 보이소서, 기적을.
예레미야	(절망적으로) 내가 무엇을 하기를 원합니까? 적을 향해 내 맨손을 뻗으란 말입니까?
군중	(열광적으로) 그렇습니다, 그래요! 그렇게 해서 우리를 구하소서.
예레미야	당신들은 하나님께서 여러분에게 보내신 자들을 내가 되돌릴 수 있다고 생각합니까?
군중	ㄴ 그렇습니다, 맞아요. ㄴ 당신은 할 수 있어요. ㄴ 당신은 해야만 합니다. ㄴ 당신은 원하는 것을 할 수 있습니다.
예레미야	나는 아무것도 할 수 없습니다. 하나님의 뜻을 거스르는 일은 할 수 없습니다.

군중	ㄴ 당신이 예루살렘을 구할 수 있습니다.
	ㄴ 기적을 보이소서.
예레미야	(격렬히) 만약 내게 하나님의 뜻에 맞서 일할 수 있는 능력이 있다 해도, 결코 그렇게 하지 않을 것입니다. 나를 시험하지 마십시오. 나는 당신들의 편이 아니라 하나님의 편입니다. 그분이 무엇을 결정하시든 나는 그분 앞에 굴복할 것입니다.
군중	ㄴ 아아, 그가 우리를 외면한다.
	ㄴ 그가 우리를 버리려 한다.
예레미야	(점점 흥분하며) 나는 그분의 확고한 뜻을 붙잡을 것입니다. 변덕스러운 당신들은 외면할 것입니다. 당신들의 뜻이 아니라 그분의 뜻이 이루어지기를 바랍니다. 주님, 무엇이든 당신의 뜻이라면 나는 굴복하려 합니다. 예루살렘이 멸망하더라도, 그것이 당신의 뜻이라면 나는 굴복합니다.

군중의 공포스러운 비명.

성전이 무너지더라도, 그것이 당신의 뜻이라면 나는 굴복합니다.

군중이 격렬히 외친다.

탑이 무너지더라도, 백성이 먼지처럼 흩어지고,

	그 이름이 땅에서 사라지더라도,
	내 몸이 수치에 던져지고,
	내 영혼이 고통에 빠지더라도, 그것이 당신의 뜻이라면 나는 굴복합니다. 주여, 나는 굴복합니다.
군중	ㄴ 저 사람이 미쳤다!
	ㄴ 그를 쳐라.
	ㄴ 그는 미쳤어.
	ㄴ 그가 우리에게 저주를 퍼붓는다!
	ㄴ 배신자는 침묵해라!
예레미야	(황홀경 속에서)
	주님, 당신이 무엇을 하시든 나는 굴복합니다.
	당신이 무엇을 보내시든,
	나는 당신의 이름을 찬양할 것입니다.
	제게 많은 공포를 내려주소서,
	당신의 분노를 저는 기꺼이 받아들입니다.
	내 마음을 부수소서! 성문을 파괴하소서!
	벽을 허물고 불로 당신의 제단을 태우소서.
	지금 무수히 많은 사람들이 쓰러지는 그 제단을 위해.
	당신의 백성을 거절하시고,
	그 분노 속에서 저에게도 얼굴을 돌리소서!
	나의 슬픔의 깊은 곳에서 나는 당신께 매달립니다.
	당신이 나를 죽이더라도, 나는 죽음 속에서도 당신을 신뢰할 것입니다.
군중	(격렬히 소리치며)

　　　　　ㄴ 배신자.

　　　　　ㄴ 그가 우리를 저주하고 있어.

　　　　　ㄴ 그가 우리의 죽음을 위해 기도하고 있다!

　　　　　ㄴ 그를 돌로 쳐라.

　　　　　ㄴ 돌로 쳐 죽여라!

예레미야　(그가 위협하고 요동치는 군중을 그의 열정의 불꽃으로 위압하고, 이전보다 더욱 광란에 사로잡힌다.)

　　　　　주님께서 저를 어둠으로 이끄셨기에,

　　　　　저는 많은 고통을 겪었습니다.

　　　　　그러나 주님, 저는 모든 것을 인내하며 견디겠습니다.

　　　　　당신의 진노의 잔을 부으소서.

　　　　　제 뼈를 부수시고, 제 눈을 감기소서.

　　　　　제 고통의 잔을 채우소서.

　　　　　가득 눌러 넘치도록 채우소서.

　　　　　그럼에도 저는 여전히 당신의 충실한 종입니다.

　　　　　당신은 지극히 높으신 분이 아니십니까?

　　　　　당신이 나를 쑥과 담즙으로 시험하실수록,

　　　　　저는 더욱 당신의 넘치는 사랑을 증언할 것입니다.

　　　　　당신께서 요구하신 순교의 고통을 두 배로 감당하게 하소서.

　　　　　저를 때리는 매를 기꺼이 입 맞추게 하소서.

　　　　　제 살을 상하게 하는 손길에 감사하게 하소서.

　　　　　제 살을 태우는 불길을 찬양하게 하소서.

　　　　　무자비한 적이 가져온 죽음을 축복하게 하소서.

	당신의 도성에 닥친 파괴를 축복하게 하소서.
	저의 고통, 노예됨과 수치를 축복하게 하소서.
	적을 축복하게 하소서. 당신의 이름으로 축복하게 하소서.
	주님, 당신의 뜻에 나는 겸손히 굴복합니다.
	당신이 보내시는 모든 것을 기꺼이 받아들이기로 서약합니다.
	주님, 제 말을 들으소서. 주님, 지금 저를 시험하여 주소서.
군중	ㄴ (그의 말을 끊으며) 배신자.
	ㄴ 그를 돌로 쳐라.
	ㄴ 그가 우리의 적을 축복한다!
	ㄴ 그가 우리의 원수를 위해 기도해.
	ㄴ 신성 모독자를 돌로 쳐라.
날카로운 목소리	(군중을 압도하며) 그를 십자가에 처형하라! 십자가에 못 박아라!
군중	(외침을 따라 하며 계단 위로 몰려든다.)
	ㄴ 그를 십자가에 못 박아라! 신성 모독자를 십자가에 못 박아라!
	ㄴ 그 배신자를 돌로 쳐라!
	ㄴ 십자가에 못 박아라!
예레미야	(황홀한 상태로, 마치 십자가에 못 박힌 것처럼 팔을 펼치며)
	하나님의 뜻대로 하소서. 여기로 오라, 가까이 오라.
	내 사지를 십자가에 못 박아라, 내 옆구리를 창으로 찌르라.

내게 침을 뱉고, 채찍질하고, 모욕하라.
내 뼈를 부수고, 나를 낮추고 더럽히라.
그러면 나는 한 사람과 모든 사람을 위해
이스라엘을 위한 속죄 제물이 될 것이야.
나를 잡아라. 잡아라.
내 희생 제물이 야훼를 기쁘게 하여,
그의 진노를 멈추고,
그리고 구원하소서. 지금 이 예루살렘을 구하소서.

군중이 그를 둘러싸고, 어떤 이는 그의 사지를 붙잡고, 다른 이는 그를 위해 싸우며 그를 풀어주려 애쓴다.

목소리들	ㄴ 십자가에 못 박아라!
	ㄴ 그를 돌로 쳐라!
	ㄴ 그는 하나님을 모독한다.
	ㄴ 예레미야에게 저주를!
	ㄴ 십자가에 못 박아라.
다른 목소리들	ㄴ 놔둬라.
	ㄴ 하나님의 영이 그에게 있어.
	ㄴ 그는 제정신이 아니야.
	ㄴ 그를 해치지 말라.
예레미야	(혼란 속에서도 그는 계속해서 팔을 펼치며, 마치 십자가에 못 박힌 것처럼 행동한다.)
	왜 여러분은 지체합니까?

세 번 축복받은 날이여!
나는 순교의 대가를 기꺼이 치르리라.
나는 고난에 목마르다.
나로 하여금 저주받은 죽음을 맞이하게 하라.
십자가에 걸려 극심한 고통을 겪는 자는
세상의 영원한 구원을 얻을 것이오.
그는 구원자요 중재자이시니,
잔인한 나무(십자가)에서 두 팔을 향합니다.
죽음이 저를 해방하기까지 고통 속에서 떨리는 입술로
속죄의 평화의 메시지를 말하리라.
그의 한숨은 멜로디를 낳고,
그의 고통은 이 땅에 영원한 사랑을 낳으리라.
그의 죽음은 생명을 가져오고,
그의 슬픔은 용서를 가져올 것이오.
그의 육신은 썩고, 그의 몸은 부패하더라도,
그의 영혼은 하늘로 날아오르리라.
그는 우리의 모든 죄를 하나님께로 가져가는
그는 인류의 새 시대를 알리는 영광스러운 사자(使者)이니라!
아, 내가 그 구원의 전령이 될 수만 있다면!
내 영혼은 불타오른다! 보라, 내가 기도하노니.
나를 십자가에 못 박아라! 오, 나를 십자가에 못 박아라!

군중이 야생적인 외침과 함께 그를 붙잡아 끌고 가기 시작하며, 가는 길에서 그를 때리며 조롱한다.

목소리들 ㄴ 십자가에 못 박아라!

ㄴ 그가 갈망하는 죽음을 맛보게 하라.

ㄴ 그는 우리의 적이야.

ㄴ 십자가에 못 박아라.

ㄴ 돌로 쳐라!

그 순간, 여러 명의 패잔병이 혼란스럽게 무기를 내던지며 광란 속에 시장으로 몰려든다.

패잔병들 ㄴ 성벽이 무너졌습니다.

ㄴ 적이 도시에 들어왔습니다.

ㄴ 갈대아인이 승리했습니다.

ㄴ 이스라엘은 패배했습니다.

다른 패잔병들 ㄴ 아비멜렉이 죽었습니다.

ㄴ 모든 것이 끝났습니다.

ㄴ 예루살렘이 함락되었습니다.

더 많은 패잔병 (급박하게 도망치며)

ㄴ 그들이 우리 뒤를 바짝 쫓아오고 있소.

ㄴ 성전으로 갑시다.

ㄴ 모든 것이 끝났다.

ㄴ 이스라엘이여!

ㄴ 이스라엘이여!

└ 아, 예루살렘이여!

군중은 비명을 지르며 패잔병들과 합류한다. 예레미야는 잊혔다. 도시는 절망의 외침과 도망치려는 헛된 시도의 소음으로 가득하다.

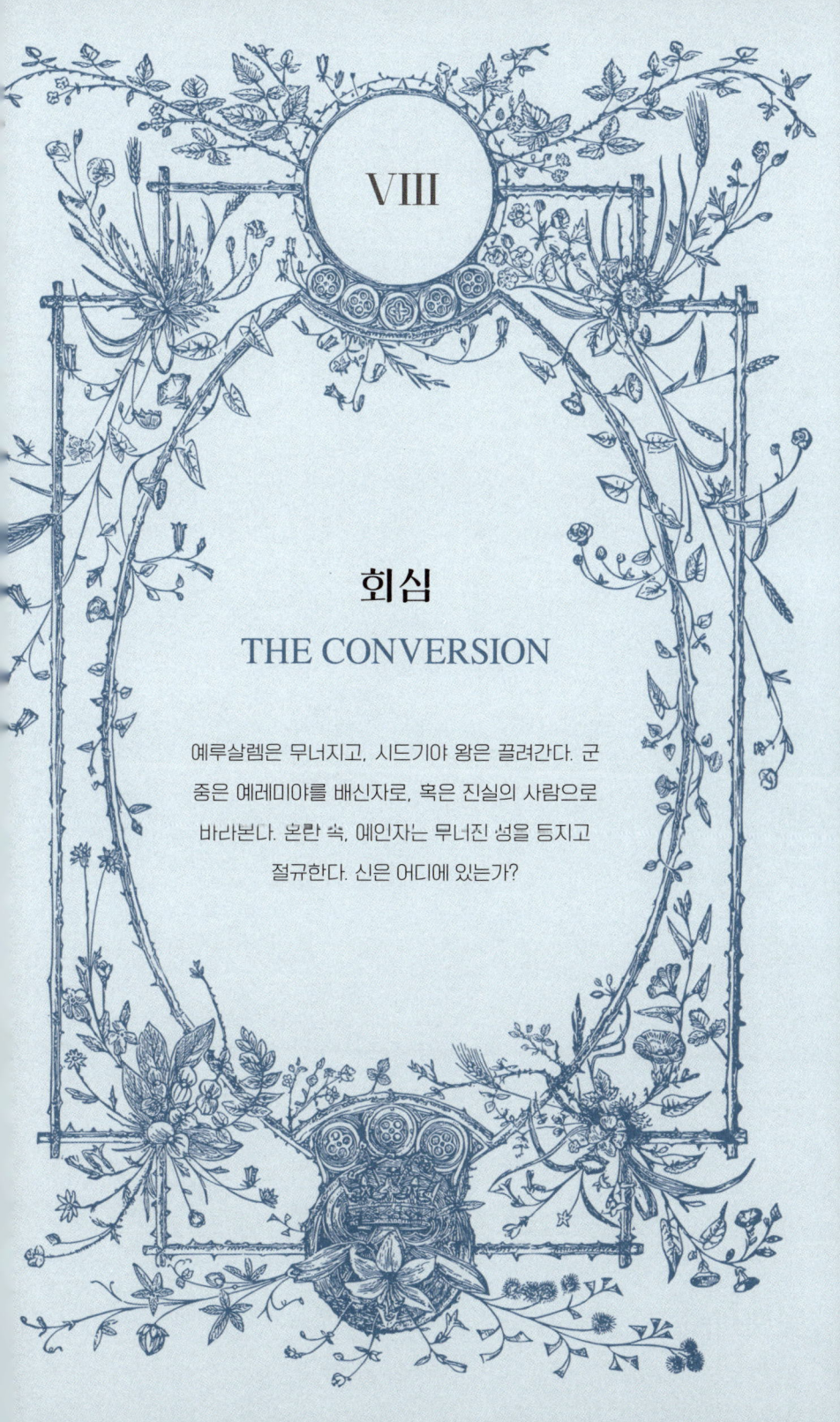

VIII

회심
THE CONVERSION

예루살렘은 무너지고, 시드기야 왕은 끌려간다. 군중은 예레미야를 배신자로, 혹은 진실의 사람으로 바라본다. 혼란 속, 에인자는 무너진 성을 등지고 절규한다. 신은 어디에 있는가?

SCENE EIGHT

My desire is that Job may be tried unto the end(Job XXXIV, 36).

"내 소망은 욥이 끝까지 시험받는 것이다"(욥기 34장 36절).

8막

거대한 지하 묘지. 문과 창문은 닫혀 있고, 습기 찬 지하 공간이다. 희미하게 빛이 들어온다. 도망자들, 창백하고 지친 모습으로 돌바닥에 웅크리거나 누워 있다. 그들 중 일부는 장로 주위에 모여 성경을 읽고 있다. 배경에는 다친 남자가 있으며, 한 여성이 그를 돌보고 있다. 다른 이들과 떨어져, 돌 조각에 앉아 움직이지 않는 예레미야는 얼굴을 손에 묻고 있다. 그는 지금 이곳의 상황과 동떨어져 보인다. 그의 침묵은 마치 불평과 논쟁의 흐름 속에 고정된 바위처럼 보인다. 예루살렘 함락 다음 날 저녁. 장로가 성경을 읽으며 리듬에 맞춰 몸을 흔들고, 목소리는 낮고 단조롭지만, 절망이나 희망을 표현할 때 목소리가 커진다. 때때로 다른 이들이 응답한다.

장로   (성경을 읽는다.) 이스라엘의 목자여, 귀를 기울여 주시옵소서.
            요셉의 후손을 마치 양 떼처럼 이끄시는 이여.
            케루빔[6] 사이에 거하시는 이여.
            빛을 비추소서! 힘을 일으키소서![7]
다른 이들   (일제히 중얼거리며) 빛을 비추소서! 힘을 일으키소서!
장로   (성경을 읽는다.) 이스라엘의 목자여, 귀를 기울이시고,
            오셔서 우리를 구원하소서.
            주의 얼굴을 비추소서. 그리하면 우리가 구원을 얻으리라.

	주께서 언제까지 백성의 기도에 대해 노하시겠습니까?
	주께서는 그들을 눈물의 빵으로 먹이시며,
	그들에게 많은 눈물을 마시게 하십니다.
	만군의 하나님이여 우리를 회복하여 주시고 주의 얼굴의 광채를 비추사 우리가 구원을 얻게 하소서.[8]
다른 이들	주의 얼굴을 비추소서, 그리하면 우리가 구원을 얻으리다.
장로	(성경을 읽는다.) 우리 조상들의 죄악을 기억하지 마시고 주의 긍휼로 우리를 속히 영접하소서.
	우리가 매우 가련하게 되었나이다.[9]
	주님의 진노로 우리가 소멸되었으며,
	주님의 분노로 우리가 괴로움을 겪고 있습니다.
	옛 죄를 기억하지 마시고,
	주님의 언약을 기억하시며, 주님의 이름을 기억하소서.
	나타나서서, 목자여, 주의 양 떼를 인도하소서.
	빛을 비추소서! 주의 능력을 일으키소서!
다른 이들	빛을 비추소서! 주의 능력을 일으키소서!
다른 목소리들	(열렬히 합창하며) 주의 얼굴을 비추소서, 그리하면 우리가 구원을 얻으리다.
부상 입은 사람	(지금까지 신음하던 그가 갑자기 큰 소리로 외친다.) 오, 오, 내가 불타고 있소. 물! 물!
그 여자	(그를 달래며) 진정하세요, 착한 사람. 제발 조용히 하세요. 그렇지 않으면 그들이 우리 소리를 들을 거예요.
장로	조용! 진정해야 합니다. 그렇지 않으면 우리 모두에게 문제가 될 겁니다.

다른 사람	그들이 우리를 찾으면 우리를 죽일 거야.
부상 입은 사람	그들이 저를 죽이게 두세요. 더 이상 견딜 수가 없습니다. 제 상처가 불타고 있어요. 물! 물!
한 남자	우리가 저 사람을 침묵시켜야 합니다. 저 사람의 외침이 우리의 은신처를 들키게 할 수 있습니다.
그 여자	그에게 손대지 마세요. 그는 내 동생입니다. 제가 성벽에서 데리고 왔어요. (그의 옆에 무릎을 꿇으며) 사랑하는 내 동생아, 제발 울음을 멈춰라. 내가 물을 가져오마. 이 수건으로 입을 막아야 하겠다.

부상 입은 사람이 그렇게 한다. 그의 외침은 속삭임으로 줄어들고, 나머지 사람들 대부분은 흥분해서 일어섰다가 다시 앉는다.

목소리	계속 읽어 주세요, 브니하스. 하나님의 말씀이 우리를 위로합니다.
다른 목소리	그 언약에 대해 계속 읽어 주십시오.
다른 목소리들	ㄴ 그래요, 메시아에 대해 읽어 주십시오. 이새의 줄기에서 나올 막대기에 대해 읽어 주세요.
	ㄴ 구세주에 대해 읽어 주세요.
	ㄴ 우리의 마음은 하나님의 말씀의 이슬을 갈망하고 있어요.

장로가 다시 두루마리를 들고 읽기를 시작하려 할 때, 갑자기 문을 두드리는 소리가 들린다. 모두 놀란다.

한 여자	(두려워하며) 누군가 문을 두드려요!
다른 사람들	ㄴ 그들이 왔다!
	ㄴ 그들이 우리를 추적했어.
한 남자	바깥문이 아니라 우리 사람들만이 아는 비밀의 입구에서 두드리는 소리입니다. 열어 주세요!
여자들	안 돼! 안 돼요. 우리 중에 배신자가 있어요. 놔두세요!
장로	조용!
	(그가 조심스럽게 벽에 숨겨진 문에 다가가며) 누구시오?
목소리	(밖에서) 스바냐입니다!
장로	스바냐? 내 사위, 소식을 듣고자 보낸 내 사위, 스바냐다.

그는 빗장을 풀고, 투구를 쓰고 갈대아 사람처럼 옷을 입은 사람이 들어온다. 모두 그에게 달려가지만, 예레미야만 움직이지 않는다.

목소리들	ㄴ 어떤 일이 일어났나요?
	ㄴ 내 아들 네터를 보았나요? 내 아내 토비아를 보았소?
	ㄴ 내 집이 불타버렸나요?
	ㄴ 왕은 어디 있지요?
	ㄴ 성전은 어떻게 되었나요? 내 남편 이스마엘이 어디 있는지 아세요?
	ㄴ 밖에서 무슨 일이 일어나고 있나요?
장로	모두 조용히 하세요. 스바냐가 말할 수 있도록 하십시오. 그가 햇빛과 성을 보았으니까.
스바냐	제가 목격한 것을 보는 것보다 차라리 어둠 속에 앉아 있

　　　　　는 것이 낫고, 눈이 멀도록 울어버리는 것이 더 나으며, 나무뿌리와 땅속 깊은 곳에서 잠드는 것이 더 나을 것입니다. 다윗의 도성은 죽음의 도성이 되었고, 솔로몬의 성채는 완전히 파괴되었습니다.

모두　　오, 예루살렘이여, 슬프고 또 슬프도다.

스바냐　우리 형제들의 시체가 거리 곳곳에 거름처럼 널려 있습니다. 갈대아 군사들은 전사들의 시신을 약탈하고, 유다 왕들의 무덤을 뒤지며, 솔로몬의 자주색 의복을 놓고 제비를 뽑고 있습니다. 그들이 성전의 상에서 빵을 빼앗아 가고, 벽에 걸려 있던 금 촛대들도 훔쳐 갔습니다.

장로　　(옷을 찢으며) 나는 더 이상 이렇게 살 수 없다! 내 옷을 찢듯 내 창자를 찢을 수만 있다면.

목소리들　ㄴ 하나님의 능력은 어디에 있나요?
　　　　　ㄴ 언약은?
　　　　　ㄴ 약속은?
　　　　　ㄴ 우리 지도자들은 어디 있는가요?
　　　　　ㄴ 예루살렘은 패망했다.
　　　　　ㄴ 내 남편은?
　　　　　ㄴ 당신은 누구를 보았나요?
　　　　　ㄴ 나훔은 어떻게 되었는가?
　　　　　ㄴ 그리고….

스바냐　여러분이 많은 것을 묻지만, 저는 여러분에게 한 가지 답 밖에 줄 수 없습니다. 유다의 귀족 중에 이제 빛을 볼 수 있는 사람은 아무도 없습니다.

목소리들	ㄴ 모두 죽었다고요? 모두?
	ㄴ 말도 안 돼!
	ㄴ 아보다사?
	ㄴ 여호야긴?
	ㄴ 헤다사르?
	ㄴ 임레?
	ㄴ 나훔?
스바냐	더 이상 묻지 마세요. 그들의 고통은 끝났고, 그들은 이제 하나님과 함께 있습니다.
목소리들	ㄴ 나훔도요?
	ㄴ 왕의 아들들도?
	ㄴ 내 처남 압살롬도?
스바냐	살아남은 자가 없습니다. 성벽에서 쓰러지지 않은 자들도 결국 느부갓네살의 병사들에게 살해당했습니다. 오직 시드기야 혼자만 남았습니다.
목소리들	ㄴ 시드기야가 아직 살아 있다고?
	ㄴ 왜 다른 사람이 아닌 그를 살려둔 것인가요?
	ㄴ 그는 우리를 배신했어요.
	ㄴ 모두가 학살당했는데 왜 그에게는 자비를 베푸나요?
	ㄴ 왜 그를 살려두지요?
스바냐	왕을 존중하시오! 그분의 고난을 헤아려야 합니다!
목소리들	ㄴ 그에게 무슨 일이 있었습니까?
	ㄴ 그가 포로가 되었나요?
스바냐	시드기야 왕은 가장 용감한 예순 명과 함께 산속에서 아

	수르에 맞서 싸우고자 했습니다. 그러나 갈대아의 군대가 추격하여 평야에서 그를 붙잡았고, 마침내 느부갓네살 왕에게 끌려갔습니다.
목소리들	그래서요?
스바냐	제가 가던 길에 그를 마주했습니다. 저는 그가 광장에서 청동으로 만든 사슬에 묶여 있는 것을 보았습니다. 그의 눈앞에서, 그의 아들들이 하나씩 칼에 쓰러졌습니다. 그리고 마침내 주의 기름 부음 받은 자가 눈이 멀게 되었….
예레미야	(갑자기 무감각한 상태에서 깨어나며 공포에 찬 목소리로 말한다.) 눈이 멀었다고? 눈이 멀었다고요?
스바냐	누구입니까?
목소리들	ㄴ 그와 말하지 마세요.
	ㄴ 그를 쳐다보지도 마세요.
	ㄴ 그는 가장 악명 높은 자입니다.
	ㄴ 저주가 그에게 내려져 있습니다.
	ㄴ 그의 이름을 말하지 마세요.
	ㄴ 그의 이름을 말하지 마세요.
스바냐	누가 "눈이 멀었다"고 말했습니까? 저는 이 목소리를 알고 있습니다!
목소리들	그의 이름을 묻지 마세요. 그는 저주받은 자입니다. 그는 하나님으로부터 버림을 받은 자입니다.
한 여자	저 사람은 하나님의 저주입니다. 우리의 불타는 고통을 위해 보내진 사람입니다. 그가 예레미야, 예레미야입니다!
스바냐	(절규하며, 무언가 끔찍한 것을 밀쳐내듯 손을 뻗으며) 예

	레미야!
예레미야	왜 나를 무서워합니까? 무엇이 두렵습니까? 이제 더 이상 두려워할 이유가 없습니다. 내 말은 바람에 불과했고, 내 힘은 다했습니다. 나를 내뱉고 여러분의 길을 가십시오.
스바냐	나는 당신이 두렵습니다, 재앙을 가져오는 자여. 이 모든 것을 예견한 사람은 당신뿐이었습니다. 단지, 저분 홀로. 다른 한 분이 당신의 이름을 불렀었지요.
장로	누가 그의 이름을 불렀는가?
스바냐	(완전히 낙담하며) 시드기야 왕이었습니다. 그들은 그를 사슬로 묶어 고개를 돌리지 못하게 하고 그의 아들들이 도륙당하는 모습을 억지로 보게 했습니다. 그러나 그는 불평하지 않았습니다. 첫째가 쓰러질 때는 입술을 깨물며 다만 침묵했습니다. 그러나 둘째가 붙잡혔을 때, 그는 말하려고 몸을 움직였습니다. 셋째가 쓰러졌을 때, 그의 입에서 한마디가 새어 나왔는데, 자비를 구하는 말이 아니었습니다. 그는 "예레미야, 예레미야"라고 외쳤습니다.

모두 몸서리친다.

그는 고통 속에서 예레미야를 불렀습니다. 불타는 강철이 그의 눈을 찔렀을 때도, 그는 다시 예레미야의 이름을 부르며 말했습니다. "예레미야, 예레미야, 어디 있느냐, 예언자여? 어디 있느냐, 나의 형제여?" 시드기야는 예언자의 이름을 불렀습니다.

그들은 예레미야를 위험한 짐승처럼 대하며 멀리 물러난다.

예레미야   (감정을 억누르며) 사실이 아닙니다. 내 의지로 이런 일이 일어난 것이 아닙니다. 저 사람이 나를 비난하지 않게 해 주십시오. 말씀이 내게 임했으며, 내가 말한 것은 불꽃처럼 내 안에서 터져 나온 것입니다. 나는 악의를 품지 않았습니다. 내가 저항했음에도 소용없었고, 하나님께서 나를 거짓말쟁이로 만드신 겁니다. 나를 움직인 것은 나의 의지가 아니었습니다.

스바냐   무슨 말을 하는 겁니까?

한 여자   광기가 그를 사로잡고 있어요.

다른 여자   헛소리입니다.

한 남자   아니요. 저분은 이러한 일들이 일어날 것을 예언했습니다. 그는 현자이며 예언자입니다.

예레미야   왜, 왕이 저를 비난하는 겁니까? 내 힘을 초월하는 더 크신 힘이 나에게 말하도록 강제했습니다. 나는 무자비한 분의 도구였습니다. 그분의 숨결이었으며, 그분의 악의에 종속된 자였습니다. 그분은 명령했고, 나는 따를 수밖에 없었으니, 그건 그분의 힘이 나보다 강했기 때문입니다. 그분은 저주를 내 숨결에 불어 넣었고, 내 말에 담긴 고통은 그분의 것이었으며, 내 침의 쓴맛도 그분의 것이었습니다.

하나님의 손에 화가 있을지어다! 그분에게 붙잡힌 자는 결코 풀려나지 못하리라. 아, 그분이 나를 그의 저주에서

	해방해 주기를, 더는 내가 그분의 말을 전하지 않아도 되기를. (잠시 멈춤) 나는 더는 그분의 말을 전하지 않을 것이오. 나는 침묵할 것이오. (잠시 멈춤)
	하나님이시여! 더는 당신의 명령을 따르지 않겠습니다. 저는 당신의 저주를 저주합니다. 제게서 손을 거두시고, 제 입에서 불을 거두소서. 저는 견딜 수 없습니다.
목소리들	ㄴ 그는 광란에 빠졌습니다.
	ㄴ 저렇게 경련에서 헤어 나오지 못하는 것을 보십시오.
	ㄴ 그는 산고를 겪는 여인처럼 고통에 뒤틀리고 있습니다.
	ㄴ 그의 말을 귀담아듣지 마십시오.
	ㄴ 하나님이 그를 벌하셨습니다.

예레미야는 절망적으로 쓰러진다.

	ㄴ 보십시오, 보세요. 주의 손이 그에게 임했습니다.
	ㄴ 하나님이 저주하신 자에게 다가가지 마십시오.

예레미야에게서 멀리 떨어져 사람들이 모여 있다. 예레미야는 베어진 나무처럼 쓰러져 있다. 잠시 동안 절망의 침묵이 흐른다. 이 침묵은 멀리서 들려오는 나팔 소리로 깨진다.

스바냐	아, 그들이 다가옵니다. 재앙의 전령들입니다.
군중	(스바냐에게)
	ㄴ 무슨 일입니까?

	ㄴ 무슨 일이 일어났습니까?
	ㄴ 이 소집은 무슨 뜻입니까?
스바냐	이는 느부갓네살이 남은 백성에게 보낸 메시지입니다.
목소리들	ㄴ 우리가 나가서 그 메시지를 들어야 합니까?
	ㄴ 우리의 은신처를 떠나야 합니까?
	ㄴ 우리는 어떻게 해야 합니까, 스바냐여?
스바냐	서두를 필요 없습니다. 나쁜 소식은 언제나 성급히 오는 법입니다.
목소리들	ㄴ 무슨 일이 일어나려는 겁니까?
	ㄴ 우리의 운명은 무엇입니까?
스바냐	느부갓네살의 뜻은 우리 도시를 완전히 파괴하는 것입니다.

공포에 휩싸인 울음소리가 들린다. 나팔 소리가 한 번 더 가까이서 들린다.

	살아남은 자들은 바빌론 노예로 끌려갈 것입니다.
목소리들	우리가 시온을 떠나야 합니까?
장로	나는 가지 않겠소. 여기서 머무를 것이오.
스바냐	떠나기를 거부하는 자는 결국 칼에 죽을 것입니다. 모두 여정을 준비하고 시장에 모여야 합니다. 새벽에 나팔이 세 번 울릴 것입니다. 이후에도 도시를 떠나지 않는 사람은 모두 죽임을 당할 것입니다.
장로	죽음이여, 오라! 나는 가지 않겠다. 예루살렘을 떠나서는

	내게 삶이 없다. 나에겐 무덤이 먼 나라에서의 노예 생활 보다 낫다.
한 여자	내 형제, 내 조카, 내 남편 모두가 죽었습니다. 무덤이 나의 유산이며, 이 유산을 내가 지킬 것입니다.
한 남자	저는 남을 것입니다! 남을 것입니다! 여기에서 내 뿌리를 내렸으며, 이 땅에서만 제힘을 얻을 수 있습니다. 다른 땅에서는 쟁기를 잡을 제 팔이 마비될 것이며, 낯선 세상에서는 제 눈이 저를 돕지 못할 것입니다.
목소리들	(절망의 열정 속에서) └ 우리는 여기에 머뭅시다. └ 죽음을 택하자. └ 노예보다는 죽음이 낫다. └ 우리는 결코 유배를 떠나지 않겠다. └ 죽음이 낫다.
부상 입은 남자	(반쯤 일어나며) 아니, 아니요. 죽음은 저에게 필요 없습니다. 내가 바라는 것은 생명입니다. 유배가 죽음보다 낫습니다. 저는 걸을 수 없으므로, 여러분이 외면하면 누가 저를 데리고 갈 건가요? 저를 버리지 말아 주십시오. 생명, 생명!
그의 누이	진정해. 내가 너를 데리고 갈게.
부상 입은 남자	(미친 듯) 가요. 죽기를 원하는 이 미친 자들과 헤어져요. 왜 죽음을 구해야 하는가요?
장로	그의 몸은 열로 말라 있소. 그는 자기가 무엇을 말하는지 모르오.

부상 입은 남자	(격렬하게) 저는 알아요, 잘 압니다. 저는 죽음 가까이에 있었습니다. 그래서 죽기보다는 살기를 원합니다. 죽기보다 타는 것이 낫고, 고통받는 것이 낫고, 아무것도 느끼지 않는 것보다 생명이 낫습니다. 생명이 있는 한 희망이 있습니다.
젊은 여성	맞아요, 맞아! 저도 살고 싶어요. 제 삶은 제 앞에 있어요. 아직 저는 아무것도 보지 않았고, 아무것도 느끼지 않았어요. 내 팔다리는 젊고 힘이 있어요. 죽음은 차갑고, 삶은 따뜻하지요. 저는 여기 남지 않겠습니다. 저는 당신과 함께 가겠어요. 어디든, 어디든.
다른 여성	부끄럽지도 않아요? 적의 첩이 될 각오가 되어 있나요?
젊은 여성	살 수만 있다면 뭐든지.
부상 입은 남자	생명을 위해, 어떤 고통의 대가를 치르더라도.
한 남자	(광적으로) 하나님 없는 생명은 없어! 예루살렘 없는 생명은 없어요!
목소리들	ㄴ 죽음이 낫다.
	ㄴ 죽음이 낫다.
	ㄴ 우리는 노예가 되지 않겠다.
	ㄴ 죽음은 두려운 것이다.

다시 가까이서 나팔 소리가 들린다.

한 목소리	그들이 부르든, 나는 듣지 않겠다. 나는 죽음의 소리를 듣는다. 하나님 같은 소리로 뚜렷하게 들린다. 우리는 그

유혹을 따르지 말아야 한다. 예루살렘과 함께 죽는 것이 낫다.

장로
시온의 도성이여, 나는 너를 굳게 잡을 것이다. 비록 내 손이 약하지만, 나는 여전히 너에게 매달린다. 너는 내 삶이었으니 내 죽음도 되어라. 어떻게 내가 너 없이 숨을 쉴 수 있겠는가, 어떻게 아침에 눈을 뜬 후 솔로몬의 집과 하나님의 거처를 바라보지 않을 수 있겠는가? 나는 다른 땅에서 살아가는 것보다 차라리 네 땅에 묻히는 것이 낫다. 이방인들의 노예로 살아가는 것보다 차라리 내 조상들과 함께 죽는 것이 낫다. 예루살렘, 예루살렘, 예루살렘, 나를 너의 품에 안아라. 내가 삶에서 너와 함께 있었듯이, 죽음에서도 나를 너와 함께 있게 하라.

스바냐
여기서 저는 의견이 다릅니다. 죽음은 저에게 매혹적이지 않습니다. 저는 거리에서 죽은 자들을 너무 많이 보았습니다. 그러므로 저는 사는 것이 더 낫다고 말하겠습니다.

부상 입은 남자
(자신을 일으키며) 맞습니다. 저도 살고 싶습니다. 제 손가락 사이에 낀 모래 한 알이라도 느끼고 싶습니다. 다시 아몬드 꽃을 보고 싶습니다. 어두워질 때 그 꽃들이 피는 것을 보고 싶습니다. 달이 하늘을 가로지르며 차고 기울어지는 모습을 보고 싶습니다. 비록 삶이 모든 기쁨을 부인하더라도, 비록 제가 불구가 되고 귀머거리가 되더라도, 저는 여전히 세상에서 아름다운 것들을 보고 싶습니다. 여전히 생명의 숨을 들이마시고 싶습니다. 제 심장이 뛰는 것, 제 혈액이 정맥을 타고 흐르는 것을 느끼고

	싶습니다. 저에게 생명을 주세요. 그 이상 무엇도 원하지 않습니다!
장로	부끄러운 자들! 하나님 없이 살겠는가?
목소리들	ㄴ 하나님께서 우리가 어디에 있든 함께하십니다.
	ㄴ 하나님은 우리가 어디에 있든 말씀하십니다.
	ㄴ 우리는 유배지에서라도 기도를 올릴 겁니다.
	ㄴ 거기서도 우리는 충실할 것입니다. 그분의 얼굴빛은 모든 길 위에 비춥니다.
장로	아니, 아니야. 예루살렘을 떠나는 자는 하나님을 떠나는 것이다. 여기에만 하나님이 거하신다. 이곳을 제외한 모든 제단에서의 제사는 우상 숭배일 뿐이야.
목소리들	(갈등 속에서)
	ㄴ 아니요.
	ㄴ 예.
	ㄴ 하나님은 어디에나 계십니다.
	ㄴ 그분은 오직 여기만 계십니다.
	ㄴ 그분은 우리가 어디에 있든 우리에게 자신을 나타내실 겁니다.
	ㄴ 하나님은 자기 성전 안에만 계십니다.
	ㄴ 어느 곳이든! 어디에나!
	ㄴ 예루살렘이 아니면 우리는 그의 얼굴을 볼 수 없습니다.
예레미야	(갑자기 일어나며 무섭게 외친다.)
	하나님은 어디에도 없습니다! 전혀, 계시지 않습니다! 살아 있는 자 중에 누가 그를 보았습니까. 누가 그의 목

	소리를 들었습니까? 그를 찾는 자들은 헛되이 찾고, 그를 창조한 자들은 사람들 앞에서 거짓말을 했소. 하나님은 어디에도 없소! 하늘에도, 땅에도, 사람들의 영혼에도 없단 말이오.
장로	(놀라움과 공포에 입을 벌리고, 마침내 손을 하늘로 떨며 들어 올린다.) 신성 모독이다! 신성 모독이다! 그를 번개로 치셔서 멸하소서.
예레미야	(더욱 격렬하게) 누가 그를 신성 모독하였는가? 하나님 자신이 아닌가? 그분이 당신의 언약을 깨뜨렸고, 그분의 성벽을 무너뜨렸으며, 그분의 성전을 불태웠다. 그분이 자신을 부정하셨소. 그분 자신이 신성을 모독하셨다. 다른 누구도 아니다!
장로	그의 말을 듣지 마시오! 그는 변절자며 버림받은 자다. 듣지 마라, 전능하신 하나님의 종들이여.
예레미야	(더욱 격렬하게) 그 누가 이스라엘에서 나처럼 그를 섬겼습니까? 예루살렘 성안에서 누가 나보다 더 충실했습니까? 나는 그의 이름을 위해 내 고향을 떠났고, 그의 이름을 위해 죽어가는 어머니를 위로하지 않았습니다. 나는 그의 이름을 위해 우정을 희생했고, 그의 질투로 여자의 사랑을 잃었습니다. 나는 그의 뜻에 따라 아내가 남편에게 순종하듯 순종했소. 내가 말한 것은 그가 내 입에 넣어 주신 말씀이오. 내 몸속의 피는 그분의 것이었고, 내 생각도 그분의 뜻에서 나온 것입니다. 그분의 것이었던 꿈들이 내 꿈속을 찾아왔소. 나는 매를 맞았고,

치욕과 침을 뱉는 자들을 피하지 않았소. 나는 그분을 섬겼소. 다만 나는 그분을 섬겼소. 그분이 다가올 악을 막아 주리라 믿었기 때문이오. 하지만 나는 저주했소. 그가 내 저주를 축복으로 바꿔 주리라 믿었기 때문이오. 나는 예언했으나 그가 나를 거짓말쟁이로 만들었소. 예루살렘을 구원해 주리라 믿었지만 내 예언은 이루어졌소. 하나님이 거짓말쟁이로 증명된 것이오. 내가 그 믿을 수 없는 존재를 그렇게 충실하게 섬긴 것이 너무도 슬프단 말이오! 내 형제들이 나를 조롱했지만, 나는 그들의 기쁨에 침을 뱉기 위해 보내졌소. 이제, 정말 그들에게 고난이 닥쳤을 때 내가 그들의 고난을 조롱하는 것을 그분께서 원하셨소. 하지만 나는 웃지 않으리라. 하나님! 나는 내 형제들의 고통을 조롱하지 않겠습니다. 당신처럼 다른 이의 슬픔을 즐길 수는 없습니다. 도살장의 냄새가 내 코를 즐겁게 하지 않습니다. 당신의 가혹함은 저에게 너무 가혹하며, 당신의 손길은 너무 무겁습니다! 저는 더 이상 당신의 복수의 도구가 되지 않을 것이며, 더 이상 당신을 섬기지 않겠습니다. 당신과 저 사이의 결속을 끊어버리겠습니다, 끊어버리겠습니다!

목소리들 └ 그가 미쳤다!
└ 그가 신성 모독했다.
└ 그를 내쫓아라.
└ 그는 이성을 잃었어.

예레미야 (황홀경에 빠진 채 그들의 머리 위 허공을 향해 말한다.)

침묵하는 음침한 존재시여, 제가 당신을 고발했습니다!
더 이상 침묵하지 마시고, 이제 당신께서 저를 고발하십시오!
말씀하십시오.
제가 언제 당신의 부름에 소홀하거나
게으름을 피운 적이 있었습니까?
제가 언제 당신과의 맹세를 저버린 적이 있었습니까?
침묵하며 음침한 존재시여, 이제 침묵을 깨십시오.
입을 열어 저를 향해 당신의 비유를 들려 주십시오.
낮에도 밤에도 제가 당신을 찾았으므로,
꿈으로 저를 놀라게 하셨기에,
두려움으로 저는 어지럽습니다.
제 영혼을 불로 가득 채웠습니다.
불꽃처럼 퍼져
온 땅에 퍼져 나가게 했습니다.
이 모든 것이 당신의 뜻이었지 제 뜻은 아니었습니다.
당신은 저를 이 백성의 적으로 서게 했습니다.
저는 그들의 목을 거칠게 조이는 손이었습니다.
그들의 평화를 짓밟는 발굽이며,
그들의 팔다리를 찢는 톱이었고,
끝없는 고통을 가져오는 막대기였습니다.
저는 공포였고,
그들을 밤마다 덮친 악몽이었습니다.
저는 그들의 뼛속에 불이었고,

그들의 살갗의 가시였습니다.
저는 조롱이었으며, 그들을 비웃는 웃음이었습니다.
당신의 뜻에 미쳐버린 짐승처럼
저는 당신의 명령을 따랐을 뿐입니다.
형제들을 사랑하던 마음조차
당신의 뜻에 따르다가 미쳐버려 그들을 저주했습니다.
그렇게 연민을 억누르고, 악행을 강요받으며,
제가 당신의 말씀을 이루기 위해 저 자신을 몰아세웠습니다.

목소리들 ㄴ 그는 고열의 광란에 사로잡혔다!
ㄴ 그는 미쳤어.
ㄴ 그는 누구와 이야기하고 있는가?
ㄴ 그는 제정신이 아니다!

예레미야 하지만 이제 저는 당신에 대한 충성을 포기합니다!
노예가 아닌 저의 자유를 되찾겠습니다.
저는 더 이상 당신의 명령을 듣지도 부름에 응답하지도 않겠습니다!
제 마음에 새겨져 있던 당신의 형상을 지우며
당신을 높은 하늘에서 끌어내리겠습니다!
당신께서 자신의 백성을 버렸으니, 저 또한 당신을 거부하겠습니다.
잔인한 신에게는 존경을 강요할 수 없습니다!
어찌하여 자녀들이 도움을 요청할 때 조롱으로 대답하셨습니까?

그러한 신에게 존경을 바치는 것이 합당한가요?
오직 슬픔을 없앨 수 있는 분만이 진정한 신입니다.
위안을 제공할 수 있는 분만이 전능하십니다!
사람 중에 무한한 사랑으로 불타는 영혼을 가진 자만을 우리는 예언자로 칭송할 수 있습니다.
그 영혼이, 언제나 자비로 불타는 한 사람의 말과 행동을 통해 깨닫게 하는 이시여.
이제 제 삶의 목적이 분명해졌습니다.
당신의 귀에 헛되이 닿는 비탄의 소리가
저의 가슴을 무한한 고통으로 옥죄고 있습니다.
당신의 분노가 불태운 도시에서 울려오는 울음소리.
당신의 증오에 버린 백성들로부터 들려오는 울음소리.
당신으로 인해 과부가 된 이들의 울음소리.
당신으로 인해 자식을 잃은 어머니들의 울음소리.
당신의 뜻에 따라 눈이 멀게 된 왕으로부터의 울음소리.
당신 스스로 더럽힌 제단으로부터의 울음소리.
땅으로부터, 하늘로부터 전달되는 이 메시지.
그 소리를 들으며, 저는 비통에 찬 마음으로 괴로워합니다.
살아 있는 자들의 호소, 죽은 자들의 호소.
그 소리를 들으며, 나는 어쩔 수 없이 고개를 돌립니다.
차갑고 무감각한 돌과 같은 당신으로부터 고개를 돌립니다.
자녀들이 신음할 때 귀를 막는 당신으로부터 고개를 돌립니다.

내 형제, 내 자매들이여,

내 뼈 중의 뼈요, 내 살 중의 살이여, 고난으로 뒤덮인 그들이여.

고통 속에 있는 그들, 오직 그들과 함께할 때만

내 영혼이 평화를 찾을 수 있고, 내 마음이 안식을 얻을 수 있습니다.

그들 앞에만 경배하며 머리를 숙입니다.

그들에게는 가장 따뜻한 사랑을,

당신에게는, 신이여, 오직 증오를 바칠 뿐입니다!

장로 저 사람이 신을 저주했다. 저 사람을 처형하라.

목소리들 ㄴ 그가 헛소리를 하고 있소.
ㄴ 그는 미쳤다!
ㄴ 그는 꿈을 꾸고 있소.
ㄴ 그의 말을 듣는 것은 위험하오.
ㄴ 미친 자를 침묵시켜라!

예레미야 (갑자기 무릎을 꿇고 다른 사람들에게 절하며 외친다.)

내 형제들이여, 내 형제들이여, 나를 용서해 주시오.

이제는 살 자격이 없는 사람의 헛된 교만을 용서해 주시오!

오직 한 분 하나님, 그분이 나를 꿈으로 눈부시게 했고,

말로 나를 혼란스럽게 했으며,

나를 표적으로 미혹하여

악한 자의 독단적 의지에 굴복하게 만들었소.

나는 스스로를 예언자로, 모든 것을 아는 지혜자로 착각했단 말이오!

나는 신의 위대함을 내 것이라 착각했소.
그의 이름으로 당신들의 운명을 외치고,
그의 저주로 내 입을 채웠소!
그러나 이제, 나는 이제 그를 저버리노라. 이 무자비한 하나님을!
내가 당신들에게 교만하고 허영에 찬 모습을 보였을지라도,
내 형제들이여, 제발 다시 한번 나에게 자비를 베풀어 주시오.
내 저주가 많은 날 동안 당신들 위에 내렸을지라도,
지금 나를 거절하지 말아 주시오.
그가 나를 잘못된 길로 인도했기 때문이오.
오직 용서만이 내 영혼을 치유할 수 있을 뿐이오.

모두 공포에 질려 그를 멀리하시지만, 그는 무릎을 꿇은 채로 그들에게 애원한다.

내 형제들이여, 내 형제들이여, 나를 자비롭게 여겨다오!
내 마음은 확신하니, 우리가 모두 형제라는 것을!
나는 모든 형제 중에서 가장 비천하고, 가장 어린 자요.
보시오, 나는 더 이상 당신들을 저주하지 않소. 오히려 축복을 빌리라.
보시오, 나는 여러분과 함께 이 고난의 빵을 나누기를 간절히 원하오!

내 형제들이여, 어떤 일이 닥치더라도 부디 받아 주시오.
내가 너희들을 사랑하노라. 그 사랑으로 인해 다시는 나의 말 한마디도 너희의 고통을 조금이라도 더하지 않을 것을 나는 맹세하노라, 맹세하노라.
내 죄를 보상하기 위해 무엇이든 감당하리라.
가장 비천한 봉사를 기꺼이 기쁘게 감당하리라.
당신들의 종의 종으로, 나는 오직 이것을 간구하노라.
당신들의 신발 먼지를 내가 감히 입 맞추게 해 주기를 바랄 뿐이오.
어둠 속에 있는 내 형제들이여, 슬픔에 잠긴 내 형제들이여,
나의 겸손한 참회에 믿음을 거두지 말아 주시오.
내 형제들이여, 내 형제들이여, 당신들의 용서가 나에게는 축복이오.

장로   그를 만지는 자는 죽임을 당할 것이다! 하나님이 그를 심판하셨다.

목소리들   ㄴ 신에게 저주받은 자여, 떠나라.
ㄴ 우리 가운데서 떠나라.
ㄴ 더 이상 당신의 존재로 우리를 더럽히지 말라.
ㄴ 거짓말쟁이여, 떠나라!

예레미야   (그들이 그를 밀쳐내자 애처롭게 외친다.) 문둥병자처럼 이렇게 쫓아내야 하는가!

그는 땅에 엎드린다.

문에서 급하게 노크 소리가 들린다.

목소리들	└ 전령들이다!
	└ 갈대아인들이다!
	└ 그들이 주인처럼 문을 두드리고 있어.
	└ 우리 사람이 아니야.

노크 소리가 점점 더 강해진다.

	└ 저들의 성급함을 자극해서는 안 돼.
	└ 그 문을 열지 말라.
	└ 저들은 모두 갈대아인, 강도들이다.
	└ 문을 열어야 한다. 그렇지 않으면 그들이 화를 낼 것이야.
장로	내가 문을 열겠다. 삶의 한가운데 있지만, 우리는 죽음 가운데 있다.

그는 신중히 커다란 문을 열기 시작한다. 그러나 막대기를 내려놓자마자 문짝 한쪽이 세차게 밀리며 문이 열리고 바룩이 달려 들어온다. 장로는 다시 문을 잠근다.

바룩	(안절부절못하며) 형제들이여, 예레미야가 여기에 있습니까?
장로	그의 이름을 입에 올리지 마시오! 그와 말하지도 마시오.

바룩	(주위를 둘러보며) 예레미야! 예레미야!
예레미야	(천천히 일어나며 바룩을 낯선 사람 보듯 쳐다본다.) 아직도 나를 찾는 자가 있는가? 누가 이제 나를 유혹하려 하는가?
바룩	스승님, 저를 모르시겠습니까? 제 목소리를 알아듣지 못하시겠습니까?
예레미야	나는 더 이상 보지도 듣지도 않으리라. 살아 있는 자들이여, 떠나라! 나는 여기서 썩어 문드러질 뿐이오.
바룩	예레미야, 사랑하는 스승님. 제발 정신을 차리십시오. 적들이 당신을 찾고 있습니다.
예레미야	누가 아직도 이 세상에서 나를 찾는단 말인가?
바룩	배신을 당하셨습니다. 저들이 이 은신처를 알고 있습니다. 느부갓네살이 당신을 찾으라고 군인들을 보냈습니다.
예레미야	그들이 오게 하라! 살인자들이여, 축복받으라! 죽음이여, 축복받으라!
바룩	예레미야, 저를 사랑하신다면 도망가십시오. 당신의 생명이 희생되는 것을 견딜 수 없습니다.
예레미야	나는 이제 그 누구도 사랑하지 않는다.
바룩	(그를 끌어안으며) 아닙니다, 스승님. 대신 제가 피를 흘리겠습니다. 제가 당신과 함께 죽겠습니다.

문을 세차게 두드리는 소리가 들린다.

군중	(가장 어두운 구석으로 흩어지며)

	┗ 아, 아! 갈대아인들이야.
	┗ 우리의 시간이 왔다.
	┗ 예레미야가 우리에게 재앙을 불러왔다.
	┗ 그를 넘겨주자.
바룩	너무 늦었습니다! 이미 그들이 여기에 왔습니다.
예레미야	바룩, 문을 열거라.

바룩이 망설인다. 예레미야는 곧게 서서 거의 환희에 차 말한다.

> 문을 열어라. 내가 그들을 맞이하리라. 내 영혼이 죽음을 갈망한다. 환영하라, 내 말을 처음 성취하는 자! 그를 환영하라, 죽음이여. 문을 열어라, 바룩! 해방자를 맞이하라!

바룩이 얼굴을 가리고 문을 연다. 접히는 문짝 두 개가 열리며 저녁의 희미한 빛이 어두운 지하실로 스며든다. 붉게 물든 하늘을 배경으로 세 명의 관리인이 화려한 옷을 입고 들어온다. 예레미야는 혼자 그들을 맞이한다.

수석 관리	(앞으로 나서며) 여기에 아나돗 사람, 힐기야의 아들인 예레미야라는 사람이 있습니까?
예레미야	내가 당신들이 찾는 자입니다. 명령을 이행하시오.

예레미야 앞에서 세 번, 땅에 이마를 대며 절한다. 나머지 두 관리도 같은 방식으로 절한다. 예레미야는 깜짝 놀라며 한 걸음 물러선다. 수석

관리가 무릎을 꿇었다 일으킨다.

수석 관리   표적을 해석하는 자여, 만세! 사건의 계시자여, 숨겨진 것을 보는 자여, 만세!

다시 세 번 절한 후, 그는 일어나고 동료들도 그의 본을 따른다. 예레미야는 다시 마음을 가다듬고 그를 어두운 표정으로 바라본다.

저의 부족한 입으로 저의 주인이시며, 만왕의 왕, 뭇 나라를 파괴하는 왕이신 느부갓네살로부터 온 메시지를 전달하러 왔습니다. 이것은 저의 두려운 군주가 말씀하는 바입니다. "나 느부갓네살에게 보고된 바에 의하면, 너는 네 백성 중에서 유일하게 반역자들에게 파멸을 예고하고, 백성을 반역으로 이끈 자들에게 수치를 예언했다. 네게 맞섰던 제사장들의 말은 녹은 납처럼 부서졌으나, 너의 경고는 마치 금과 같이 시간의 시험을 견뎠다. 너의 명성이 나 느부갓네살에게까지 들려왔다. 이제 내가 너를 보고 싶어 하니, 너에게 갈대아 왕자들이 입는 옷을 보낸다. 너를 나의 식탁에서 시중하는 신하 중 으뜸으로 삼겠다" 하고 말씀했습니다.

예레미야   나는 더 이상 하늘 위에 계신 자든 땅 아래에 있는 자든, 아무도 섬기지 않을 것입니다. 나는 하나님을 섬겼으나, 그 섬김에 지쳐버렸지요. 느부갓네살에게 말하십시오. 나는 그를 섬기기를 거부합니다.

수석 관리	당신은 내 주군의 뜻을 오해하고 있습니다. 그는 당신을 비천한 자로 삼으려는 것이 아닙니다. 그는 당신을 그의 모든 종 중의 으뜸으로 삼으려 합니다. 점성가들, 마술사들, 예언자들의 우두머리가 되게 하여 별들을 읽고 미래를 예언하게 하려 합니다. 당신은 누구의 제약도 받지 않고 그의 왕궁에서 자유롭게 다닐 수 있을 것입니다.
예레미야	당신의 말을 들으니 왕의 뜻을 알겠습니다. 느부갓네살의 부름이 크지만, 내 백성들의 필요는 더 큽니다. 들으십시오. 나는 이스라엘의 딸들이 종이 되어 계단을 쓸 왕궁에 들어가지 않을 것입니다. 나는 시온의 성전을 모독한 자의 식탁에서 손님으로서 빵을 나누지 않을 것입니다. 나는 잔인한 자의 은혜를 구하지 않으며, 무자비한 자의 호의를 바라지 않습니다.
수석 관리	제가 전한 메시지는 왕의 메시지였습니다. 왕에게 복종함이 마땅합니다.
예레미야	당신은 느부갓네살로부터 참된 말을 전했습니다. 그러니 나의 대답도 그에게 진실하게 전하십시오. 그에게 돌아가 이렇게 말하십시오. "느부갓네살에게 예레미야가 이같이 말하노라. 나의 쓴맛이 당신에게 달게 될 수 없으며, 나의 입술이 당신의 오만을 위해 섬기지 않을 것입니다. 천사의 혀로 나를 부른다 해도 나는 당신의 부름에 응하지 않을 것이며, 예루살렘의 모든 돌을 금으로 덮는다 해도 나는 당신에게 부드러운 말을 하지 않을 것입니다. 당신이 나를 높이든 말든 나는 당신에게 경의를 표

	하지 않을 것입니다. 당신이 나를 찾든 말든 나는 당신을 찾지 않을 것입니다."
수석 관리	왕 중의 왕이 당신을 부르며, 그의 용안(龍顔) 빛을 즐기라 하신 것을 생각해 보시길 바랍니다.
예레미야	나는 가지 않겠소! 가기를 거부하겠소!
수석 관리	그 누구도 느부갓네살왕의 뜻을 거역한 적이 없습니다.
예레미야	그렇다 하더라도 나는 거절합니다. 나는 이스라엘의 자손 중 가장 작은 자입니다. 그가 누구기에 내가 그를 두려워해야 하는 겁니까? 그의 권력은 오직 한 조각의 짚에 불과하고, 그의 분노는 바람 한 점에 불과합니다.
수석 관리	당신은 지금 너무 성급하고 자만하고 있습니다. 왕을 이렇게 가볍게 말하다니요. 입을 다무십시오. 당신의 생명을 소중히 여겨야 합니다.
예레미야	(격렬하게) 그가 누구기에 내가 그를 두려워해야 합니까? 많은 이가 자랑스러운 파라오라는 이름을 지녔었고, 금관을 쓴 이도 많았습니다. 그러나 지금 누구도 그들의 행적을 기억하려 하지 않으며, 아무도 그들의 이름을 시간의 책에 기록하려 하지 않습니다. 그들이 심은 나무가 썩기 전에 사람들의 세대는 이미 그들을 잊어버렸습니다. 별들 아래에 있는 느부갓네살이 누구이기에 내가 그를 두려워해야 합니까? 그도 다른 사람들처럼 한 마리 벌레일 뿐이지 않습니까? 죽음이 그의 발걸음을 따라다니고, 부패가 그의 몸을 기다리지 않습니까? 그가 시간이 흐르는 것을 피할 수 있겠는가? 그가 지금 가진 것을 다른 누

구보다 더 지킬 수 있다고 생각합니까? 아니면 모든 인간의 아들에게 다가올 운명에서 벗어날 길이 있을 것 같습니까? 그러므로 당신의 왕에게 돌아가 이 말을 전하십시오. "멸망하는 자에게 화가 있을지어다. 그는 멸망할 것이다! 강탈하는 자에게 화가 있을지어다. 그는 강탈 당할 것이다! 피를 마신 자는 피에 잠기게 될 것이며, 민족의 살을 배불리 먹은 자는 스스로 벌레의 밥이 될 것이다! 들으라. 바빌론을 향한 바람이 일고 있으며, 니느웨를 덮칠 폭풍이 곧 오리라! 아수르의 날은 셈이 끝났다. 칼이 뽑혀, 그대 위에, 그대의 백성 위에, 그대의 왕국 위에 걸려 있다. 너는 다가올 일을 알고 싶어 하는구나. 느부갓네살이여, 아수르는 멸망할 준비가 되어 있으며, 네 죄의 분량이 가득 찼음을 알라."

장교들이 이 불타는 말들에 움찔하며, 저주받은 운명을 피하려는 제스처를 취한다.

장로	(어두운 구석에서 갑자기 일어나며 열광적으로 외친다.) 주여, 그의 말을 들으소서, 그가 말한 약속을 이루어 주소서!
목소리들	(간절하게) 그의 소리를 들어 주소서. 만군의 주, 하나님!
예레미야	복수하는 자가 이미 일어났으며, 주님께서 그를 부르시고 그에게 힘을 주셨습니다. 그가 오고 있습니다. 그는 이미 가까이 왔습니다. 그의 손은 강합니다. 그들은 바빌

론을 새 둥지처럼 부술 것이며, 아수르의 백성을 바람 앞의 겨처럼 흩어버릴 것입니다. 당신들은 그가 오는 것을 경고할 수 있도록 성벽의 탑에 파수꾼을 세우고, 그의 공격을 막기 위해 갑옷을 입고 날카로운 창을 든 자들을 보십시오. 당신이 하늘의 구름을 네 숨결로 날릴 수 없듯이 복수하는 자의 오름을 막을 수 없을 것이며, 그의 칼은 아수르의 자녀들을 쳐낼 것입니다.

장로 (열광적으로) 그렇게 하소서, 주여, 그렇게 하소서!

다른 피난민들 (장로 주위에 모여 그의 열정에 불타며)

  └ 주여, 그가 예언한 대로 그들을 치소서.

  └ 그가 한 말을 이루소서.

  └ 복수하는 자를 보내소서.

  └ 바빌론을 그가 예언한 대로 떨어뜨리소서.

  └ 주여, 그의 소리를 들으소서.

관리들이 공포에 질려 문을 향해 달려간다.

예레미야 (기쁨에 미쳐서) 어리석은 자들 중의 어리석은 자여. 여러분이 정말 우리를 노예로 만들 수 있을 것이라 믿었습니까? 당신들이 정말 하나님이 우리를 잊고 예루살렘을 버릴 것이라고 믿었습니까? 우리는 그의 자녀, 첫째 아들이며 상속자가 아닙니까? 그분의 영이 우리 위에 있고, 그분의 축복이 아브라함의 자손 위에 있지 않습니까? 그분이 우리의 죄로 인해 우리를 징계하셨으나, 이제는 우리를 불쌍히 여기실 것입니다. 그의 왼손이 우리에게서 취한 것을, 그의 오른손이 천 배로 되돌려 주실 것입니다.

형제들이여, 산이 무너지고 강이 거꾸로 흐르는 것보다, 별들이 어두워지는 것보다 하나님이 그의 언약을 잊거나, 이스라엘을 버리고 시온에서 그의 얼굴을 돌리실 일은 더욱 없을 것입니다.

관리들은 이 말을 하는 동안 사라진다.

장로와 다른 사람들 (예레미야 주위로 몰려들며)
  ㄴ 당신의 말씀에 축복이 있기를.
  ㄴ 당신의 머리에 축복이 있기를.
  ㄴ 하나님께서 예루살렘을 기억하실 것입니다.
  ㄴ 오, 영광스러운 예언입니다!

예레미야 (그의 기쁨이 커지면서 그들을 무시한다.) 하나님께서 그의 자녀들에게 진노하셨던 날들은 얼마나 어두웠던가. 우리는 그 어둠 속에서 멸망할 것이라 생각했으며, 고통 속에서 죽음을 맞이할 것 같았습니다. 하지만 그의 진노의 끝에서 그의 사랑이 시작되었습니다. 폭풍이 몰아쳤고, 하나님께서는 우리의 힘을 갈대처럼 꺾었습니다. 그러나 이제 다시 한번, 그의 자비의 태양이 우리에게 비추고 있습니다. 그분이 번개를 내려놓고, 그의 천둥 같은 목소리를 가라앉히셨습니다. 그의 말씀이 우리의 귀에 부드럽게 떨어집니다. 그 말씀은 달콤하고, 부드럽고, 기쁩니다.

일어나라, 예루살렘.

고통의 도성아, 일어나라.

이제 두려워 말라.

내가 너를 불쌍히 여긴다.

잠시 내 분노로 너를 떠나게 했으나,

내 분노는 영원히 지속되지 않는다.

거부를 당한 적이 있었지만,

이제 너의 영광을 회복할 것이며,

영원히 너는 높여질 것이다.

내가 너를 사랑으로 덧입히며,

평화로 너를 묶을 것이다.

내 얼굴의 빛을 너에게 비추고,

내 축복을 너에게 부어줄 것이다.

일어나라, 예루살렘,

일어나라,

내가 너를 구원하였노라.

장로	당신의 말씀에 축복이 있기를.
다른 사람들	ㄴ 그의 말씀을 이루소서, 하나님.
	ㄴ 이스라엘에 평화를 주소서.
	ㄴ 예루살렘이 일어나게 하소서.
예레미야	보십시오, 예루살렘은 일어났습니다. 예루살렘은 부름을 들었습니다. 주님께서 예루살렘의 발목에서 쇠사슬을 풀

어 주셨고, 예루살렘의 목에서 멍에를 들어 주셨습니다. 그분이 예루살렘의 뺨에서 눈물을 닦아 주시고, 과부와 고아를 위로하셨습니다. 슬픔은 기쁨으로 변하고, 꽃이 피는 계절이 돌아왔습니다. 시온은 예루살렘의 자녀들이 예루살렘의 기쁨을 보고 예루살렘의 새로움 속에서 기뻐하기를 갈망합니다. 이미 이스라엘의 자녀들은 주님의 부름을 들었습니다. 그들은 온 땅끝과 바다의 섬들까지 흩어졌지만, 수천, 수만 명이 되어 시온으로 돌아올 것입니다. 북쪽과 남쪽, 동쪽과 서쪽에서 행복한 순례자들이 올 것입니다.

그들의 발걸음은 길르앗의 언덕을 넘어 달려가고, 바산과 갈멜을 지나, 우리의 사랑의 도시, 우리의 고난의 도시, 성스러운 시온의 요새를 보려고 합니다. 예루살렘은 그녀의 자녀들을 환영하며 기뻐합니다. 그들은 헤아릴 수 없이 많은 수로 유배의 감옥에서 돌아왔습니다. 꽃이 시들었던 곳에 새로운 꽃봉오리가 돋아나고, 어두웠던 곳에 새 빛이 비치며, 말하지 못했던 자들이 입을 열게 하였습니다. 예루살렘은 무덤에서 일어났습니다. 언덕들은 예전처럼 예루살렘에게 고개를 끄덕이며, 산의 그림자는 평야를 가로질러 드리워져 있으며, 초원이 이슬이 빛나는 것처럼 평화가 그 도성에 비추고 있습니다. 그 평화는 주님의 평화, 이스라엘의 평화, 예루살렘의 평화이십니다!

다른 사람들 ㄴ 예언을 이루소서. 오, 하나님.

| | ㄴ 이스라엘에 평화를 주소서.
| | ㄴ 예루살렘이 일어나게 하소서.
| 예레미야 | 기쁨의 날이 오면, 시온에서 우리가 만날 것입니다.
| | 우리는 그토록 오랫동안 포로였고,
| | 낯선 자들과 함께 어두운 집에서 살았으나,
| | 다시 기쁘게 모여들 것입니다.
| | 우리는 기도할 것입니다.
| | 하나님, 만군의 주님, 당신의 이름이 복되시길!
| | 당신의 자비가 크고 놀랍습니다!
| | 바벨론의 강가에서 우리는 앉아 울었습니다.
| | 노예들의 쓴 떡을 부수며,
| | 슬픔 속에서 울며,
| | 우리의 영혼은 고향을 그리워했습니다.
| | 우리의 종살이는 매일 죽음이었습니다.
| | 그때 우리는 당신께 부르짖었고,
| | 헛되이 부른 것이 아니었습니다.
| | 당신이 우리의 속박을 끊어 주셨기 때문입니다.
| | 그분의 선하심의 이슬과 생명의 물로,
| | 우리의 목마른 영혼의 열을 식히셨다.
| | 흩어진 우리, 정복 당한 우리를,
| | 먼지에서 일으키시고 시온으로 돌아가게 하셨다.
| | 우리를 보라, 오 산들이여! 우리를 보라, 오 들판들이여!
| | 우리는 돌아왔다. 마치 죽은 자처럼 일어났다!
| | 시냇물 소리가 우리의 기도 속에 속삭이게 하시고,

정원들이 꽃들로 우리를 맞이하게 하셨다.
샤론의 장미들이 그 향기로 우리를 맞이하게 하시고,
갈멜과 레바논의 숲들이 그 그늘로 우리를 맞이하게 하소서.
그리고 너, 거룩한 도시, 사랑받은 도시, 절대 잊히지 않는 도시,
우리의 날들의 비전이요, 우리의 밤들의 꿈인 도시,
우리 사랑의 신부이자 우리 모두의 어머니.
너의 징을 울려라, 너의 피리가 기쁨의 음을 내게 하라.
너는 일어나서 기쁨을 표현하라.
우리는 네게 돌아왔다, 예루살렘!

다른 사람들 (기쁨에 넘쳐 그에게 다가가며, 그의 발에 엎드려 무릎을 꿇는다.)

    └ 돌아왔다!

    └ 죽은 자처럼 일어났다.

    └ 영광스러운 예언.

    └ 예루살렘.

    └ 예루살렘.

바룩 (무릎을 꿇으며) 나의 주인, 나의 스승이시여, 당신의 말씀이 얼마나 달콤한지요. 당신의 메시지는 얼마나 기쁜지요.

장로 고난의 때에 위로를 주는 자에게 복이 있도다.

여자 저분의 눈이 별처럼 빛나며 하늘을 밝힙니다.

다른 여자 하나님의 영이 그에게 내려왔어요.

부상 입은 남자	그분의 말씀이 저에게 용기를 북돋습니다. 저는 살았습니다. 다시 살았어요. 오, 저도 언젠가 예루살렘으로 돌아갈 수 있기를.
스바냐	당신의 말씀이 나에게 새로운 용기를 줍니다, 예레미야.
예레미야	(그들에게 전혀 신경 쓰지 않으면서 점차 자신의 상태에서 깨어나며 알람을 올리듯 주위를 둘러본다.) 제가 말했던 이들은 어디 갔습니까? 분명히 저는 느부갓네살 왕의 관리들과 대화했던 것 같은데? 제가 꿈을 꾸고 있었소? 제가 말했던 것이 무엇이었는지 기억나지 않지만, 뭔가 기억이 나는 듯합니다. 제가 뭐라고 말했소?
장로	그들이 당신의 눈에서 나오는 번개 앞에서 도망쳤습니다.
다른 사람	당신의 분노는 그들을 칼처럼 쳤습니다.
예레미야	(여전히 혼란스러워하며) 내가 뭐라고 말했습니까? 내 마음은 어둡지만, 희미하게나마 뭔가 기억 나는 듯합니다. 내가 뭐라고 말했습니까? 왜 다들 저를 동경하는 눈빛으로 바라보는 겁니까? 왜 이렇게 저를 둘러싸는 겁니까? 당신들은 제게 공포의 표정을 짓지 않았습니까? 허나, 지금은…. 어떻게 된 거요. 그리고 당신들은 어떻게 된 겁니까?
장로	하나님의 사람, 하나님의 불이 마음에 들어간 사람. 이 빛이 당신에게서 흘러나옵니다. 당신은 우리에게 힘차게 예언하였습니다.
한 남자	당신은 제 영혼을 고통에서 풀어 주셨습니다.
한 여자	당신은 제 마음을 '만나'로 배부르게 하셨습니다.

부상 입은 남자	보세요. 일어날 수 있어요. 걸을 수 있어요. 통증이 사라졌어요. 당신의 말씀이 저를 죽음에서 불러낸 거예요.
목소리들	└ 기적이다!
	└ 엘리야의 기적 같아요.
	└ 죽은 자를 일으켰어요.
	└ 하나님의 사자를 앞에 두고 절합시다.
	└ 기적이다!
	└ 기적이다!
예레미야	(부드럽게) 아니, 형제들이여, 당신들의 칭찬으로 저를 부끄럽게 하지 마십시오. 저는 일어난 일과 아무 관련이 없습니다.
	분명 기적이 있었지만, 그것은 제가 한 일이 아니라 저에게 일어난 일입니다. 저는 하나님을 저주했으나, 그분은 저에게 축복을 주셨습니다. 제가 그분으로부터 도망쳤으나, 그분이 저를 찾아내셨습니다. 누구도 그분의 사랑을 피할 수 없으며, 누구도 그분의 능력을 이길 수 없습니다. 그분이 저를 정복하셨습니다. 형제들이여, 하나님께 정복당하는 것보다 더 달콤한 것은 없습니다.
장로	(열광적으로) 예레미야, 예레미야, 하나님께서 우리 모두에게도 당신에게 하신 것처럼 하시길.
예레미야	아, 내가 주님을 너무 늦게 알았구나! 아, 내가 너무 늦게서야 당신들을 찾았구나. 나의 형제들이여! 도시는 어둡고, 우리의 운명도 어두우나, 삶은 놀랍고, 우리가 사는 세상은 거룩합니다. 오, 내가 경멸했던 이 땅이여, 내가

무릎 꿇을 때 부디 나에게 부드럽게 대하소서. 내가 막 부인했던 하나님이시여, 내 기도에 은혜를 베푸소서!
(무릎을 꿇으며) 주여, 제가 불순하고 거칠었을 때, 저의 소명을 거절하였을 때도, 저에게 그 친절로 대해 주셔서 감사합니다. 제가 저주했던 당신은 저에게 축복으로 갚아주셨습니다. 제 마음은 생명이 다하는 날까지 감사할 것입니다.
생명 속에서 저는 주님을 찬양하고, 죽음 속에서 저는 찬양할 것입니다.
당신의 말씀의 떡으로 제 나날을 기르시며,
제 영혼에 당신의 숨을 불어넣어 주셔서 감사합니다.
죽음보다 강한 사랑의 영으로, 제가 당신에게 감사하게 하소서. 제가 당신의 얼굴 앞에서 거칠게 쫓겨나게 하신 것에 대해, 제게 슬픔을 주신 것에 대해 제가 당신을 찬송하나이다.
이제, 오히려 저는 슬픔을 축복하나니, 사람들이 서로 멀리 떨어져 있을 때, 고난의 손길이 그들이 한 형제임을 깨닫게 하기 때문입니다. 하나님이 보내신 슬픔은 폭풍 가운데 맺는 첫 열매와 같으며, 그 폭풍은 종종 햇빛 속에서 끝나느니라.
그러므로 저는 주를 찬양하나이다. 하나님, 인생의 여정에서 우리를 인도하는 주님, 모든 이가 피하려 하지만, 누구도 그분에게 숨을 수 없는 인도자여.
가장 낮은 자라도 주님의 은혜를 얻을 수 있으며,

	죄인이라도 그의 죄 때문에 주의 사랑을 받을 수 있나이다!
	하나님 안에서 자아를 잃을 수 있는 자여, 복이 있도다!
	하나님께 선택된 자여, 복이 있도다!
	음악으로 둘러싸인 하늘이여, 복이 있도다!
	그분의 거울 속에서 사랑받는 세상이여, 복이 있도다!
	싸움이 없는 저 높은 곳에서 빛나는 별들이여, 복이 있도다!
	죽음의 고요함이여, 복이 있도다.
	삶의 혼란이여, 복이 있도다!
바룩	(예레미야 앞에 무릎을 꿇고) 예레미야, 나의 스승님, 예레미야!
	당신의 말씀이 우리에게만 비추지 않게 하소서. 많은 사람들이 시장에 기다리고 있으며, 그들의 영혼은 두려움으로 가득 차 있습니다. 절망하는 이들에게 용기를 주시고, 목마른 이들에게 생명의 물을 채워 주소서.
장로	그래요, 흔들리는 자들의 무릎을 강하게 하고, 고통받는 자들을 위로해 주십시오!
목소리들	└ 우리 형제들에게 가 주세요.
	└ 그들에게도 우리처럼 위로를 주세요.
	└ 그들에게 그 메시지를 전해 주세요.
	└ 그 약속을!
예레미야	(일어서면서) 그렇습니다, 형제들이여. 그들에게 나를 인도하십시오. 나는 하나님께 위로를 받았으니, 이제 다른

이들을 위로하겠습니다.

우리가 나갑시다. 절망한 자들의 마음에 다시 성전을 세우고, 그곳에 영원한 예루살렘을 세우기 위하여.

그가 문을 통해 나간다.

다른 사람들　(그를 둘러싸며, 일부는 앞서가며, 모두의 목소리가 기쁨에 찬 외침으로 섞인다.)
└ 예루살렘.
└ 불멸의 예루살렘.
└ 예언하라!
└ 가라, 하나님의 건축자여.
└ 예루살렘은 영원히 지속되리라!

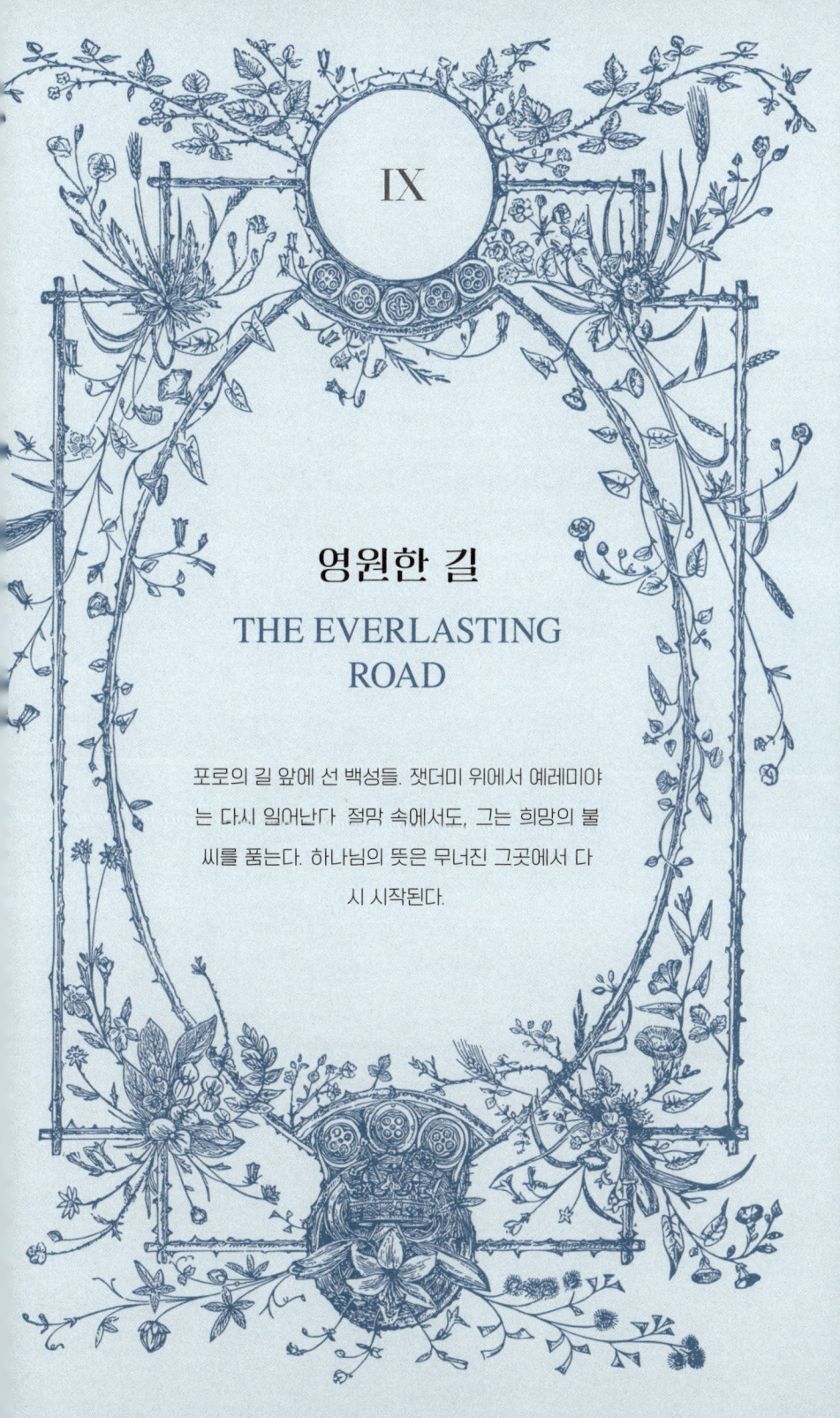

IX

영원한 길

THE EVERLASTING ROAD

포로의 길 앞에 선 백성들. 잿더미 위에서 예레미야는 다시 일어난다. 절망 속에서도, 그는 희망의 불씨를 품는다. 하나님의 뜻은 무너진 그곳에서 다시 시작된다.

SCENE NINE

For I know the thoughts that I think toward you, saith the Lord, thoughts of peace, and not of evil, to give you an expected end. Then shall ye call upon me, and I will hearken unto you. And ye shall seek me, and find me, when ye shall search for me with all your heart. And I will be found of you, saith the Lord: and I will turn away your captivity (Jeremiah XXIX, 11).

"내가 너희를 향한 생각을 안다. 여호와의 말씀이니라. 그것은 평화의 생각이요, 악이 아니니, 너희에게 미래와 희망을 주기 위함이라. 그 때에 너희가 내게 부르짖으면 내가 너희에게 응답할 것이며, 너희가 나를 찾고 온 마음으로 찾으면 나를 만나게 될 것이다. 내가 너희에게 나타날 것이며, 너희의 포로 생활을 끝낼 것이다"(예레미야 29장 11절).

9막

성전 앞의 넓은 광장. 첫 장면과 같은 곳이지만, 이제는 곳곳에 약탈의 흔적이 보인다.

광장에는 가재도구를 실은 손수레, 짐을 싣고 있는 노새와 기타 짐승들 그리고 수레들이 어지럽게 뒤섞여 있다. 출발을 준비하는 남녀들이 분주하게 움직인다. 주변 거리에서 새로운 무리가 계속해서 광장으로 모여들고, 대화소리가 점점 커진다.

여자들과 아이들 그리고 일할 수 없는 노인들은 계단에 따로 앉아 있다.

갈대아의 군인들이 완전 무장하고 군중을 통과하며, 창으로 길을 만들며 지나간다.

달빛이 어렴풋하게 비친다. 점차 동쪽에서 점차 붉게 물들며 새벽이 다가온다.

목소리들
└ 이곳이 우리의 만남의 장소입니다.
└ 우리 중 몇 명이 여기 있는가?
└ 함께 있어라, 르우벤[10]의 아들들아.
└ 너무 어둡습니다.
└ 이곳이 우리가 먼저 그 길을 갈 수 있는, 가장 좋은 장소이다.

다른 목소리들 └ 밀지 마세요.

	∟ 여기가 우리의 자리입니다.
	∟ 우리의 노새가 저녁부터 이 자리에 서 있었습니다.
	∟ 아닙니다. 이곳은 우리의 것입니다.
	∟ 르우벤의 아들들은 항상 먼저 가기만을 원합니다.
장로	다투지 마시오, 자손들이여. 르우벤이 길을 인도하게 하시오. 그게 법이오.
목소리들	∟ 법은 더 이상 존재하지 않소.
	∟ 두루마리는 불타버렸소.
	∟ 당신이 우리에게 명령할 자격이 있는가?
	∟ 이것은 제사장들의 계명이오.
	∟ 살아남은 제사장은 없다. 모두 칼에 쓰러졌소.
	∟ 하나는 학살에서 도망쳤다.
	∟ 아니, 그도 결국 죽임을 당했다.
	∟ 우리는 지도자를 잃었다.
	∟ 누가 우리에게 율법을 전해 줄 것인가?
	∟ 바빌론에서 누가 우리를 위해 희생 제의를 드릴 것인가?
	∟ 누가 두루마리를 해석해 줄 것인가?
	∟ 아론의 후손들이 모두 죽임을 당했다.
	∟ 우리가 고아가 되었으니, 슬프도다.
	∟ 법궤와 율법 두루마리가 있다면 좋으련만.
	∟ 율법 두루마리는 불타버렸소.
	∟ 아니, 하나님의 말씀은 불탈 수 없소.
	∟ 내가 말하건대, 그것이 불길 속에서 사라지는 것을 보았다.

─ 아아, 율법이 불타버렸는가?

─ 불가능하오. 하나님의 말씀이 어떻게 불타겠는가?

─ 주님의 집이 불타지 않았는가? 주님의 제단이 무너지지 않았는가?

─ 그분의 거룩한 도시를 파괴로 넘기지 않았는가?

─ 그렇다, 그렇다. 그분이 우리를 원수의 노예로 만드셨다. 그분은 언약을 깨뜨렸다.

─ 신성 모독하지 말라.

─ 나는 더 이상 그분을 두려워하지 않소.

─ 우리는 지도자가 없다. 예전처럼 모세가 우리를 이끌어 주었으면 좋으련만, 우리 가운데 판관이 있었으면 좋으련만.

─ 왕은 어떻게 되었는가? 그들은 왕의 눈을 멀게 하지 않았는가?

─ 그는 항상 눈이 멀었었다.

─ 이 재앙들은 그에게서 비롯되었다.

─ 아, 이스라엘의 운명과 예루살렘의 파괴가 슬프도다!

혼란스러운 무리가 큰 소리로 웃으며 궁전에서 나온다. 새로 온 자들은 '갈대아의 귀족들'로, 노예들이 햇불을 들고 있다. 귀족들은 술에 취해 있다. 떠들썩한 무리 한가운데는 한 남자의 모습이 보인다. 귀족들이 그를 밀치고 서로 떠넘기며, 그는 비틀거리고 계속 넘어질 위험에 처해 있다.

갈대아의 귀족들 ㄴ 느부갓네살에게 또다시 공격을 가할 준비가 되었는가?
　　　　　　　　ㄴ 바빌론의 폭풍과도 같은 자여, 나아가라.
　　　　　　　　ㄴ 이스라엘의 기둥이여, 넘어지지 않도록 조심하라.
　　　　　　　　ㄴ 그는 다윗 왕처럼 춤출 수 없다.
　　　　　　　　ㄴ 그는 비파를 연주할 줄도 모른다.
　　　　　　　　ㄴ 그만두자, 다시 우리 술자리로 돌아가자.
　　　　　　　　ㄴ 차라리 그의 아내들로 나를 즐겁게 하겠다.
　　　　　　　　ㄴ 저 사람들이 어둠을 마시는 동안 우리는 포도주를 마시자.
　　　　　　　　ㄴ 가자!

웃음과 외침 속에서 귀족들은 궁전으로 돌아가고, 그들이 조롱하며 밀치던 남자는 비틀거리며 계단 꼭대기에 선다. 달빛이 구름을 뚫고 나오며 그의 그림자가 돌바닥 뒤로 길게 드리워져 거대한 유령처럼 보인다. 아래에 있는 무리는 경악과 두려움에 사로잡힌다.

속삭이는 목소리들 ㄴ 누구인가?
　　　　　　　　　ㄴ 왜 그를 그들의 자리에서 내쫓았는가?
　　　　　　　　　ㄴ 왜 그는 말하지 않는가?
　　　　　　　　　ㄴ 보아라, 그가 하늘로 애원하며 손을 들고 있다.
　　　　　　　　　ㄴ 누구인가?
　　　　　　　　　ㄴ 그에게 다가가지 마라.
　　　　　　　　　ㄴ 내가 누군지 보겠소.

몇몇 용감한 사람들이 계단 위로 올라간다.

한 목소리	(알아보면서 외친다.) 시드기야!
군중	ㄴ 왕이다.
	ㄴ 눈먼 왕이다.
	ㄴ 하나님의 심판이다.
	ㄴ 시드기야.
시드기야	(떨리는 목소리로) 누가 나를 부르는가?
목소리들	ㄴ 아무도 당신을 부르지 않았소.
	ㄴ 당신에게 남은 것은 저주와 하나님의 심판뿐이오.
	ㄴ 당신의 이집트 친구들은 어디 있는가?
	ㄴ 시온은 어디 있는가?
다른 목소리들	ㄴ 조용히 하시오!
	ㄴ 저분은 원수들로 인해 눈이 먼 하나님의 기름 부음 받은 자다.
	ㄴ 왕을 공경하시오.
	ㄴ 저분의 고통에 연민을 가지시오.
첫 번째 목소리들	ㄴ 아니요, 그는 우리 가운데 앉아서는 안 되오.
	ㄴ 내 아이들은 어디 있는가?
	ㄴ 내 아이들을 돌려다오.
	ㄴ 이스라엘을 멸망시킨 자에게 저주가 있으라.
	ㄴ 그가 모든 것의 책임이다.
	ㄴ 왜 그가 살아야 하는가? 그보다 더 나은 사람들이 죽었는데.

시드기야	(그를 이끌기 위해 손을 내민 사람에게) 나를 비난하는 자들이 누구인가? 내 집안의 사람들인가?
호위병	주군이시여, 저들은 왕과 같은 불행을 겪고 있는 자들입니다.
목소리들	└ 그를 이 아래로 데려오지 마시오. 그의 운명과 우리의 운명을 섞어서는 안 되오.
	└ 그는 따로 앉아야 하오.
	└ 하나님께서 그를 벌하셨다.
	└ 그에게 저주가 있다.
	└ 그는 더 이상 왕이 아니다.
	└ 눈먼 왕이 무슨 소용이 있는가?
시드기야	(무력함에 거의 흐느끼며) 나를 데려가시오. 그들이 내 눈을 멀게 했고, 이제는 내 왕관마저 빼앗으려 한다. 나를 내 적들로부터 숨겨다오.
한 여인	여기서 쉬세요, 왕이시여. 누워 쉬십시오.

시드기야를 위해 계단 아래에 임시 침상을 마련한다. 호기심 많은 이들이 주위로 모인다.

장로	물러나라, 물러나라. 하나님의 기름 부음 받은 자를 공경하라. 하나님께서 그를 우리의 지도자로 세우셨다.
목소리들	└ 눈먼 사람이 어떻게 우리를 이끌 수 있는가?
	└ 그는 예루살렘에서 다스릴 수 없소. 시온이 무너졌기 때문이오.

└ 우리는 모두 노예요. 노예에게 지도자는 필요 없소.
└ 아니다, 우리는 구원자가 필요하다.
└ 모세가 이때 우리를 도와준다면 얼마나 좋겠는가!
└ 이토록 고통받는 사람이 어떻게 우리에게 도움과 위안을 줄 수 있겠는가?
└ 아무도 우리를 도울 수 없소.
└ 보아라, 새벽이 밝아오고 있다.
└ 여정을 준비하자.
└ 아, 슬픈 날이여!
└ 우리는 방랑자와 추방자로서, 지도자 없이 먼 땅으로 떠나는구나.

멀리서 큰 소리로 찬송이 들린다.

└ 들어라, 나팔 소리가 울린다.
└ 아, 나팔 소리가 들린다.
└ 출발의 첫 신호다.
└ 아니, 아니야, 그것은 나팔 소리가 아니다.
└ 노랫소리가 징 소리와 북소리와 함께 들리지 않는가?
└ 우리의 적들이 기뻐하고 있다.
└ 오, 수치여! 오, 고통이여!

찬송 소리가 점점 가까워지며, 징 소리와 개별적인 목소리가 뚜렷이 들려온다. 마침내 한 무리가 다가오는데, 그들은 환희 속에서 높은 인물을 중심으로 몰려 있다.

한 목소리	보아라! 그들은 우리의 동족이다.
목소리들	∟ 불가능하다.
	∟ 그들이 기뻐하고 있다.
	∟ 어떻게 이 슬픔의 날에 이스라엘의 자손이 기뻐할 수 있는가?
	∟ 그들은 분명 술에 취했을 것이다.
	∟ 아니, 그들은 분명히 우리의 이스라엘 형제들이다.
	∟ 그들 가운데 있는 사람은 누구인가?
	∟ 저 광기에 찬 여자가 징을 두드리고 있는 것을 보아라!

다가오는 찬송 무리의 중심에 예레미야가 있다. 새벽의 희미한 빛 속에서 그들이 다가온다. 그들 중 일부는 정말로 황홀한 상태로 비틀거리며 움직이지만, 나머지는 차분한 태도를 보인다.

찬송하는 목소리들	∟ 호산나!
	∟ 예언자여!
	∟ 예루살렘은 영원히 지속되리라!
	∟ 우리의 귀환은 복되도다!
	∟ 위로하는 자를 축복하라. 그리고 그가 가져온 위로도 축복받을지어다.
	∟ 호산나!
	∟ 예루살렘은 영원히 지속되리라!

군중의 목소리	(흥분 속에서)
	ㄴ 저들은 미쳤다!
	ㄴ 무슨 일이 일어난 것인가?
	ㄴ 저들이 호산나를 외치는 소리를 들어라!
	ㄴ 그 예언자는 누구인가?
	ㄴ 그의 메시지가 무엇인가?
	ㄴ 우리에게도 그 메시지를 전하게 하라.
	ㄴ 누가 우리에게 위로를 줄 것인가?
한 목소리	저기, 저들이 둘러싸고 있는 자는 예레미야가 아닌가?
목소리들	ㄴ 그래, 맞다!
	ㄴ 아니, 아니야.
	ㄴ 그의 얼굴은 항상 어두웠지만, 이 사람의 얼굴은 빛나고 있소.
	ㄴ 아니, 바로 그다.
	ㄴ 얼마나 달라졌는가!
	ㄴ 저주를 퍼부었던 자에게 저주가 있으라.
	ㄴ 어떻게 쓴 것에서 단 것이 나올 수 있는가?
바룩	형제들이여, 위로의 메시지를 들으십시오. 하나님의 말씀과 생명의 빵으로 당신의 영혼을 채우십시오.
목소리들	ㄴ 이 저주받은 자가 어떻게 위로를 줄 수 있는가?
	ㄴ 그의 말은 전갈과 같아.
	ㄴ 그의 메시지는 우리를 질식시킬 거야.
	ㄴ 우리는 예언자들에게 질렸소. 그들 모두가 우리를 잘못 이끌었소.

	ㄴ 아니야, 아니야. 예레미야는 우리에게 진실을 경고해 주었다.
	ㄴ 그가 우리 상처에 소금을 뿌릴 거라니!
	ㄴ 떠나라, 떠나라, 자비 없는 자여!
바룩	나는 여러분이 그분의 메시지를 듣기를 간청합니다. 그분의 메시지를 들으십시오. 그분이 우리의 마음을 고양시켰고, 여러분의 마음 또한 고양시킬 것입니다, 주님 안의 형제들이여.
부상 입은 자	내가 그분을 증언하겠습니다. 내가 그분을 증언하겠습니다! 저는 상처로 열에 들떠 움직일 수 없었으나, 그분께서 말씀으로 저의 힘을 회복시켰습니다. 보십시오. 그분이 제게 기적을 이루셨습니다.
목소리들	ㄴ 저자는 누구인가?
	ㄴ 그가 말하는 것을 들어라.
	ㄴ 저 사람이 우리에게 필요한 기적에 대해 말하고 있다.
	ㄴ 나는 위로가 필요해.
	ㄴ 시온의 골짜기 외에는 나를 위로할 것이 없소.
	ㄴ 그가 어떤 위로를 줄 수 있는가?
	ㄴ 그가 죽은 자를 일으킬 수 있는가? 그가 성전을 재건할 수 있는가?
	ㄴ 그의 메시지를 들어보자.
한 여인	발람! 발람! 발람! 찬송하라, 이스라엘을 저주하러 온 당신이 우리를 세 번 축복했으니.
바룩	주인이시여, 저들의 분열을 보십시오. 저들의 마음을 하

	나로 만드시고, 저들의 영혼을 열매 맺게 하소서. 저들을 슬픔에서 일으켜 세우시고, 저들의 영혼을 하나님께로 들어 올리소서.
예레미야	(동료들로부터 벗어나 계단 꼭대기로 올라가며) 형제들이여, 어둠 속에서도 나는 당신들이 가까이에 있음을 느끼며, 당신들의 영혼이 어둠으로 가득 찬 것을 압니다. 그러나 왜 절망하고 있습니까? 왜 슬퍼하고 계십니까?
목소리들	ㄴ 저 신성 모독자의 말을 들어보라. ㄴ 내가 그에 대해 경고하지 않았던가? ㄴ 그는 우리를 비웃고 있다! ㄴ 그가 왜 우리가 탄식하는지 묻다니! ㄴ 그는 우리의 상처에 소금을 뿌리고 있다! ㄴ 우리가 떠나는 날에 기뻐해야 한단 말인가? ㄴ 죽은 자들을 잊어야 한단 말인가? ㄴ 그는 우리의 눈물을 비웃고 있다! ㄴ 조용히 해라! 그의 말을 들어보자. ㄴ 그의 말을 들어보자.
예레미야	형제들이여, 내 말을 들으십시오. 왜 우리가 슬퍼해야 합니까? 모든 것을 잃어버린 것이 아니지 않습니까? 우리에게는 여전히 생명이라는 귀한 선물이 남아 있습니다.
한 목소리	이게 무슨 생명입니까!
예레미야	내가 여러분에게 말하노니, 생명이 있는 자는 하나님을 지닌 자입니다. 죽은 자들은 자신들을 무덤으로 이끈 자들을 원망할 수 있지만, 우리는 살아 있는 동안 희망을

	가져야 합니다. 숨이 붙어 있는 한 슬퍼하지도 절망하지도 말며, 위로의 말을 무시하지도 마십시오.
여러 목소리	└ 말뿐이군. 말로는 아무 소용이 없다! └ 우리의 마음을 위로하려면 예루살렘의 성벽을 먼저 세우시오. └ 시온의 요새를 재건하시오. └ 당신은 우리의 고통을 볼 수도 이해할 수도 없어요.
예레미야	형제들이여, 나는 여러분의 고통을 펼쳐진 책처럼 읽고 있습니다. 여러분의 아픔의 두루마리가 내 앞에 펼쳐져 있습니다. 그렇지만 형제들이여, 나는 이 고통과 고난 속에서 하나님의 뜻을 봅니다. 이 시간은 우리를 시험하시려는 하나님께서 보내신 것입니다. 우리는 이 시험에 응답해야 합니다.
목소리들	└ 왜 하나님이 우리를 시험하셔야 합니까? └ 왜 그분은 선택받은 우리 백성에게 고난을 주셔야 합니까? └ 왜 그분은 우리 짐을 이렇게 무겁게 하십니까?
예레미야	하나님께서는 우리에게 당신이 하나님임을 알게 하시기 위해 이 시험을 보내십니다. 다른 민족들에게는 몇 가지 표적만이 주어지고, 그들에게는 하나님을 알아볼 기회가 거의 없었습니다. 그들은 나무와 돌의 형상 속에서 영원의 얼굴을 본다고 생각합니다. 그러나 우리 조상의 하나님은 감추어진 하나님이십니다. 우리가 슬픔에 잠길 때

만 비로소 그분을 깨달을 수 있습니다. 그분은 오직 시련을 겪는 자들만을 선택하시며, 고통받는 자들에게만 그분의 사랑을 주십니다.

그러므로 형제들이여, 우리의 시련을 기뻐합시다. 하나님께서 보내신 고통을 사랑합시다. 그분은 우리의 마음을 새로 갈아엎어 씨를 뿌리기 위해 우리의 고통으로 우리를 단련하셨습니다. 우리의 몸을 약하게 하셨으나 우리의 영혼을 강하게 하십니다. 그러므로 하나님의 뜻이라는 제련의 용광로에 기꺼이 들어가 정화될 수 있게 합시다. 우리 조상들의 본을 따라 전능하신 분의 채찍질을 감사히 받아들입시다!

목소리들
ㄴ 우리의 뜻이 아닌 그분의 뜻대로.

ㄴ 우리의 시련에 축복을.

ㄴ 나는 내 불만을 잠재우는 법을 배워야 한다.

ㄴ 맞습니다. 우리 조상들도 포로 생활을 했었습니다.

예레미야
형제들이여, 우리가 다시 일어날 것이라 믿는다면, 이미 우리는 일어난 것입니다. 믿음이 없이 우리가 무엇이겠습니까? 다른 민족들과 달리 우리에게는 붙잡을 수 있는 나라가 주어지지 않았습니다. 우리가 머물 곳, 우리의 마음이 만족할 곳이 없습니다! 평화를 위해서 우리가 다른 민족들 가운데 선택된 것이 아닙니다. 우리의 거처는 방랑이며, 우리의 유산은 고난, 하나님은 우리의 집입니다. 그러므로 남의 재물을 탐하지 마십시오. 그로 인해 불평하지 마십시오. 다른 이들의 행복과 자랑은 그들에게 맡

기십시오. 영광의 자리를 그들에게 주십시오. 그러나 고난의 백성인 여러분, 기꺼이 시험을 받아들이십시오. 하나님께 선택받은 자들이여, 고난이 여러분의 유산임을 알아야 합니다. 그것이 여러분의 영원한 유산이기에, 바로 여러분이 선택된 자들입니다.

목소리들 ∟ 맞습니다! 진실한 말씀입니다.
∟ 고난은 우리의 유산입니다.
∟ 나는 내 짐을 기꺼이 짊어지겠습니다.
∟ 하나님의 자비를 믿습니다. 그분께서 우리를 인도하실 것입니다.
∟ 우리가 이집트에서 나왔던 것처럼.
∟ 하나님은 우리 조상들을 구원하셨던 것처럼, 우리를 구원하실 것입니다.

예레미야 그러니 일어나십시오, 형제들이여. 더 이상 불평하지 마십시오. 믿음을 지팡이 삼아, 당신들이 수천 년 동안 걸어온 것처럼 이 고난의 길을 담대히 걸어가십시오. 우리는 패배한 것을 기뻐해야 하며, 집에서 쫓겨난 것을 감사해야 합니다. 왜냐하면 우리가 패배하고 쫓겨난 것은 하나님의 뜻이기 때문입니다. 우리가 모든 것을 잃음으로써 하나님을 발견할 수 있기 때문입니다. 우리의 운명은 어렵지만, 우리는 하나님의 백성으로서 기뻐할 수 있습니다. 우리를 정복했던 왕들은 연기처럼 사라졌고, 우리를 노예로 삼았던 민족들은 흩어지고 그들의 씨가 끊어졌습니다.

우리가 종살이했던 마을들은 황폐해져 이제 여우의 보금자리가 되었지만, 이스라엘은 여전히 살아 있습니다. 이스라엘은 영원히 젊지요. 우리의 슬픔은 우리의 버팀목이요, 우리의 패배는 우리의 힘입니다. 우리는 고난을 통해 시대를 견뎌 왔고, 역경은 항상 우리의 시작이었으며, 하나님께서는 그 깊은 곳에서 우리를 자신의 품으로 불러주셨습니다. 우리의 이전 고난을 생각해 보십시오. 그리고 그 고난들을 어떻게 맞섰는지를 기억하십시오. 이집트, 노예의 집, 첫 번째 시련을 기억하십시오. 고난을 겪은 여러분, 고난에 찬 여러분, 시험을 겪은 여러분, 하나님을 찬양하십시오. 그분은 고난을 통해 우리를 영원히 선택하셨습니다!

열정의 물결이 그의 말에 응답한다. 혼란스러운 목소리들의 혼합이 점차 규칙적인 합창으로 바뀌어 간다.

목소리들 우리의 조상들은 미츠라임의 종이었습니다.
    우리의 조상들은 재갈과 채찍에 묶였던,
    이스라엘의 자녀들입니다.
    잔혹한 강제 노동의 감독들은
    우리의 조상들을 몰아세우고,
    막대기로 때리고,
    줄로 채찍질하며,
    다양한 고역으로

	우리의 조상들을 괴롭혔습니다.
큰 목소리들	어둠이 우리를 감싸도,
	야훼의 자비로운 시선이 그것을 꿰뚫었습니다.
	그분의 백성이 멸망하기 전에 구원하시기 위해,
	하나님은 구원자를 일으키셨습니다,
	레위 집안에서,
	모세가 우리를 도우러 왔습니다.
	말과 손이 강한 사람,
	그가 우리를 이끌어 이집트를 떠나게 하셨고,
	우리를 속박의 집에서 자유롭게 하셨습니다.
기쁨의 목소리들	그들이 이집트 땅에 들어갔을 때 단 칠십 명이었지만,
	그곳에서 나올 때는 셀 수 없이 많은 수천 명이 되었으며,
	양과 소 떼를 몰고,
	많은 재산을 가지고 나왔습니다.
	그들을 앞서가는 것은 구름 기둥이었고,
	그들 앞에 불 기둥이 있었으며,
	하나님의 천사가 이스라엘 진영 앞에서 인도하셨습니다.
	그것이 첫 번째 출애굽이었고,
	그것이 우리의 기쁨의 시작이었습니다,
	하나님께서 우리 조상들을 약속의 땅으로 인도하신 것처럼
	우리를 인도하실 것입니다.
예레미야	하지만 새로운 시련들이 기다리고 있습니다. 새로운 시험들!

목소리들	그러므로 아팠던 날들을 잊지 말아야 합니다. 그날들을 잊지 말아야 합니다! 우리를 추격하는, 파라오의 군대가 오고, 말과 전차, 그리고 많은 기병이 있습니다. 복수의 함성 속에서 그들이 우리를 쫓아왔습니다. 바다가 우리의 길을 막았고, 죽음이 우리 뒤를 바짝 쫓았습니다.
더 높은 목소리들	그때 주님께서 강한 동풍을 보내시어, 바닷물을 갈라서 땅이 나타나게 하셨습니다. 물이 우리 오른쪽과 왼쪽에 벽처럼 서 있었습니다. 우리는 바다 한가운데로 걸어갔고, 마른 땅 위를 걸었습니다.
기쁨의 목소리들	무기 소리와 전차 바퀴의 굉음 속에서, 우리의 적들은 피를 갈망하며 뒤따라갔습니다. 바다 벽 사이 마른 땅 위에서, 그들은 분노하여 우리를 치려 했지만, 모세가 손을 내밀어 바다를 가리켰습니다. 그리고 물은 돌아와서, 전차와 기병들을 덮고, 파라오의 모든 군대를 물속에 잠기게 하셨습니다. 그렇게 주님께서 바다 한가운데서 이집트 군대를 물리치셨습니다!
깊은 목소리들	그렇게 주님께서 우리를 위험에서 구원하시고,

예레미야	우리를 속박의 땅에서 이끌어 내셨습니다.
	우리의 행복하고도 불행한 방황은 놀라웠습니다.
	그분은 우리에게 죽음의 쓴맛과 시련의 물을 계속 부으셨습니다.
	우리가 영원히 치유되기 위함이었습니다.
	사막에서의 태양이 뜨거운 날들을 기억합시다.
	약속의 땅에 이르기까지의 사십 년의 고난을 기억합시다.
목소리들	우리 목은 메말랐고,
	입술은 부풀었으며,
	우리는 목마르고 굶주렸습니다.
	그 물 한 방울 없는 황무지에서.
기쁨의 목소리들	그때 모세가 손을 들어,
	그의 지팡이로 바위를 두 번 쳤습니다.
	그 바위는 갈라졌고,
	물이 넘쳐흘렀습니다.
	회중은 마셨고, 그들의 가축도 마셨습니다.
	그리고 방랑자들은 피로에 지친 발을 씻었습니다.
더 높은 목소리들	우리가 지쳤을 때, 주님은 우리에게 쉼을 주셨습니다.
	그분은 시리도록 뜨거운 한낮의 열기를 식히는
	시원한 바람을 보내셨습니다.
	쓴 샘물을 단물로 바꾸셨습니다.
	바람은 바다에서 메추라기를 실어 왔고,
	우리의 속은 굶주림에 시달렸을 때,
	아침 이슬이 내린 후,

	광야의 땅에 만나는 떡,
	작고 둥근 하늘의 빵이 있었습니다.
예레미야	그렇지만 우리는 결코 안전하게 살지 못했습니다.
	주님은 계속해서 거룩한 손길로 우리를 징계하셨습니다.
	그분은 계속해서 우리의 고난을 새롭게 하셨습니다.
목소리들	나라들이 우리를 향해
	우리에게 무기를 들고 일어섰고,
	탐욕과 질투가
	우리의 순례길을 막았으며,
	도성들은 그들의 문을 닫았고,
	창들이 번쩍이며,
	우리의 길에 죽음을 흩뿌렸습니다.
더 높은 목소리들	그때 하나님은 우리에게 새로운 무기를 주셨습니다.
	우리의 마음을 날카로운 칼처럼 만드시고,
	우리에게 수천 명을 맞설 힘을 주셨으며,
	만 명을 물리칠 수 있는 승리를 주셨습니다.
기쁨의 목소리들	나팔이 울리고, 성벽은 무너졌으며,
	모압은 무너졌고, 아말렉도 멸망했습니다.
	우리가 칼로 길을 열었으니,
	민족들의 분노와 시대를 헤쳐 나갔습니다.
	우리의 마음이 시험을 견디고,
	약속의 땅 가나안에 이를 때까지,
	그곳에서 우리는 노동 후 쉴 수 있었습니다.
	여기, 방랑자의 집이 있고,

	이제 우리는 허리띠를 풀고,
	신발을 벗고, 지팡이를 내려놓을 수 있었습니다.
	이 지팡이는 푸른 새싹을 틔우며,
	이스라엘은 꽃을 피우며, 시온은 일어섰습니다.
모든 목소리	우리는 다시, 또다시 쟁기질에 묶여,
	목을 굽히고, 또다시 반복해 노예가 되었습니다.
	하지만 그분은 결코 우리의 멍에를 풀어주지 않은 적이 없습니다.
	우리를 포로와 유배에서 해방시키셨습니다.
	모든 고통과 모든 부족함에서 우리를 구원하셨습니다.
	그분은 결코 우리를 구원하는 데 실패하지 않으셨습니다.
	우리를 집으로 초대하시어,
	새로운 꽃을 피우게 하셨습니다.
예레미야	두려워 맙시다. 두려워 맙시다. 주님께서 우리를 버리지 않으시리라!
	어두운 날들 속에서 주님을 의심하지 맙시다. 형제들이여!
	그분이 우리를 낮추시고, 고통을 주실 때,
	그분이 보내시는 고통은 그분의 사랑의 징표일 뿐입니다.
	그러므로 형제들이여, 고개를 숙이고,
	야훼께서 정하신 운명을 기꺼이 받아들이십시오.
	우리는 알아야 합니다, 슬픔은 우리를 시험하고, 고난이 우리를 높입니다.
	고통은 비록 아프지만, 우리를 하나님께 더 가까이 이끌어 줍니다.

우리가 느끼는 고통의 한 걸음 한 걸음이 그분의 왕국에 가까워지는 길입니다.

땅에서 패배한 자들은 하늘에서 사랑받습니다.

형제들이여, 일어납시다.

하나님께로 나아갑시다, 나아갑시다.

목소리들　(열광적으로)

　　ㄴ 네, 이제 우리의 방랑을 시작합시다.

　　ㄴ 우리를 이끌어 주십시오.

　　ㄴ 우리는 고통을 겪으리라, 아버지들이 겪었던 것처럼.

　　ㄴ 출애굽과 끝없는 귀환.

　　ㄴ 서둘러라, 서둘러라, 해가 곧 떠오르리라.

　　ㄴ 우리는 변함없이 노예로 나아갈 것이다.

　　ㄴ 지금도, 항상, 하나님은 우리를 구원하실 것이다.

　　ㄴ 우리는 모두 가리라, 한 사람도 남지 않을 것이다.

시드기야　슬프다, 슬프다! 누가 나를 이끌겠는가? 나를 두고 가지 말라! 누가 나를 실어 주겠는가?

예레미야　누구의 외침입니까?

목소리들　ㄴ 그는 여기 있어야 해.

　　ㄴ 그는 타작기로 쳐내야 할 쭉정이야.

　　ㄴ 그는 하나님께 버림받았다.

　　ㄴ (예레미야에게) 우리를 이끌어라, 선지자여.

　　ㄴ 당신이 우리의 주인이 되어야 한다.

　　ㄴ 저 버림받은 자를 두고 가라.

예레미야　누구도 버림받은 자가 아닙니다! 도움이 필요한 자의 소

	리를 모두 들어야만 합니다. 모두를 위해서.
목소리들	ㄴ 그는 아닙니다.
	ㄴ 그는 우리의 고통의 원인입니다.
	ㄴ 그는 하나님께 버림받았다.
	ㄴ 그는 저주받은 자다!
예레미야	나 또한 하나님께 버림받은 자였습니다. 그렇지만 하나님께서 제 기도를 들으셨습니다!
	나 또한 저주받은 자였고, 하나님은 나를 축복하셨습니다.
	누가 괴로워하며 부르짖습니까?
	나는 내가 위로받았듯이 그를 위로하겠습니다.
목소리들	ㄴ 저 계단에 누워 있는 자입니다.
	ㄴ 하나님의 진노가 그의 자만을 내리쳤습니다.
예레미야	그는 왜 혼자 누워 있습니까? 왜 우리와 함께하지 않습니까?
목소리들	ㄴ 보십시오. 그의 별은 어두워졌습니다.
	ㄴ 이제 그는 길을 찾을 수 없습니다. 그는 눈이 멀었습니다.
	ㄴ 그들의 손이 그의 눈을 멀게 하였습니다.
예레미야	(깊은 동정을 안고, 쓰러져 있는 인물에게 다가가며) 시드기야! 왕이시여!
시드기야	누구인가? 예레미야?
예레미야	저입니다, 저의 왕이시여. 당신의 충실한 종, 예레미야입니다.

그는 왕 옆에 무릎을 꿇는다.

시드기야   나를 꾸짖지 말라! 내가 너를 내쫓았던 그때처럼 나를 너의 곁에서 내쫓지 마시오! 네 말은 내 마음을 재로 만들었던, 강한 자여. 이제 이 고통의 시간에 나를 홀로 두지 말아 주시오. 내가 마지막으로 너와 만났을 때 하나님 앞에서 맹세했던 대로 내 곁에 있어 주시오.

예레미야   제가 왕과 함께 있습니다. 시드기야 왕이시여.

시드기야   (그를 찾으며) 어디에 있소? 당신을 찾을 수가 없소이다.

예레미야   당신의 종이자 노예인 제가 당신의 발 앞에 있습니다.

시드기야   (떨며) 나를 사람들 앞에서 조롱하지 마시오. 내 낮아진 모습을 보면서도 경의를 표하지 말아 주시오. 내가 기름 부음을 받았던 그 기름은 이제 내 이마에서 피로 변하였고, 내 왕관은 먼지로 가득하오.

예레미야   당신이 슬픔의 왕이 되었지만, 그 어느 때보다 왕다운 모습입니다.
　　　　시드기야 왕이시여. 제가 당신의 강한 모습을 대면했을 때 고귀하게 서 계셨지만, 이제는 하나님께서 당신을 낮추셨기에 제가 몸을 당신 앞에 굽힙니다. 고난으로 기름 부음을 받은 자여, 우리를 이끌어 주십시오!
　　　　이제 하나님만을 바라보며, 세상은 더 이상 보지 않는 자이시여, 당신의 백성을 인도하십시오.

그는 일어나며 군중을 향해 말한다.

보시오, 보시오. 슬픔의 자녀들이여, 하나님의 자녀들이여.

주님께서 당신들의 부르짖음을 들으셨소. 그분이 당신들에게 지도자를 보내셨소!

고난의 왕관을 쓴 자, 사람들에게 멸시당한 자!

누가 그보다 더 적합한 자가 있겠습니까.

패배의 복을 받은 자들을 다스릴 자로.

하나님께서 시드기야 왕이 하늘의 영광을 더 잘 보도록, 그의 눈을 땅에서 가리셨습니다.

그가 하늘의 영광을 더 잘 보게 하시기 위하여.

시드기야　나를 어디로 데려갈 것이오? 내게 무슨 일이 일어날 것인가?

예레미야　그분을 일으키시오.

낮아진 그를.

모든 존경을 그에게 돌립시다!

말들을 매고, 의자를 준비하시오.

그분을 조심히 드십시오.

이스라엘의 수호자,

시온의 왕이시여.

모든 존경의 표시와 함께 왕은 들어 올려지고, 의자에 놓인다. 멀리서 나팔 소리가 들린다. 벽에 붉은빛이 비추며 날이 밝아온다. 하늘이 맑아지고, 나팔 소리에 군중은 떨린다.

군중의 목소리　└ 신호다!

| | └ 첫 번째 신호다!
| | └ 하나님이 우리를 부르신다.
| | └ 우리의 시험의 날이 밝았다.
| | └ 곧 해가 예루살렘 위에 비추리라.
| | └ 출애굽이다.
| | └ 출애굽!
| | └ 출애굽과 귀환이다.
| | └ 예루살렘.
| | └ 예루살렘.
| 예레미야 | (확신에 찬 얼굴로 다시 한번 계단을 오르며, 군중은 물러서고 그는 혼자서 꼭대기에 서 있다. 그는 고독 속에서 더욱 크게 보인다.)
| | 일어나라, 버림받은 자들이여.
| | 일어나라, 패배한 자들이여.
| | 여정을 준비하라!
| | 방랑자들이여,
| | 하나님과 세상의 선택된 자들이여.
| | 마음을 일으키라!

군중 속에서 출발을 위해 움직임이 시작되고 예레미야는 도성을 바라본다.

예루살렘의 첨탑 위에서
이제 마지막으로
눈물을 통해 보라.

	너희가 그렇게 사랑하는 고향의 모습을 가슴에 품어라.
	성탑들을 마음껏 마셔라.
	성벽을 마음껏 마셔라.
	예루살렘을 마음껏 마셔라.
목소리	맞습니다, 맞습니다. 우리가 떠나기 전에 예루살렘을 마음껏 마음에 담아 마십시다.
예레미야	마지막으로 몸을 구부려,
	네 고향 땅을 조심히 어루만지며.

그는 땅을 향해 호소한다.

　　　　　피와 눈물로 젖은 땅이여.
　　　　　보라, 나는 사랑의 손길로
　　　　　너를 만진다.
　　　　　이 손길의 기억은
　　　　　나와 함께할 것이다.
　　　　　결코 죽지 않는 갈망으로.

그는 다시 한번 사람들에게 연설한다.

　　　　　끊임없이,
　　　　　우리가 어디를 떠돌든,
　　　　　우리는 굶주릴 것이며,
　　　　　우리는 목마를 것이다.

시온을 위하여!

목소리들 끊임없이,

우리가 어디를 떠돌아도,

우리는 배고픔을 느끼고,

우리는 목마를 것이다.

시온을 위하여!

예레미야 방랑자들이여, 하나님께 선택받은 자들이여,

너희의 배고픔과 목마름을 품고,

이제 작별을 고했으니,

용감하게 여행을 떠나시오.

앞을 보고, 뒤를 돌아보지 마시오.

남아 있는 이들은

집이 있으나,

방랑자들이여, 세상을 가지시오!

하나님의 길들 위를 너희가 걸어가리라.

고난을 통해 지혜를 얻은,

하나님이 택하신 방랑자들이여,

세상 속으로 나아갑시다!

사람들 우리가 다시 예루살렘을 볼 수 있을까요?
예레미야 믿는 자는 언제나 예루살렘을 바라볼 것입니다.
사람들 누가 이 도성을 재건할까요?
예레미야 열망의 열정, 감옥의 밤 그리고 고통을 통해 얻게 되는 깨달음이 그것을 재건할 것입니다.

사람들	그것들은 지속될까요?
예레미야	물론이오. 돌은 떨어지지만, 영혼이 고난 속에서 세운 것은 영원히 견딜 것입니다.

군중 속에서 분주함이 일어난다. 모두가 출발 준비를 한다. 또다시 트럼펫 소리가 울린다. 이제는 완전히 밝아졌다. 군중은 두 번째 트럼펫의 울림에 불안한 마음을 담아 환호하며 출발을 기다린다.

예레미야   (군중의 소란을 압도하려고 목소리를 높이며)
방랑자들이여, 고통받는 자들이여,
당신들의 조상 야곱의 이름으로 행진하라.
그가 하나님과 싸워
밤을 새워 축복을 구했던 그 길을 따라,
이른 아침 빛 속에서
여러분의 조상들이 걸었던 길을 따라 행진합시다.
모세가 인도하여 미츠라임을 떠나
약속의 땅으로 향했던 그 길을.
여러분의 씨앗을 뿌리시오, 씨앗을 뿌리시오,
알 수 없는 땅에.
숱한 세월을 지나,
방랑자들이여, 눈물로 적셔진 길을 방랑하시오.
하나님 백성들이여, 어디로 가든
여러분의 길이 세상을 지나 영원한 집으로 이어질 것입니다.

행렬은 침묵 속에서 시작된다. 행렬의 앞에는 왕이 가마에 타 있다. 지파별로 순서대로 방랑자들이 줄을 서고, 문을 향해 나아간다. 그들은 하늘을 바라보고 행진하며 노래를 부르는데, 그 출애굽 행진은 종교적인 행렬처럼 엄숙하다. 서두르지도 늦어지지도 않으며, 그들의 발걸음은 리듬감 있게 앞으로 나아간다. 그들의 행렬은 끝이 없다. 많은 사람이 길을 떠나고 있다.

첫 번째 방랑자 행진 합창 이제 우리는 낯선 집에 살아야 하네,
　　　　　눈물로 간이 된 빵을 먹으며.
　　　　　적의 불 속에, 두려움 가득한 영혼으로,
　　　　　수치스러운 자리에 앉아야 하네.
　　　　　세월의 무게는 우리에게 눌려,
　　　　　포로와 노예로서 힘센 자들에게 섬겨야 하리.
　　　　　그러나 우리는 포로에서 벗어나고, 속박에서 해방되어,
　　　　　예루살렘으로 돌아오며, 시온으로 돌아오리라.
　　　　　우리의 영혼은 언제나 자유롭고 평안할 것이다.
두 번째 방랑자 행진 합창 우리는 마실 것을 먼 곳에서 길어야 하네.
　　　　　그 맛은 쓰고 입안에서 고통스럽네.
　　　　　우리의 낯선 나무 아래에서 햇볕을 피해야 하며,
　　　　　그 나뭇잎은 바람에 흔들리며 두려움이 속삭인다.
　　　　　하지만 우리는 별들이 빛나는 하늘에서 위로를 찾을 것이며,
　　　　　고향에 대한 꿈이 우리의 밤을 위로할 것이다.
　　　　　우리 영혼은 예루살렘을 생각하며 계속해서 기운을 얻을

것이다.

세 번째 방랑자 행진 합창 우리는 낯선 길을 따라 여행한다.

바람은 우리를 멀리 많은 땅을 지나게 할 것이다.

우리는 피곤하고 발이 아프고 피곤할 것이다.

각 나라들은 우리를 집에서 집으로 쫓아낼 것이다.

그들은 어디에서도 우리가 뿌리를 내리게 허락하지 않을 것이며,

우리의 변화하는 세상 속에서 영원히 순례할 것이다.

하지만 우리는 영원히 패배한 자로서 행복할 것이다.

우리는 바람에 날려 떠도는 쭉정이지만 행복할 것이다.

우리는 아무와도 혈육이 아니며,

아무에게도 환영받지 않을 것이다.

하지만 세월을 지나도 우리는 그 변함없는 목표를 향해 나아가리.

우리가 갈망하는 목표, 예루살렘!

몇몇 갈대아인들이, 그중 일부는 술에 취해, 궁전에서 나온다. 그들의 목소리는 방랑자들의 노래와 대조적으로 날카롭게 울린다.

장군 저 개들이 반란을 일으켰다. 저들은 운명에 대해 불평하고 있군. 저들이 가기를 거부하면 몽둥이로 때려라.

갈대아인 보십시오, 장군님. 저들이 명령을 기다리지 않았습니다만, 저항의 흔적은 없습니다.

장군 혹시 저들이 불평하면 입을 때려라.

갈대아인   장군님, 저들은 불평하지 않습니다.

다른 갈대아인   저들이 행진하는 걸 보십시오. 그들은 마치 승리한 자들처럼 당당하게 걷고 있습니다. 저들의 눈이 기쁨으로 빛나고 있습니다.

갈대아인들   ㄴ 이 사람들은 도대체 누구인가?
　　　　　ㄴ 저들은 패배하지 않았단 말인가?
　　　　　ㄴ 누가 저들 사이에 해방의 거짓 소식을 퍼뜨렸단 말인가?
　　　　　ㄴ 저들이 무엇을 노래하고 있는가?
　　　　　ㄴ 이상한 민족이야.
　　　　　ㄴ 저들이 낙담한 모습인지, 기뻐하는 모습인지 이해할 수 없구나.
　　　　　ㄴ 저들의 온화함조차 위험하다. 그것은 그 자체로 힘이 있다.
　　　　　ㄴ 이것은 마치 왕의 승리의 입성처럼 보이는군, 노예가 된 민족의 출애굽과는 다르구나.
　　　　　ㄴ 세상에서 이런 민족을 본 적이 있는가?

네 번째 방랑자 행진 합창   (여기서 예레미야가 자신의 부족에 섞여 들어간다.)
우리는 세월을 거슬러 떠돈다. 우리는 민족들을 가로지르며 행진한다.
우리의 고난의 이야기는 끊임없이 갱신되리라.
한 시대 그리고 그다음 시대에도 우리는 영원히 패배했으며,
우리가 지나가며 피곤한 몸을 쉬어야 할 곳에서도 노예가 되었도다.

하지만 도성들은 시들어가고,

민족들은 떠도는 별처럼 어둠 속으로 사라져간다.

우리를 채찍질하던 압제자들은

세대들 사이에서 비웃음과 속담 거리가 되었다.

그렇지만 우리는 계속 나아간다.

계속 나아간다, 계속 나아간다.

내면에서 힘을 얻고, 땅에서 영원을 얻으며,

고통과 고난 속에서 하나님을 찾는다.

갈대아 장군   정말 미친 짓이군. 우리가 승리자고, 저들은 패배자이자 불명예가 아닌가. 그럼에도 저들은 왜 불평하지 않는단 말인가?

갈대아인   저들을 살아가게 하는 보이지 않는 힘이 있습니다.

다른 갈대아인   사실입니다. 저들은 보이지 않는 것에 믿음을 두고 있습니다. 그것이 저들의 신앙의 신비입니다.

장군   어떻게 보이지 않는 것을 보고, 어떻게 보이지 않는 것을 믿을 수 있단 말인가? 저들은 우리 점성술사와 예언자들처럼 비밀의 기술을 가졌을 것이야. 저들의 신비를 배우는 것이 좋겠다.

갈대아인   이 신비는 배울 수 없습니다. 그 비밀이 믿음에 있습니다. 저들을 견디도록 하는 것은 보이지 않는 하나님에 대한 믿음이라고 합니다.

다섯 번째 방랑자 행진 합창   우리는 고난의 길을 따라 떠돈다.

우리의 시련을 통해 정화된다.

영원히 패배하고, 영원히 쓰러진다.

영원히 노예가 되고, 영원히 자유를 얻는다.
끊임없이 부서지고, 끊임없이 새로워진다.
모든 민족으로부터 조롱과 놀림거리로 살아간다.
우리는 영원을 떠도는 자들,
남은 자들이며, 그러나 수없이 많은 자들.
우리는 하나님을 향해 나아간다.
시작과 끝이 되시는 하나님을 향해.
우리의 집이신 하나님을 향해.

갈대아인　저들이 태양을 향해 걷고 있는 모습을 보십시오. 그의 빛이 그들의 이마에 비추고, 그들 스스로가 태양의 힘으로 빛납니다. 그들의 하나님은 대단히 강하신 분임에 틀림없습니다.

대장　저들의 신이라고? 우리가 저들의 제단을 파괴하지 않았던가? 우리가 그 신을 정복하지 않았던가?

갈대아인　어떻게 보이지 않는 신을 정복할 수 있겠습니까? 우리는 사람들을 죽일 수 있지만, 그들 안에 살아 있는 신은 죽일 수 없습니다. 한 민족은 힘으로 억압할 수 있지만, 그들의 정신은 결코 억누를 수 없습니다.

세 번째 나팔 소리가 울린다. 태양이 떠올라, 선택받은 민족의 출애굽 행렬이 세대를 넘어 시작되는 장면을 비춘다.

미주

1   히브리어로 이집트를 뜻한다.

2   이사야 30장 15절.

3   자칼, 죽은 고기를 먹는 여우를 뜻한다. _ 역자 주

4   게헨나: 우물 안의 지옥을 뜻한다. _ 역자 주

5   민수기 6장 24-26절. _ 역자 주

6   하나님께서 에덴동산에서 사람을 쫓으신 후 케루빔이 그곳을 지키게 하셨다(창 3:24). 하나님의 언약궤의 덮개 양편에는 케루빔이 있는데, 이스라엘은 그사이 또는 위에 신이 임재한다고 믿었다(삼상 4:4; 삼하 6:2). 에스겔 또한 환상 속에서 케루빔을 보았다(겔 1:9-10). _ 역자 주

7   시편 80편 1절. _ 역자 주

8   시편 80편 3-7절. _ 역자 주

9   시편 79편 8절. _ 역자 주

10 이스라엘(야곱)의 첫째 아들. _ 역자 주